教育部人文社会科学重点研究基地
北京大学中国古文献研究中心成果

个厂 撰

寻找祝英台

北京联合出版公司

图书在版编目（CIP）数据

寻找祝英台 / 个厂撰 .—北京：北京联合出版公司 ,2024.7
　　ISBN 978-7-5596-7647-4

　　Ⅰ.①寻… Ⅱ.①个… Ⅲ.①古籍整理－研究－中国 Ⅳ.① G256.1

中国国家版本馆 CIP 数据核字（2024）第 103172 号

Copyright © 2024 by Beijing United Publishing Co., Ltd. All rights reserved.
本作品版权由北京联合出版有限责任公司所有

寻找祝英台

作　　者：个　厂
出 品 人：赵红仕
出版监制：刘　凯
责任编辑：章　懿
封面设计：刘　丽

北京联合出版公司出版
（北京市西城区德外大街 83 楼 9 层　100088）
天津裕同印刷有限公司印刷
北京联合天畅文化传播有限公司发行
字数 248 千字　920mm×1250mm　1/32　12.25 印张
2024 年 7 月第 1 版　2024 年 7 月第 1 次印刷
ISBN 978-7-5596-7647-4
定价：98.00 元

版权所有，侵权必究　　　文献分社出品
未经书面许可，不得以任何方式转载、复制、翻印本书部分或全部内容。
本书若有质量问题，请与本公司图书销售中心联系调换。电话：(010) 64258472-800

目 录

寻找祝英台 ………………………………………………… 1
读东坡集札记 ……………………………………………… 44

梁任公《中国近三百年学术史》的撰著、讲授与传播 ………… 124
《清代学术概论》之撰著始末及其增删改写 ………………… 142
政治立身　学术托命 ……………………………………… 186
　　——《先秦政治思想史》校订记
梁任公赠言毕业生：毕业乎？始业乎？ …………………… 223
《清代蒙藏回部典汇》的成书、流传及其历史文献价值 ……… 227
从《陈梦家学术论文集》看现当代学术文献之整理 …………… 233
不只是一部个人史，更是一部西南联大史 …………………… 258
　　——就《郑天挺西南联大日记》答记者问
西南联大梅贻琦、郑天挺、罗常培入蜀记 …………………… 283
　　——《蜀道难》编订说明
通行本《史记》整理前后 …………………………………… 300

黄宗羲《留书》版本考 ……………………………………… 308
　　——中华书局藏《南雷黄子留书》及相关问题
杨园文集版本知见录 ……………………………………… 334
重刊贻安堂诗集跋 ………………………………………… 350

新刊冷庐诗全集跋……………………………………351
带存堂诗集跋…………………………………………353
高丽旧钞本吕晚村先生文集跋………………………355
愈庐翰墨跋……………………………………………356
感怀三十年来事………………………………………357
贺梧桐阅社十周年……………………………………358

傅先生的骆驼草………………………………………359
  ——在纪念傅璇琮先生九十诞辰暨《傅璇琮文集》
  发布会上的发言
一流的学者的一生的事业……………………………362
  ——在浙江大学古籍所建所四十周年所庆会上的发言
熔古铸今　旧邦新命…………………………………366
  ——在《传统文化研究》创刊号出版座谈会上的发言
为史学界开一新径……………………………………369
  ——在纪念顾颉刚先生诞辰一百三十周年座谈会上
  的发言
我观宋人所注集　颇多神明相护持…………………376
  ——在宋代文学学会第十二届年会开幕式上的发言

编后记…………………………………………………379

插图目录

《乾道四明图经》卷二,〔宋〕张津等撰,清钞本。上海图书馆藏 / 3

敕封梁圣君山伯之墓,在今宁波市梁祝文化公园。周东旭摄 / 5

《咸淳重修毗陵志》卷二十七,〔宋〕史能之撰,明初刻本。国家图书馆藏 / 7

《善权寺古今文录》卷六,〔明〕释方策辑,清嘉庆九年钞本。国家图书馆藏 / 10

《游名山一览记》卷三中,〔明〕慎蒙撰,明万历四年刻本。国家图书馆藏 / 12

《善权寺古今文录》卷二,〔明〕释方策辑,清嘉庆九年钞本。国家图书馆藏 / 16

《浪语集》卷四,〔宋〕薛季宣撰,清钞本。国家图书馆藏 / 20

《诚斋集》卷十三,〔宋〕杨万里撰,宋端平元年刻本。日本静嘉堂文库藏 / 21

碧鲜庵碑,在今江苏省宜兴县善权山麓。个厂摄 / 23

《阳羡摩厓纪录》,〔清〕吴骞撰,稿本。国家图书馆藏 / 26

梁山伯祝英台墓记拓片,2003年山东省济宁市微山县马坡乡出土墓记碑。樊存常供图 / 32

汉有善铜镜拓片。载《古文字研究》第十四辑 / 50

《东坡志林》卷二,〔宋〕苏轼撰,明万历间《稗海》后印本。国家图书馆藏 / 57

《东坡志林》卷二,〔宋〕苏轼撰,明万历间《稗海》初印本。上海师范大学图书馆藏 / 59

《胡澹庵先生文集》卷十,〔宋〕胡铨撰,清乾隆二十二年刻本。国家图书馆藏 / 66

《东坡志林》卷六,〔宋〕苏轼撰,明钞本。湖南图书馆藏 / 84

《东坡志林》卷二,〔宋〕苏轼撰,明钞本。国家图书馆藏 / 85

《苏沈内翰良方》卷一,〔宋〕苏轼撰,明嘉靖间康王庙前陆氏刻本。中国中医科学院图书馆藏 / 113

梁任公《中国近三百年学术概略》第一讲(暨《中国近三百年学术史》第一讲),稿本。国家图书馆藏 / 127

梁任公《清代学者整理旧学之总成绩·绪言》,稿本。国家图书馆藏 / 128

梁任公《中国近三百年学术史》,清华学校讲义铅排本。国家图书馆藏 / 131

梁任公《中国近三百年学术史》第十五讲,稿本。国家图书馆藏 / 139

梁任公《清代学术概论》卷首,稿本。国家图书馆藏 / 146

梁任公致仲弟函,一九一八年七月二十七日。载《南长街54号梁氏档案》/ 149

顾颉刚《清代著述考》,稿本。顾潮供图。载《顾颉刚全集》第五十六册 / 156

梁任公《近代学风之地理分布》,稿本。国家图书馆藏 / 163

梁任公《清代学术流别纲目》,稿本。载《南长街54号梁氏档案》/ 166

梁任公《清代学术概论》第二十八节,稿本。国家图书馆藏 / 174

黄宗羲《明夷待访录》扉页与版铭页,清光绪二十四年长沙经济书

局刻本。湖南图书馆藏 / 182

梁任公《讲学社简章》,稿本。载《南长街54号梁氏档案》/ 192

梁任公《中国政治思想史》,稿本。国家图书馆藏 / 200

梁任公《先秦政治思想史》版权页,一九二三年一月常州新群书社印刷所初版本。仰顾山房藏 / 206

梁任公《先秦政治思想史》版权页,一九二三年八月商务印书馆初版本。仰顾山房藏 / 207

梁任公《先秦思想家小传》,稿本。国家图书馆藏 / 220

"无负今日",一九二五年梁任公书赠北京师范大学毕业生。载《民国一四北京师大毕业同学录》/ 225

吴燕绍《清代蒙藏回部典汇》,稿本。吴锡祺供图 / 231

陈梦家《右辅璙室留珍札记》,稿本。王世民供图 / 236

陈梦家《商王名号考》,批校本。王世民供图 / 256

郑天挺一九三八年一月一日日记,稿本。郑克晟供图 / 260

梅贻琦致郑天挺函,一九四〇年一月十六日。郑克晟供图 / 263

一九四五年九月二十日菜单。郑克晟供图 / 266

傅斯年所留字条,一九三九年七月十日。郑克晟供图 / 271

郑天挺一九四六年七月十四日日记,稿本。郑克晟供图 / 276

梅贻琦住宿成都发票,一九四一年七月三十一日。郑泰供图 / 286

郑天挺所记账目单。郑泰供图 / 292

顾颉刚《整理史记计画》,稿本。中华书局藏 / 301

中华书局《史记》点校本出版记录卡。中华书局藏 / 305

《留书》跋,〔清〕黄宗羲撰,郑性订、郑大节校本。天一阁藏 / 310

《留书》书衣,〔清〕黄宗羲撰,郑性订、郑大节校本,冯贞群跋。天一阁藏 / 313

《留书》题辞,〔清〕黄宗羲撰,冯贞群钞录本。中华书局藏 / 316

《留书》目录,〔清〕黄宗羲撰,冯贞群钞录本。中华书局藏 / 316

《留书》题辞,〔清〕黄宗羲撰,郑性订、郑大节校本。天一阁藏 / 328

《留书》卷首,〔清〕黄宗羲撰,冯贞群钞录本。中华书局藏 / 331

《杨园先生未刻稿》目录,〔清〕张履祥撰,清钞本。南京图书馆藏 / 340

《杨园先生未刻稿》,〔清〕张履祥撰,清钞本。南京图书馆藏 / 342

《黄叶村庄诗集》卷首"和种菜诗"之一,清光绪四年刻本。中华书局藏 / 344

《黄叶村庄诗集》卷首"和种菜诗"之二,清光绪四年刻本。中华书局藏 / 344

徐晟唱和诗原迹。载北京匡时国际拍卖有限公司 2012 年春拍《种菜唱和诗册》/ 348

《傅璇琮文集》藏书票 / 360

梁任公致顾颉刚函,顾颉刚钞录,附《古史辨第一册自序》稿本末。顾潮供图。载《古史辨自序》/ 372

寻找祝英台

年少时伏处乡野,对村子以外之事,所知甚少。在村子里第一台电视机进入之前,村民最大的娱乐可能就是越剧班子下乡演出了。很多戏文,是女人们作为茶馀饭后的谈资的,比如宝玉黛玉、五女拜寿、孟丽君、何文秀、王老虎抢亲等等,当然,还有梁山伯与祝英台。

后来在北师大中文系读书,"民间文学概论"列入基础课程,所谓四大民间传说,即《牛郎织女》《孟姜女哭长城》《白蛇传》、《梁山伯与祝英台》是也。可惜当时只是学了些表象,也没作任何思考。直至到了中华书局工作,负责顾颉刚先生著作的编辑出版,读了《古史辨第一册自序》以及关于孟姜女故事演变的考证,感觉有非常的趣味。自那时候起,逐渐关注起"梁祝"来,因了这个故事原是有着浙江的因素,以及残存的年少时的模糊记忆。

然据《梁祝戏剧辑存》《梁祝故事说唱集》《梁祝文化大观》、《"梁祝"的起源和流变》《历代梁祝史料辑存》等相关图书,可以了解,除地志记载与文人题咏外,就剩传奇戏曲为要了。地志或有脱讹与附会,文人或多增饰与凑句,传奇戏曲则是民众喜闻乐见之需求尔。

经过千馀年的口耳相传与文本演绎,复经戏曲、影视、音乐的广为传播,今日之中国,民间似已无有不知有梁祝者。梁山伯,或曰会稽人,官鄞县令;祝英台,或曰上虞人,或曰宜兴人,两地各说各理。予长而好游,也曾过甬上,访阳羡,凭吊遗迹,感怀故事。博稽史料记载,探索遗迹风貌,徵问老者印象,拟通过文献著录与实地考察之比勘,寻找祝英台之本来与本事,以及梁祝故事在历史叙述与民间传说之间的细节交织,一探究竟。

一、地志的层累与南北之重叠

百年前,顾颉刚、钱南扬、钟敬文、冯沅君诸先生始着手祝英台资料(包括传奇、戏曲)的搜集,进而探讨梁祝故事之源起、增饰、附会与流传。早期的典籍资料其实非常有限。无论是《搜神记》的"化蝶",还是《华山畿》的"合葬",都只为这个故事增添一种古老(东晋时期)的可能尔。然梁祝之起源地,或曰四明(宁波鄞县),或曰毗陵(常州宜兴),百年来聚讼不已。兹就地志之载记,梳理两者之关系。

1. 四明系

直到今天,我们发现将"祝英台"作(传)为一女子出现的,是宋代知明州事张津《乾道四明图经》卷二及其所转引唐代的著录:

> 义妇冢:即梁山伯、祝英台同葬之地也。在县西十里接待院之后,有庙存焉。旧记谓二人少尝同学,比及三年,而山伯初不知英台之为女也。其朴质如此。按《十道四蕃志》云:义妇祝英台,与梁山伯同冢。即其事也。

《乾道四明图经》卷二,〔宋〕张津等撰,清钞本。上海图书馆藏

《十道四蕃志》又称《十道志》,唐代武周(684—705)前后梁载言撰,惜已散佚。清代王谟、王仁俊有辑本,未见此条。朝鲜半岛高丽时代《十钞诗》(据考成书在1300年前后),释子山注唐罗邺《蛱蝶》诗,引《梁山伯祝英台传》长诗故事后,复曰:"《十道志》:明州有梁山泊冢。注:义妇竺英台同冢。"南宋金华人王象之(1163—1230)《舆地纪胜》卷十一"古迹":"义妇冢:在鄞县西十里接待院之后,即梁山伯、祝英台之冢也。"

据此可知:①义妇冢在宁波鄞县西十里;②义妇冢即梁山伯、祝英台同葬墓;③祝英台是"义妇";④《十道四蕃志》只著录同冢一事;⑤梁祝"少尝同学,比及三年,而山伯初不知英台之为女"之说,出自"旧记"。

乾道(1165—1173)是南宋第二个皇帝宋孝宗的年号,张津《乾道四明图经》完成于乾道五年(己丑,1169)。其所谓的"旧记",是否为北宋徽宗大观(1107—1110)年间知明州事李茂诚所撰写的《义忠王庙记》,不得确定,虽《义忠王庙记》谓梁祝同学三年,梁不知祝为女子云,然此《庙记》似多小说文笔,且乾道、宝庆、延祐、开庆四志俱不载。按,明杨寔(1414—1479)《成化宁波郡志》卷六"梁山伯庙"条:"今有司立庙,宋大观中知明州事李茂诚撰《记》。"然成化志未录《庙记》,嘉靖、康熙二志亦失载。清鄞县人闻道性《康熙鄞县志》卷八"职官":"梁处仁,字山伯。……李茂诚撰《义忠王庙记》,历志俱缺。"文载该书卷九"义忠王庙"条下。从《成化宁波郡志》"今有司立庙"五字,再导入"李茂诚撰《记》"之意,疑《庙记》出当时伪托。

换言之,如果说高丽时代释子山注罗邺《蛱蝶》诗所引《十道四蕃志》来源是可靠的,则祝英台在唐朝初年,是作为"义妇"的形象被著录于地志的;以后出之梁祝化蝶故事注罗邺《蛱蝶》诗内容,显为附会之甚者也。宋孝宗乾道五年(己丑,1169)张津《乾道四明图经》引"旧记",谓是"朴质如此";宋理宗宝庆三年(丁亥,1227)罗濬《宝庆四明志》,依循乾道志,谓"旧志称曰义妇冢,然祝英台女而非妇也"。自唐初至此,五百年间,义妇祝英台隶属鄞县;罗濬仅是辨"妇"与"女"之别耳。后元仁宗延祐七年(庚申,1320)袁桷《延祐四明志》所记梁祝故事,也只是依乾道、宝庆二志,然谓"旧志曰义妇冢,然此事恍忽,以旧志有,姑存",则事属恍忽,姑存而已。《寰宇通志》(明景泰七年〔丙子,1456〕刻本)、《大明一统志》(明天顺五年〔辛巳,1461〕刻本)所述基本一致。张时彻(1500—1577)《嘉靖宁波府志》卷十七"冢墓":"梁山伯祝英台墓:……

敕封梁圣君山伯之墓,在今宁波市梁祝文化公园。周东旭摄

旧志称'义妇冢',然英台尚未成妇,故改今名。"可知在明嘉靖三十九年(庚申,1560)之前,一直称"义妇冢",然因祝英台是在出嫁途中殉情,时"尚未成妇",故将"义妇冢"改作了"梁山伯祝英台墓"。

杨寔《成化宁波郡志》卷六"祀典考":

> 山伯,东晋时人,家会稽。少游学,道逢祝氏子,同往肄业。三年,祝先返。后二年,山伯方归,访之上虞,始知祝乃女子,名英台也。山伯怅然归,告父母求姻,时祝已许马氏,弗遂。山伯后为鄞令,婴疾弗起,遗命葬于鄞城西清道原。又明年,祝适马氏,舟经墓所,风涛弗能前。英台临冢哀恸,地裂而埋璧焉。马氏言之官,事闻于朝,丞相谢安奏封"义妇冢"。

至此时,梁祝故事基本成型。同时及其后黄润玉(1389—1477)《宁波府简要志》、张时彻《嘉靖宁波府志》、马明瑞《万历新修上虞县志》因袭之。他若陆容(1436—1497)《菽园杂记》、田艺衡(1524—1574后)《留青日札》、陈耀文(1524—1605)《天中记》、朱孟震(隆庆二年〔戊辰,1568〕进士)《浣水续谈》等皆有梁祝记载。至若明末清初徐树丕(1596—1683)《识小录》与清中期翟灏(1712—1788)《通俗编》所记梁祝事,内容亦基本一致。惟徐氏谓事载梁元帝《金楼子》,翟氏谓事具唐张读《宣室志》,今二书内实未见梁祝文字,其一时误记欤?抑乱人耳目欤?

2. 毗陵系

就在《乾道四明图经》后一百年、《宝庆四明志》后四十年,鄞县人史能之于宋度宗咸淳二年(丙寅,1266)升为知常州事,四年(戊辰,1268)续成前任宋慈未竟之《咸淳毗陵志》。卷二十七著录曰(标点据通行者):

> 祝陵:在善权山,岩前有巨石刻,云:祝英台读书处,号碧鲜庵。昔有诗云:"蝴蝶满园飞不见,碧鲜空有读书坛。"俗传英台本女子,幼与梁山伯共学,后化为蝶。其说类诞。然考《寺记》,谓齐武帝赎英台旧产建,意必有人,第恐非女子耳。今此地善酿,陈克有"祝陵沽酒清若空"之句。

按,因是"俗传",故"其说类诞"。然此时梁祝除了同学之外,另有化蝶故事矣,盖从昔人诗"蝴蝶满园"而生。然则史氏以《寺记》有"齐武帝赎英台旧产建",且唐咸通八年(丁亥,867)李蠙《题

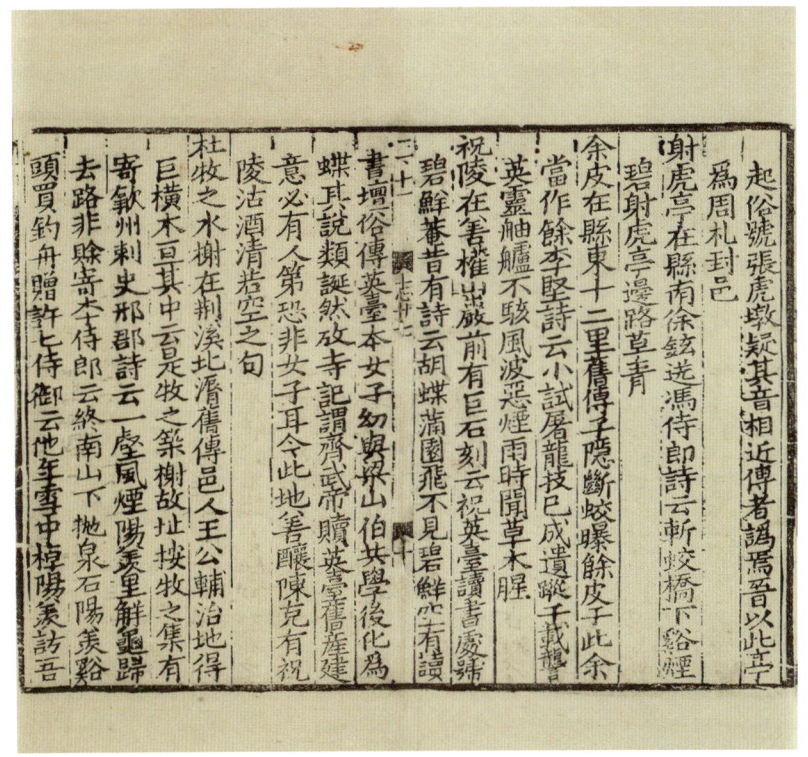

《咸淳重修毗陵志》卷二十七,〔宋〕史能之撰,明初刻本。国家图书馆藏

善权寺石壁》曰:"常州离墨山善权寺,始自齐武帝赎祝英台产之所建。"周必大(1126—1204)于乾道三年(丁亥,1167)游善权寺:"敕额曰广教。……按,旧碑:寺本齐武帝赎祝英台庄所置。"推测此地"必有人",只是恐怕此处之祝英台并非女子也。臆史氏当知故乡有"义妇"名祝英台者,或作此推测欤?

明谢应芳《洪武常州府志》、朱昱《成化重修毗陵志》、陈沂《嘉靖南畿志》、唐鹤徵《万历重修常州府志》、王升《万历重修宜兴县志》等,文字皆无出《咸淳毗陵志》之右者。他若沈敕(嘉靖十五年〔丙申,1536〕选贡)《荆溪外纪》、王圻(1530—1615)《三才图会》、曹学佺(1574—1646)《大明一统名胜志》、陈仁锡(1581—1636)《潜确居类书》诸书,亦基本相同。

嘉靖间(1522—1566)宜兴县令谷兰宗有《祝英台近》词并序,序曰:"阳羡善权禅寺,相传为祝英台宅基;而碧鲜岩者,乃与梁山伯读书之处也。予省郊两舍于此,见其岩势巍耸,壁立数丈,真是文娥仙境。但竹石陆离,花芝凄冷,有可伤耳。"一曰"祝英台宅基",一曰"与梁山伯读书之处",是两相混言也。

综上四明、毗陵两处方志而言,鄞县系为今所见文献最早之记载,其自"义妇冢"发端,经同学、访友、求婚、梁卒、祝嫁、临冢、地裂、投坟诸情节,逐渐丰富;宜兴系因"读书处"而有"女子"祝英台,遂引入鄞县梁山伯,并以化蝶终场。复经元以后戏曲之播演传唱,梁祝自同学以致化蝶,演绎一场千古悲剧。

宋释北山绍隆(1078—1136)作《梁山伯墓》、元释明极楚俊(1262—1336)作《祝英台墓》诗,明极诗有"罗裙劈碎成飞蝶,依旧男儿不丈夫"句;明末清初鄞县人陆宝(1581—1661)《英台墓》有"分明石隙留裙片,化作双飞蝶绕枝"句,则复将化蝶故事,移入鄞县矣,实现了两地传说的汇融。殆至清中后期宜兴人邵金彪(道光三十年〔庚戌,1850〕岁贡)作《祝英台小传》,引入鄞县系故事,铺演梁祝传说,收入吴景墙《光绪荆溪县新志》,作为宜兴系的宣言书,昭告天下,后被广为引述,影响甚巨。

二、句读的错断与诗文之助澜

当史能之修《毗陵志》时,四明已有两志。史能之本鄞县人,且史氏为四明望族。乾道、宝庆两志,或有流传至毗陵者,因"祝英台"三字,遂附会出梁祝故事,亦未可知也。

然就文本言,《咸淳毗陵志》卷二十七"祝陵在善权山岩前有巨石刻云祝英台读书处号碧鲜庵昔有诗云胡蝶满园飞不见碧鲜空有读书坛"四十一字之句读,实为枢纽,古人今人大皆断作:

> 祝陵:在善权山,岩前有巨石刻,云:祝英台读书处,号碧鲜庵。昔有诗云:"胡蝶满园飞不见,碧鲜空有读书坛。"

据此,则:①祝陵在善权山,②善权山岩前有巨石刻,③巨石上所刻文字为"祝英台读书处",④祝英台读书处又号碧鲜庵,⑤昔人诗句云云。盖若不作此读,则后文"俗传英台本女子"便无着落。北宋僧仲殊《云霁游善权寺》:"相国亲题离墨石,女郎谁筑读书台。"永嘉人薛季宣(1134—1173)《游竹陵善权洞》有"万古英台面,云泉响佩环。……几如禅观适,游鲋戏澄湾"句,自注曰:"寺,故祝英台宅。"是皆以"英台"作女郎矣。故谓此句读自宋人始,即将"祝英台读书处"等同于"碧鲜庵"也。

明代如鄞县人杨守阯(1436—1512)有《碧鲜坛》诗,自注:"即碧鲜庵,相传祝英台读书处。"且于"苟焉殉同学"句自注:"旧传英台与梁山伯共学,后化为蝶。"王世贞(1526—1590)《游善权洞记》曰:"至三生堂,观祝英台读书处。"王穉登(1535—1612)《祝陵逢史户部俄而别去》有"临歧一吊祝英台"句。邹迪光(1550—1626)《入善卷寺》第二首自注曰:"寺是祝英台读书处。"李流芳(1575—1629)《潘克家蒋韶宾邀游善卷寺酒后偶成》:"君不见祝

方藉名山作主 胡然舊席重開了却江湖願力切
須臾歸來
元詩
　題善權寺　　　吳縣人縣學教諭
英臺脩讀地舊刻字猶存　顧逢際字君鄮蒼一閣出霄漢萬松
連寺門洞深雲氣冷池淺鹿行渾山下流來水風
雷日夜喧
　善權山洞　　句曲外史張伯雨
善權離墨爭盤紆浩劫礪砢仙人廬葦之石林壓
水府往逃聞道通樓居謹藏已出黃素卷宂處猶

《善权寺古今文录》卷六，〔明〕释方策辑，清嘉庆九年钞本。国家图书馆藏

娘遗迹今荒台,当年读书安在哉。"自注:"寺相传为祝英台读书处,今有台尚存。"清代如宜兴人陈维崧(1625—1682)《碧藓庵》诗序,曰:"碧藓庵,相传为祝英台读书处。"洪亮吉(1746—1809)有"善权寺访祝英台读书处及三生堂故址"诗题。或谓善权寺是祝英台读书处,或谓碧鲜庵是祝英台读书处。此种认识,皆因梁祝传说而反向作用于对文本之解读与再次之书写者也。

然则岩前巨石上所刻者,为"祝英台读书处"六字欤?抑"碧鲜庵"三字欤?

宋末元初苏州人顾逢有《题善权寺》,有的版本于"旧刻字犹存"句末注"即碧鲜庵",则所刻者为"碧鲜庵"三字。明代苏州人都穆(1458—1525)于弘治十六年(癸亥,1503)四月作《善权记》,有"右偏石壁,刻'碧鲜庵'三大字,即祝英台读书处"。慎蒙(1510—1581)于隆庆六年(壬申,1572)十月游善权洞,记曰:"堂右偏石室,刻'碧鲜庵'三大字,李曾伯所书,乃祝英台读书处,与梁山伯同事笔砚者。"曹学佺(1573—1646)、陈仁锡(1581—1636)等钞掇史料,所著书内具谓"南齐建元二年,建碧藓庵于其故宅,刻'祝英台读书处'六大字"云。清代海宁人吴骞(1733—1813)于嘉庆元年(丙辰,1796)四月与胥绳武、陈经游善权洞,观摩崖石刻,曰:"碧鲜庵:右三字在小水洞东。正书,大径三尺。"并将三字搥拓,寄与金石学家翁方纲(1733—1818)。此与《咸淳毗陵志》著录者同。宁楷《嘉庆增修宜兴县旧志》卷九曰:"史《志》云:善权山岩前有巨石,刻云:祝英台读书处,号碧鲜庵。……今石刻六字已亡,惟'碧鲜庵'长碑三大字,字形瑰玮。"所谓"石刻六字"即"祝英台读书处",今者"已亡"矣,惟"碧鲜庵"三字石刻犹在。如是则有两石刻矣,此盖调和之论也。

《游名山一览记》卷三中,〔明〕慎蒙撰,明万历四年刻本。国家图书馆藏

于此可知,《咸淳毗陵志》四十一字之句读,或可断作:

祝陵:在善权山,岩前有巨石,刻云:祝英台。读书处号碧鲜庵,昔有诗云:"胡蝶满园飞不见,碧鲜空有读书坛。"

如此,则:①祝陵在善权山,②善权山岩前有巨石,③巨石上刻有"祝英台"三字,④读书处号碧鲜庵,⑤昔人诗句为咏碧鲜庵暨读书处者也。然此与巨石上所刻"大径三尺"之"碧鲜庵"三字又相违矣,复当作何解释耶?

三、重要的人事与文本之脱讹

噫！人们心里，都因坐了"祝英台"这一女子，故与"读书处"三字连读为"祝英台读书处"，遂致"号碧鲜庵"四字孤独地游离在句读之外。然巨石上所刻之字，自《咸淳毗陵志》有著录以来，实可断定为"碧鲜庵"三字；则前所谓之四十一字，疑有脱漏或讹误。

《咸淳毗陵志》所载涉祝英台、祝陵者，录如下：

> 广教禅院：在善卷山，齐建元二年以祝英台故宅建。唐会昌中废，地为海陵钟离简之所得。至大和中，李司空蠙于此借榻肄业，后第进士；咸通间赎以私财重建，刻奏疏于石。崇宁中，傅待制楫家以恩请为坟刹。宣和改为崇道观，建炎元年诏复为院。（卷二十五"寺院"）
>
> 傅待制楫墓：在祝陵。（卷二十六"陵墓"）
>
> 祝陵：在善权山，岩前有巨石，刻云：祝英台。读书处号碧鲜庵，昔有诗云："胡蝶满园飞不见，碧鲜空有读书坛。"俗传英台本女子，幼与梁山伯共学，后化为蝶。其说类诞。然考《寺记》，谓齐武帝赎英台旧产建，意必有人，第恐非女子耳。今此地善酿，陈克有"祝陵沽酒清若空"之句。（卷二十七"古迹"）
>
> 李司空山房：详见寺院。（卷二十七"古迹"）
>
> 碧藓庵：字在善权寺方丈石上。（卷二十九"碑碣"）

此五条文字，除"傅待制楫墓"、"李司空山房"、"碧藓庵"三条较为简短外,"广教禅院"、"祝陵"二条,文字虽也不多,然所叙时间,前后似有矛盾,著录文字,上下或有错乱,其背后实隐含有唐代重要之人物与文化之运动。

1. 时间与事件

广教禅院原名善卷寺,齐高帝或齐武帝时建造,避东昏侯萧宝卷讳,"善卷"改"善权"。经过三百五六十年发展,渐至繁庶,且成东南一方名刹。唐会昌二年(壬戌,842)下敕限制僧众,续而在全国毁佛寺,勒僧尼还俗,史称"会昌法难"。志言善权寺"会昌中废",即指此事。随后,寺产为海陵(今泰州市下辖)钟离简之买得,成为个人私有。

会昌(841—846)是唐武宗年号,会昌六年三月武宗崩,宣宗继位,五月即下敕恢复佛寺,各地被废弃的寺院,纷纷得到复建。至唐懿宗咸通八年(丁亥,867)五月,昭义军节度使、中散大夫、检校工部尚书兼御史大夫李蠙上奏朝廷,请求收赎善权寺,六月五日得敕同意。李蠙复于六月十五日,再次上奏,详述收赎理由,愿"自出俸钱,依元买价收赎,访名僧住持教化,同力却造成善权寺。其连寺田产,收赎之后,并却舍入寺家,永充供养",且列寺院重建之具体措施。六月三十日,中书门下将敕牒发与浙西观察使,"宜依所奏",命地方政府准此操办。

那么,远在昭义节度使任上的李蠙,为什么对于恢复善权寺如此积极?且收赎的费用,又全部由个人的私俸承担呢?李蠙在第二次的奏疏里写到:

臣大和中,在此习业。……今以古迹灵境,恐游玩喧哗,居人亵渎，胙蠁无依，神祇失所，尚令官中收赎，复置寺宇。岂有此灵异古迹，兼是名山大川之数，今为墓田，理必不可。

　　臣怀此冤愤仅三十年，傥不遇陛下睿思通幽，圣虑彻古，特降敕命，尽许却收，即难特有论请。

李蠙于会昌元年（辛酉，841）中进士。前此的大和（827—835）年间，曾在善权寺"习业"。自会昌二年后寺毁，迄今二十五年左右，所谓"怀此冤愤仅三十年"，可知重建善权寺一直是李蠙心中的理想。足见少年时所处环境对于个人的成长，在其心中之地位，是何等的重要。

善权寺的收赎与复建，使用的是李蠙的私俸，所以他对重建工程以及后期的管理，都颇为重视，且亲自发布了《榜善权寺》、《再榜善权寺》两篇规制，包括寺院组织规程、僧人检选、寺产经营、戒律严守。且刻字上石，榜示僧众。而收赎善权寺的第二封奏状和中书门下的敕牒，亦镌刻入石，俗称"赎寺碑"。参见朱昱《成化重修毗陵志》卷三十九"碑碣"："善权寺奏状，唐司空李蠙撰。在本寺。"

李蠙于咸通十年（己丑，869）调兵部侍郎判度支，次年任凤翔节度使。僖宗乾符三年（丙申，876）分司洛阳，时为司空。晚年有《题善权寺石壁》诗：

　　四周寒暑镇湖关，三卧漳滨带病颜。
　　报国虽当存死节，解龟终得遂生还。
　　容华渐改心徒壮，志气无成鬓早斑。
　　从此便归林薮去，更将馀俸买南山。

今据国家图书馆藏清嘉庆九年(甲子,1804)《善权寺古今文录》钞本(明善权山住持释方策辑,弘治十七年〔甲子,1504〕书成),该诗题后小字曰:

> 李相公留题并序:常州离墨山善权寺,始自齐武帝赎祝英台产之所建,至会昌以例毁废。唐咸通八年,凤翔府节度使李蠙闻奏天廷,自舍俸资,重新建立。奉敕作十方禅刹,住持乃令门僧玄觉主焉。因作诗一首,示诸亲友,而题于石壁云。

《善权寺古今文录》卷二,〔明〕释方策辑,清嘉庆九年钞本。国家图书馆藏按,该诗另著录于沈敕《荆溪外纪》(明嘉靖二十四年〔乙巳,1545〕刻本),无题后小序。观序中"唐咸通"、"李蠙闻奏天廷"诸语,似非李序原文,殆综述李序文字而成者欤?该诗诗意较为显豁,前俸已赎建善权寺,故以"馀俸买南山",作归隐之计矣。按,《善权寺古今文录》诗后注曰:"此诗旧题石壁,莫知所在。但自大中年间伟禅师纪留山中,及皇祐初住山复老重书入石,至今二百馀年矣。虽断碑残碣,点画不全,而句健意深,腾今耀古,因思为三生香火主,得非馀俸买南山之愿力也。合再镌珉,永彰不朽。时咸淳丙寅阳月,住山德珍书,都寺僧德道立石。"惜咸淳二年(丙寅,1266)所立之碑石,未见后世著录。

李蠙最终是否退居宜兴,是否卒葬善权山,文献无稽,不得确定。明沈周(1427—1509)于弘治十六年(癸亥,1503)游宜兴善权寺,有《唐李丞相墓》诗,此与《咸淳毗陵志》之"李司空山房",盖皆如后世之衣冠冢、纪念馆云尔。

2. 书写与因循

毗陵修志,始于北宋淳熙、绍熙间邹补之。邹氏,浙江三山(今开化)人,受业朱熹、吕祖谦之门。淳熙二年(乙未,1175)进士,十二年(乙巳,1185)为常州教授;绍熙四年(癸丑,1193)知休宁县。其任州学教授期间,纂修《毗陵志》十二卷。未刊。

其后淳祐元年(辛丑,1241),宋慈(1186—1249)调任知常州事。史能之亦于同时任常州武进县尉。宋慈曾与史能之说起,谓邹氏本《毗陵志》不无简略之憾,准备召集一班人马,"增益之"。谁曾想人事播迁,宦海沉浮,兜兜转转,二十五年后的咸淳二年(丙寅,1266),史能之升迁为知常州事。"取而阅之,则犹故也",于是发了一通感慨,曰:

嘻！岂职守之遵绌不常，而郡事之轇轕靡暇，是以久而莫之续耶？抑有待而然耶？

史氏的使命感油然而生，沛然而至，"乃命同僚之材识与郡士之博习者，网罗见闻，收拾放失；又取宋公未竟之书于常簿季公之家，讹者正，略者备，缺者补"。经过十个月的订补，终于纂修完成了《毗陵志》，共三十卷，史氏于咸淳四年（戊辰，1268）序而付刻。

梁任公曰："最古之史，实为方志。"方志编纂之体，昉于《华阳国志》；隋唐之际，稍具规模；两宋之间，基本定型。后此者，大皆承续前志，累代增益而已。故曰：《咸淳志》（三十卷）基于"宋公未竟之书"，而"宋公未竟之书"实又本乎邹氏草创之稿（十二卷）。今者邹氏稿、宋公书已不可复睹，可见者惟史氏之《志》，其增删改易、钞辍誊录间，或音形相近而成笔误，或前后同文以致脱漏，其于祝陵与碧鲜庵者，宜乎有之矣。

祝陵之"陵"，陵墓欤？若是，必当载诸《咸淳毗陵志》。今检志书卷二十六"陵墓"，仅列武进"泰安陵"一例（曰："南齐高帝所葬。……今隶丹阳县境，在武进之西。"），馀者皆墓也。又，卷三十"傅待制楫墓"，曰："在祝陵。"若祝陵是陵墓，则不宜在陵上再葬墓。且祝陵著录于卷二十七"古迹"，则非陵墓也必矣。既非陵墓之名，且全书仅此两处出现，并据"在善权山……今此地善酿"可知：祝陵者，原为一古迹之名，即当时一小小之地名耳。按，江南地名冠以"陵"者多矣，如金陵、延陵、海陵、晋陵、毗陵等，《尔雅·释地》："大陆曰阜，大阜曰陵。"疏引李巡注曰："土地高大名曰阜，最大名为陵。"

卷二十五"广教禅院：在善卷山"，卷二十七"祝陵：在善权山"，然卷十五"山水"里居然没有"善权山"之条目。不过，广教禅院与祝陵都涉及善卷寺。而善卷寺建造时间,一则曰"齐建元二年",二则周必大引旧碑与《毗陵志》引《善卷寺记》以及南山居士《重装大殿佛像记》(绍兴元年〔辛亥,1131〕作)、陈公益(嘉定元年〔戊辰,1208〕进士)《圆通阁记》俱谓是"齐武帝"。按,建元是齐高帝年号,然就史料来源议,宜从旧碑与《善卷寺记》,当在齐武帝永明(483—493)年间。至于建造的地方,一则曰"以祝英台故宅建",二则周必大引旧碑谓"赎祝英台庄所置",三则《善卷寺记》谓"赎英台旧产建"。按,"故宅"者,旧居也;而"庄"为田地,与"旧产"意近,同理,宜从旧碑与《善卷寺记》。

前曾论及,唐懿宗时李蠙上奏朝廷,愿"自出俸钱,依元买价收赎"善权寺,其原因是"臣大和中,在此习业"。以此反观广教禅院条"唐会昌中废,地为海陵钟离简之所得。至大和中,李司空蠙于此借榻肄业",就会发现"至大和中"之"至"字,实为钞录李蠙奏疏内"臣"字而致错改,盖大和在会昌之前。

祝陵之"祝",姓氏欤?今检《咸淳毗陵志》,无一祝姓之人。前引永嘉人薛季宣《游竹陵善权洞》诗,作"竹陵"。其后淳熙四年(丁酉,1177)四月,杨万里出任知常州事。六年春,杨氏自常州归里,过长洲,夜宿浒墅,作《舟中晚酌》诗,有"竹陵春酒绝清严,解割诗肠快似镰"句;过杭州,作《晚憩富阳》诗,有"急唤清空竹陵酒,旋尝梅子与樱桃"。杨氏归里,应该是满载了酿于治下宜兴县如清若空之"竹陵酒",羁旅劳顿,可随时酌饮遣兴。此与志书所谓的"今此地善酿,陈克有'**祝陵**沽酒清若空'之句",若合符契。按,陈克(1081—1137)字子高,浙江临海人。此为其《阳羡春歌》诗中句。故曰:祝陵者,当为竹陵之讹也。按,《广韵》:祝,之六切;竹,张六切。之属章母,张属知母,是知"祝"、"竹"二字声近韵同。今观善权之山,有竹海之谓,其千百年前已如此风景也哉!

碧鲜庵,卷二十九"碑碣"作"碧藓庵"。"鲜"欤?"藓"欤?宁楷《嘉庆增修宜兴县旧志》卷九"遗址"于"碧鲜庵"条后按曰:

> 碧鲜庵,一名碧鲜岩。……"碧鲜"本竹名,碑刻现在,无作"藓"者。王《志》误作"藓",诗句平仄失粘,不可读矣。华诗作"碧仙",亦属传闻之误。

《浪语集》卷四,〔宋〕薛季宣撰,清钞本。国家图书馆藏

《诚斋集》卷十三，〔宋〕杨万里撰，宋端平元年刻本。日本静嘉堂文库藏

"王《志》"即王升《万历重修宜兴县志》，"华诗"指华察《游善卷碧仙岩》诗。所谓"诗句平仄失粘"，即所引"胡蝶"二句，或为绝句之第三、四句，或为律诗之尾联，依律作"仄仄平平平仄仄，平平仄仄仄平平"，若是"薛"字，则仄声矣，不合平仄，故曰"失粘"。

按，"'碧鲜'本竹名"，语见西汉枚乘《兔园赋》："修竹檀栾，夹水碧鲜。"吕向注曰："玉润碧鲜，言竹色如玉碧之鲜润。碧，亦玉也。"西晋左思《吴都赋》："檀栾婵娟，玉润碧鲜。"也是直接化用矣。

又按,《广韵》:庵,乌含切;岩,五咸切;含,胡男切;咸,胡谗切。可知两宋时期,二字读音相似;今之环太湖地区,亦几无别。故作"碧鲜岩"者,盖同音而致讹者也。

"碧鲜庵"碑,于史能之重修《毗陵志》时即已矗立在善权寺,明代都穆、沈周与清代陈经、吴骞游览时,皆曾得见,并著录于书。据吴景墙《光绪宜兴荆溪县新志》,善权寺"兵毁,同治六年寺僧复建房屋三楹",所谓"兵毁",指清军与太平军之战;战后即无该碑之记载。直到一九二一年,宜兴人储南强(1876—1959)开发善卷洞,"始出碧鲜庵碑于寺后土中",为建碑亭,以迄于今。

综前所述,对《重修毗陵志》卷二十七"祝陵"条之文字,作如下推测:

> 竹陵:在善权山。山有广教禅寺,旧名善卷,齐武帝赎祝英台庄所置。前有巨石,刻云"碧鲜庵",为唐李司空蠙读书处,昔有诗云:"胡蝶满园飞不见,碧鲜空有读书坛。"俗传英台本女子,幼与梁山伯共学,后化为蝶。其说类诞。然考《寺记》,谓齐武帝赎祝英台旧产建,意必有人,第恐非女子耳。今此地善酿,陈克有"竹陵沽酒清若空"之句。

"竹陵"为一小地名,单言"在善权山",稍觉宽泛,宜交代大体方位。点广教禅寺旧名,引出旧碑"齐武帝赎祝英台庄所置"文,为其后复引《善卷寺记》"齐武帝赎祝英台旧产建"句张本,——可知"赎祝英台庄"及"以祝英台旧产"句内"祝英台"三字,诚非女子之名,实为台名也,如黄金台、柏梁台、铜雀台、超

寻找祝英台 | 23

碧鲜庵碑，在今江苏省宜兴县善权山麓。个厂摄

然台之台耳。"巨石"者，方丈石也。刻"碧鲜庵"三字，四围多竹，"碧鲜"之谓"竹"也。此地原为唐李蟾大和年间读书之处，后人作诗咏之，"碧鲜空有读书坛"云者，意谓碧鲜庵里只剩有读书之坛，慨物是而人非。今此地善酿好酒，酒以"竹陵"名，品质一如清若空者。其时或已有梁祝幼曾同学、死而化蝶传说，史能之因感于故乡有义妇祝英台，遂于"胡蝶满园"二句后，补入数语，且改"竹"为"祝"，以牵率祝陵、祝英台之关联也。

故曰：梁祝之始也，盖因文本之脱讹，以至于地志之附会，《延祐四明志》谓"此事恍忽"，《咸淳毗陵志》亦谓"其说类诞"。及经文人之改编，作小说以传观；曲家之铺演，登戏台而传唱。方志游记，云集景从，层累相生，积非成是，致以今日，妇孺皆知。民间文学，其类大皆如此；而地志之载记，"类诞"者又何其之夥焉，祝英台特其尤甚者欤？四明毗陵，彼时同属两浙，相距仅六百里耳，人物往还，商旅频仍，致本无相干之"冢墓"与"旧产"，经千馀年添枝加叶之演变，南北重叠，竟成合流。今天的寻找，只是为了寻找一种文本被层累的错读的可能；此与"夔，一足"、"夔一，足"意实相似，诚如顾颉刚先生所说的："既有以上二事之相类，遂有并为一种之传说。"而文本的脱讹与句读之错断，或许恰是梁祝故事流传中最为关键的一环。

附论一：碧鲜庵碑书者考

今善权寺"碧鲜庵"三字石刻，前已论及，即明都穆、慎蒙与清吴骞、胥绳武、陈经等所见者，盖亦史能之《咸淳毗陵志》卷二十九"碑碣"所著录"在善权寺方丈石上"之三大字也。碑石位置虽曾移动,下部亦或受损,然三字笔画齐全,未有残勒。

由于原石未具款识,《咸淳志》亦付阙如,致后人游记与地志著录,大皆从略;唯慎蒙《游善权洞记》曰:"寺之后有三生堂:唐李蠙,宋李纲、李曾伯,一姓而皆位至宰相。……堂右偏石室,刻'碧鲜庵'三大字,李曾伯所书。……寺门西有玉带桥,唐李丞相舍玉带而建者,又名胜义桥,李曾伯书匾。寺前有龙岩亭,予先憩于此,匾亦李曾伯所书也。"此文说得明确,李蠙、李纲、李曾伯先后与善权寺发生过密切关系,且此三人后皆位至宰相(按,李曾伯未曾官至宰相),故建三生堂以为纪念。且"碧鲜庵"三大字,为李曾伯所书;并据后文,可知胜义桥、龙岩亭诸匾,亦皆李曾伯所书者也。

明都穆《善权记》、王世贞《游善权洞记》皆未著录"碧鲜庵"三字为谁所书写。至宁楷《嘉庆增修宜兴县旧志》卷九"遗址"碧鲜庵条注:"'碧鲜庵'长碑三大字,字形瑰玮,谓是唐刻。"同卷"碑刻"善权寺碑条:"'碧鲜庵'三大字,楷书,笔势瑰伟,传为唐刻。"同书同卷,一则曰"谓是",一则曰"传为",已然不确定之辞也。

吴骞曾与胥绳武、陈经游善权洞,观摩崖石刻,归后各有著述。吴骞《桃溪客语》卷一:"殿后石壁有巨碑,书'碧鲜庵'三大字,字径二尺馀,前后无款识,笔法瑰玮雄肆,绝类颜平原。"陈经《墨庄杂著》之《荆南小志》曰:"'碧鲜庵'三大字,特瑰玮,前后无款,不知何人所书。"同书《荆南石刻》则曰:"碧鲜庵:右碑高五尺四寸,广二尺三寸,正书。字大,周三尺有奇。传是唐刻。观其笔意,极似东坡。"

宋黄山谷曾说,"予与东坡俱学颜平原"(《跋东坡书二》),"子

離墨石□

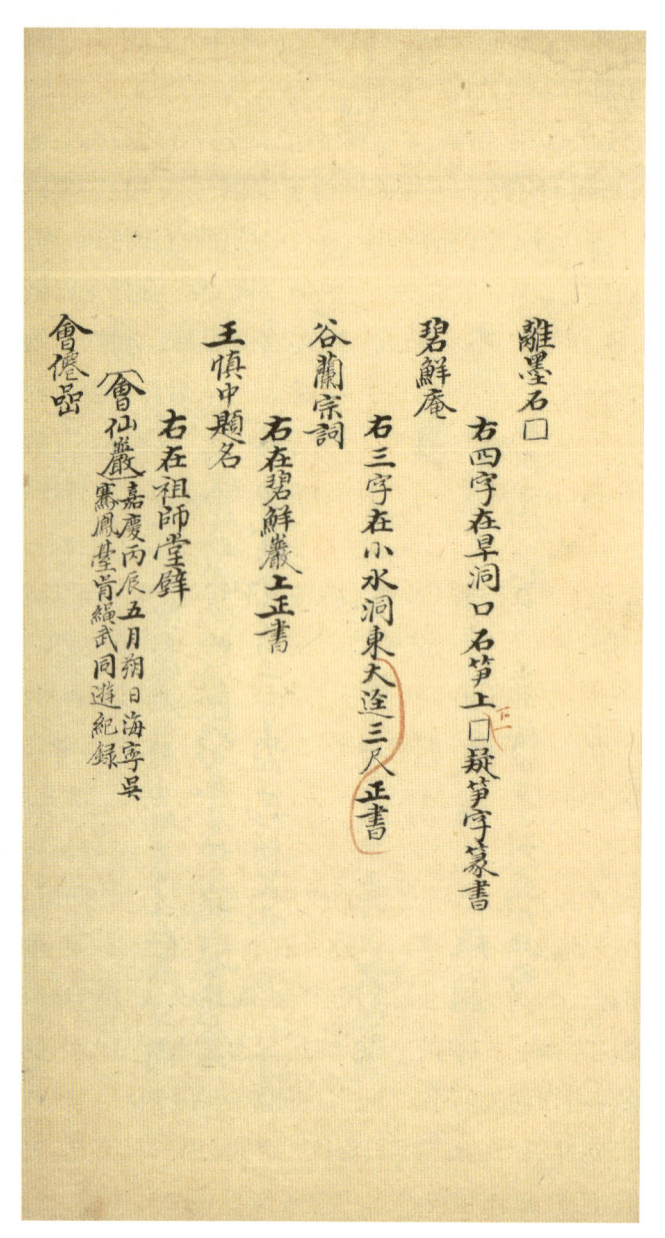

碧鮮庵　右四字在旱洞口石笋上□疑笋字篆書

谷蘭宗詞　石三字在小水洞東大逕三尺正書

王慎中題名　石在碧鮮巖上正書

右在祖師堂壁

會僊嵒

〔會仙巖〕嘉慶丙辰五月朔日海寧吳騫鳳臺肯綺武同遊紀錄

《陽羨摩厓紀錄》，〔清〕吳騫撰，稿本。国家图书馆藏

瞻昨为余临写鲁公十数纸,乃如人家子孙"(《杂书五》),东坡"大字多得颜鲁公《东方先生画赞》笔意"(《题东坡大字》),故陈经以为"极似东坡",与吴骞所谓"绝类颜平原",意实一也,即"碧鲜庵"三字为颜体字。

按,李曾伯(1198—1268)字长孺,怀州(今河南沁阳)人,宋南渡后徙居嘉兴。历官通判濠州、军器监主簿、淮西总领太府卿、知静江府、广西经略安抚使、知江陵府、四川宣抚使、知福州、湖南安抚大使、广南制置大使兼广西转运使、知庆元府兼沿海制置使等职。据李氏《善权禅堂记》,其于绍定五年(壬辰,1232)回宜兴安葬先人,时与僧衲往还。有善权寺僧道琳,语之曰:"观公气运,异日必阶政路。善权乃浙右之佳山水,他时宜请作功德院。"二十四年后之宝祐四年(丙辰,1256)九月,李曾伯除资政殿学士、四川宣抚使兼京湖制置大使,特与执政恩数,又敕特赐同进士出身。李氏遂奏请朝廷,乞将"常州府宜兴县管下善权山'广教禅院'改以'报忠寺'为额,永充本家功德坟寺。……其寺内空闲地段,不许外人攒葬侵占,及不许于近寺去处焚化棺椁",并求朝廷颁赐敕牒,"令本州出给板榜,付本寺钉挂,约束施行";后得圣允,"牒奉敕,宜赐'报忠寺'为额,牒至,准敕故牒"。是知自此之后,"广教禅院"改名"报忠寺",成为李曾伯家之功德坟寺。

愚意以为,胜义桥上当建有桥亭,故与龙岩亭皆置亭匾,书写者李曾伯;碧鲜庵乃唐李蠙读书处,至南宋初,庵或已不存,在原址上(或附近)另筑李司空山房,以示纪念,旁立巨石,刻"碧鲜庵"三字,以为说明。此三字若是李蠙所书,当年必是悬诸匾而不必勒石者,故书写者盖亦李曾伯是也。史能之修《毗陵志》完成之际,即李曾伯辞世之年。《志》存碑碣,不录匾额,碧鲜庵碑因无有款识，致未著录书者姓氏。今观李曾伯《游隐山诗》《抗元纪事碑》《襄樊纪功铭》诸石刻，字皆颜体，故作此推测焉。甚或以为乃祝英台所书者，直可置若罔闻，无须一辩耳。

附论二：祝英台近词调考

与此故事相涉之两宋作品，有《祝英台》《祝英台近》词调。今依《全宋词》编录顺序，作者先后有王琪(天圣三年〔乙丑，1025〕召试)、苏轼(1037.1.8—1101.8.24)、吴淑姬、张元幹(1091—约1161)、吕渭老、曹勋(1098—1174)、曾协(？—1173)、赵彦端(1121—1175)、王嵎(？—1182)、丘崈(1135—1208)、辛弃疾(1140—1207)、黄人杰(乾道二年〔丙戌，1166〕进士)、陈亮(1143—1194)、张镃(1153—1211)……

由于两宋词作多互见者，致归属难定。如王琪《祝英台》，据张侃《张氏拙轩集》卷五收入，然周密《浩然斋雅谈》卷下则作王澡(1166年生，四明人)词。

苏轼虽钟情宜兴山水，曾游芙蓉山、桃溪、善卷洞，并买地于荆溪，建筑屋舍，作终老之计，然其《祝英台近》词，南宋傅幹《注坡词》(国家图书馆藏清钞本)、元《东坡乐府》二卷(元延祐七年〔庚申，1320〕刻本)、明初吴讷编《唐宋名贤百家词》本《东坡词》三卷(天津图书馆藏明天一阁钞本)、《重编东坡先生外集》(明毛九苞编，万历三十六年〔戊申，1608〕刻本)俱未收录，《草堂诗馀》卷下(宋何士信编，嘉靖三十三年〔甲寅，1554〕刻本，该首与"剪酥醿，移红药"首并署"苏子瞻")、《花草稡编》卷八(明陈耀文编，万历十一年〔癸未，1583〕刻本)、《东坡词》卷二(明茅维编《苏东坡全集》本)、《东坡先生诗馀》卷二(明焦竑编《苏长公二妙集》本，天启元年〔辛酉，1621〕刻本)、《东坡词》

（明毛晋编，汲古阁刻本）始冠东坡名下；鳙溪逸史《汇选历代名贤词府全集》卷四（明嘉靖三十六年〔丁巳，1557〕刻本）作明刘基词；按，明洪武十三年（庚申，1380）刻本《写情集》、嘉靖三十五年（丙辰，1556）刻本《太师诚意伯刘文成公集》，收《祝英台近》"翠烟收，珠露下"一首；明成化六年（庚寅，1470）、隆庆六年（壬申，1572）刻本《太师诚意伯刘文成公集》，收《祝英台近》"问青青，河畔草"一首；明成化二十一年（乙巳，1485）刻本《眉庵集》，无《祝英台近》词；《文渊阁四库全书》本《诚意伯文集》，收"翠烟收，珠露下"与"问青青，河畔草"二首；然皆未有"挂轻帆，飞急桨"一首。沈际飞《草堂诗馀新集》卷三（明末刻本）、潘游龙《精选古今诗馀醉》卷七（明末十竹斋刻本）、卓回《古今词汇二编》卷三（清康熙十八年〔己未，1679〕刻本）俱作明商辂撰，题作"旅怀"。按，《商文毅公集》之明隆庆年间（1567—1572）十一卷本、万历三十年（壬寅，1602）刘体元刻十卷本与清顺治十四年（丁酉，1657）商德协增刻六卷本，俱未收词作；万历间（1573—1619）韩敬刻《商文毅公全集》三十卷本，其卷十三收词十四首，《祝英台近》"挂轻帆，飞急桨"其一也，然该版本词作来源成疑。又，史能之《咸淳毗陵志》载东坡故事，若"祝英台近"确为东坡因宜兴而所创之一词体者，必也著录其中矣。惜乎未见！今人编东坡词，皆据后出之本，径自入集，且见"钓台"二字，并将之系于熙宁六年（癸丑，1073）二月，东坡之巡游富阳、桐庐过七里濑严子陵钓台时；殊不知，宜兴亦有任昉钓台。予读该词，语直而浅，意浮而薄，或亦出于伪撰者欤？

吴淑姬《祝英台近》"粉痕销，芳信断"一首，南宋黄昇《唐宋诸贤绝妙词选》卷十收入，并谓"淑姬，女流中黠慧者。有词五卷，名《阳春白雪》，佳处不减李易安也"，然明梅鼎祚《青泥莲花记》卷十二且以吴氏为南宋人矣。

考地志祝英台之演变,牵涉词调之创制,所谓王琪、苏轼、吴淑姬三首,皆有可疑处,唯张元幹《芦川词》之"祝英台近"未曾与他人互见。张氏闽人,晚岁滞留杭州,漫游湖州、嘉兴、苏州诸地,其时梁祝之同学、化蝶故事,盖已流布于两浙路矣。

附论三:南戏杂剧创作考

元钟嗣成《录鬼簿》载,元曲四大家之一白朴(1226—1306后)有《祝英台死嫁梁山伯》传奇一本,从题目即可推知当时所演之梗概。而元代南戏,亦有三支仙吕曲留存,题作《祝英台》,注谓"元传奇"(见明末钮少雅《汇纂元谱南曲九宫正始》所据元天历间〔1328—1330〕《九宫十三调》而成)。

明中期之后,随着市民生活的丰富,戏曲逐渐繁荣,复因演出所需,文人参与戏曲创作也出现一时之盛,而很多剧本大皆改编自宋元以来话本或民间传说。朱孟震万历十二年(甲申,1584)序自撰《浣水续谈》,其卷一有"祝英台"一条,谓会稽梁山伯与上虞祝英台云云,又谓"吴中有花胡蝶,妇孺俱以梁山伯、祝英台呼之,近有作为传奇者"。其后绍兴人祁彪佳(1602—1645)《远山堂曲品·杂调》云:"祝英台女子从师,梁山伯还魂结褵,村儿盛传此事。或云:即吾越人也。"从"盛传"二字可知,此故事在浙江之影响也。今可考索梁祝之各类剧目,有朱从龙《牡丹记》、王紫涛《两蝶诗》、朱少斋《还魂记》、佚名《同窗记》、《访友记》、《英伯相别回家》、《山伯赛槐阴分别》、《河梁分别》、《山伯千里期约》等。

明末冯梦龙(1574—1646)所编《喻世明言》第二十八卷《李秀

卿义结黄贞女》内"入话"一段,以小说笔法,叙述了梁祝故事,此影响更为广泛。(按,冯氏《情史》卷十《情灵类》辑录《宁波志》文字,且附按语。)后世之故事,大皆本乎此。

附论四:别地流传载记考

永川县:南宋王象之在《舆地纪胜》卷十一著录鄞县"义妇冢"的同时,在卷一百六十一潼川府路著录"二贤亭",曰:"在永川县十五里,故老相传,谓梁山伯、祝英台尝于此地读书。今台犹存,台之下有二贤墓。"永川县今属重庆,千馀年来分合并撤,命运多舛,致后来诸史乘方志,难觅"二贤亭"踪迹矣。

河间府:南宋恭帝德祐二年(丙子,1276)正月,元军兵临临安城下;次月五日,恭帝出降,元军将宋帝、宗室、大臣等押解北上。时有绍兴严光大以阁赞官充日记官随行,成《南宋祈请使行程记》,后为刘一清《钱塘遗事》卷九收入。记曰:"三月廿八日,车行至陵州。陵州郡守迎诸使,宴毕,宿州治。廿九日,易车行陵州西关,就卫河登舟。午后过林镇,属河间府,有梁山伯祝英台墓。夜宿于岸。"此则河间府之记录也。

邹县:明正德十一年(丙子,1516)八月,山东邹县立《梁山伯祝英台墓记》碑,里人赵廷麟撰文,叙梁祝事与鄞县如出一辙,唯祝氏乃济宁九曲村祝员外之女,梁氏为邹县城西梁太公之子,马氏则西庄富室也。此碑今存。据碑文可知,梁祝墓重建,得当时南京工部右侍郎、总督粮储崔文奎(1451—1536)之支持。又,明万历胡继先《邹志》卷二《陵墓志》:"在唐有……梁山伯祝英台墓:在吴桥。"是将梁祝定作唐朝人矣。鄞县人陈紫芝《康熙邹

梁山伯祝英台墓记拓片，2003年山东省济宁市微山县马坡乡出土墓记碑。樊存常供图

县志》卷一"古迹志",谓"梁山伯祝英台墓:在城西六十里吴桥地方,有碑记"。以上,今属山东微山县。同卷"疆域志":"梁祝读书洞。石勒此五字,俗传梁山伯、祝英台在此读书。"峄山另有"梁祝泉"(见《王季重先生文集》卷七)。鱼台马星翼(1790—1873)于道光年间作《邹峄山记》,改"梁祝洞"、"梁祝泉"为凉珠洞、凉珠泉,且曰:"土人所称昔有梁祝夫妇读书于此,盖误。"邑人侯文龄(1798—1874)曾作《峄山志》,多处涉及梁祝,卷三"梁祝读书洞"条辨曰:"阅读碑文,亦荒唐附会而无实据,峄山梁祝洞殆不足信也。"卷五《万寿宫梁祝像》诗末辨曰:"梁、祝,宁波人也。而设像于此,无理之甚。且使谩之狎侮之,而下里巴人又蠭以邪秽之行,未必非此像阶之厉也。其议去之。"以上,今属山东邹城市。微山、邹城为济宁市属县,今济宁市有梁祝文化研究会。

元氏县:雷礼《嘉靖真定府志》卷十七"古迹":"吴桥古冢:在元氏南左村西北,桥南西塔有古冢,山水涨溢冲激,略不骞移,若有阴为封拥者。相传为梁山伯墓。不然,必有异人所藏蜕骨也。"地今河北元氏县。邑人赵维藩《吴桥古冢》诗,有"泉下长眠必异人,姓名传说恐非真"句。智铤《崇祯重修元氏县志》卷二"古迹",已是"相传为梁山伯祝英氏之墓"矣;同卷另有"梁山伯墓","在县西四十里南左村西北隅"云。萧山王人雄《乾隆元氏县志》卷一"地理志"考辨曰:"如吴桥古冢,称南左村西北桥北有冢,相传为梁山伯祝英氏之墓,皆荒唐无据,其馀亦附会凑合耳,可概从删削。"赵文濂《光绪元氏县志》仅于卷末"存疑"处,依例备录此数句耳。

江宁县:李登《万历江宁县志》卷四"祠宇志":"英台寺:在西善桥。《乾道志》:在新林市。俗呼祝英台寺。"袁枚《乾隆江宁县新志》卷十一"古迹志":"英台寺在南门外西善桥,明敕赐。《乾道志》云:福安院在新林市,俗呼祝英台寺,盖即此也。"地在今南京雨花台区西善桥街道。

曲阜县:张岱(1597—1685)《陶庵梦忆》卷二"孔庙桧"条:"己巳至曲阜,谒孔庙,买门者门以入。宫墙上有楼耸出,匾曰:'梁山柏祝英台读书处。'骇异之。"己巳为明崇祯二年(1629)。张岱绍兴人,彼时彼地,梁祝故事早已广为传播矣。此事,地志未载。后俞曲园读张岱文,发出了"孔庙有此,诚大奇。未知今尚然否"之感叹(《茶香室三钞》卷十)。曲阜与邹县毗邻,或因此以附会读书处。

清水县:张桂芳《康熙清水县志》卷二"地理纪":"祝英台墓:在邑东八里官道南。冢碑俱存。"卷十二"人物纪"有祝氏传,叙事基本同。卷十二"艺文"载《祝英台》诗,有"秦川烈女祝英台,千古芳名女秀才"句。宜兴朱超《乾隆清水县志》卷二"人物"祝氏传,同《康熙志》,文末注曰:"事出小说,莫详真伪。姑依旧志录之。"今清水县永清镇有祝英台塬村,路有祝英台大道。

榆社县:佟国弘《康熙榆社县志》卷一"舆地志":"响堂:在县西南十里梓荆山下。有石室方丈,如瓮,虚状,内有二石像,梁三伯、祝英台。人入其中,石声与人声相应,亦古址也。"卷二"建置志":"响堂寺:在县西十里,有梁山伯、祝英台遗迹。"孟涛《乾隆榆社县志》同之,然曰:"大雅勿道也。"今榆社县西侧祁县来远镇祝家庄村有祝英台山。

胶州:刘恬《乾隆胶州志》卷六"冢墓":"祝英台墓:治南祝家庄社。相传无考。"李图《道光重修胶州志》卷四十"讹疑"

曰:"祝英台墓有鸳鸯冢传奇,赍诏旌表者官为谢安,盖浙江人。宁波府有其墓,不应在胶。"今青岛市西海岸新区珠海街道有祝家庄,宣传口号即"梁祝故里"。

铜梁县:白玉楷《道光铜梁县志》卷一"地理志":"祝英台山:在县南二十里。"又:"大欢喜石碑:在县南浦吕滩河岸,祝英台书。"卷八"杂记"则谓"明季献贼驱逐流民,男女数百至浦吕滩岸上,人心汹汹,苦无舟楫。突见河中石梁浮起,广数尺,流民争渡。贼追至,石梁复沉,遂不得济,渡河者以是得免于难焉。后里人祝英台书'大欢喜'三字,勒诸碑以表其异。按,县南有山曰祝英台山,左即其故里,石坊尚存。据此,则祝为里人无疑。"按,此祝英台盖非女子祝英台也。邑人陈昌《光绪铜梁县志》著录,同《道光志》,惟卷一"茔墓":"祝英台墓:在县东祝英寺前。"今重庆市铜梁区东城街道下辖梁祝村,村有祝英庙,庙内供奉梁祝像云。

前述十处关乎梁祝遗迹者,永川县、河间府两处,似仅存宋元间之著录,后来地志,未见踪影。邹县、元氏县、曲阜县、清水县、榆社县、胶州六处,续修志书者或存疑,或考辨,或谓之"荒唐无据"、"大雅勿道",基本持否定之态度。至如江宁县者,寺名以祝英台冠之而已;铜梁县盖明末同姓名者,今亦冠以梁祝矣。他若河南汝南、安徽舒城、广西马山诸县市,虽历代地志无徵,诗文无咏,然今者追怀梁祝,较之他处,似亦不遑多让云尔。

附记:《寻找》一文,思之逾十载,迄不敢落笔,盖传说固非真有其事,然民间亦自有其功用处。剥茧抽丝,唯恐丝断,且不得丝,即茧亦不存矣。犹忆数年前,曾与俞为民先生请益,得忞恳鼓励,爰取钱南扬、路晓农、王宁邦诸先生之著述文章，以及历代史籍之著录，反复推衍。后因疫情，逡巡三年，其间或趋俗务，或生旁骛，拖之又拖，不能再拖。幸藉学习之隙，稍作梳理，徵据多相似，按断或不同，盖亦铺叙一己偶然之思，以就正于博雅君子。癸卯正月十八，个厂识于昌平十三陵水库南侧。

又，文章构篇于正月初九，越九日而成第一、二节，至二月初九始有第三节之豁然悟。附论四则，稍记所见所虑，盖与梁祝事亦相涉者也。半月以来，运思俱在登榻之后，常致抖擞而不能入梦焉。二月廿四，个厂于仰顾山房。

参考文献

《梁祝故事说唱集》，路工编，上海出版公司1955年版。

《梁祝戏剧辑存》，钱南扬著，上海古典文学出版社1956年版；又，中华书局2009年版。

《梁祝文化大观》，周静书主编，中华书局2000年版。

《梁山伯与祝英台》，俞为民著，江苏古籍出版社2000年版。

《宜兴梁祝文化——史料与传说》，宜兴市政协和文史学习委员会、宜兴市华夏梁祝文化研究会编，方志出版社2003年版。

《"梁祝"的起源与流变》，路晓农著，东南大学出版社2014年版。

《万古灵迹善卷洞》，范双喜主编，团结出版社2019年版。

《历代梁祝史料辑存》，路晓农编著，复旦大学出版社2021年版。

《祝陵村志》，江苏名镇名村志编纂委员会、宜兴市祝陵村志编纂委员会编，江苏人民出版社2021年版。

《乾道四明图经》，〔宋〕张津等撰，清钞本，上海图书馆藏。

《乾道四明图经》，〔宋〕张津等撰，清咸丰四年徐氏烟屿楼校刻本。

《宝庆四明志》,〔宋〕吴栗修,方万里、罗濬纂,清咸丰四年徐氏烟屿楼校刻本。

《开庆四明续志》,〔宋〕吴潜修,梅应发、刘锡纂,清咸丰四年徐氏烟屿楼校刻本。

《延祐四明志》,〔元〕马泽修,袁桷纂,清咸丰四年徐氏烟屿楼校刻本。

《成化宁波郡志》,〔明〕杨寔纂修,明成化四年刻本。

《宁波府简要志》,〔明〕黄润玉撰,清钞本,中国国家图书馆藏。

《嘉靖宁波府志》,〔明〕张时彻纂修,明嘉靖三十九年刻本。

《万历新修上虞县志》,〔明〕徐待聘纂辑,明万历三十四年刻本。

《康熙鄞县志》,〔清〕汪源泽修,闻性道纂,清康熙二十五年刻本。

《道光宁波府志》,〔清〕孙诏修,曹秉仁纂,清道光二十六年刻本。

《四明古迹》,〔清〕陈之纲辑,清道光二年是亦楼刻本。

《重修毗陵志》,〔宋〕史能之撰,宋咸淳年间刊本,日本静嘉堂文库藏;又,明初刻本,中国国家图书馆藏;又,清钞本,陈鳣旧藏,上海图书馆藏;又,清钞本,沙彦楷校,上海图书馆藏;又,清嘉庆二十五年赵怀玉刻本。

《大德毗陵志辑佚(外四种)》,杨印民辑校,凤凰出版社2013年版。

《洪武常州府志》,〔明〕张度修,谢应芳纂,清嘉庆二十三年钞本,上海图书馆藏。

《成化重修毗陵志》,〔明〕孙仁修,朱昱纂,明成化二十年刻本。

《嘉靖南畿志》,〔明〕闻人诠通辑,陈沂编辑,明嘉靖十三年刻本。

《万历重修常州府志》,〔明〕刘广生修,唐鹤徵纂,明万历四十六年刻本。

《万历重修宜兴县志》,〔明〕王升纂修,明万历十八年刻本。

《嘉庆增修宜兴县旧志》,〔清〕宁楷总修,阮升基、牛兆奎、蒋励宣、唐仲冕、段琦、高伯扬主修,清嘉庆二年刻本。

《光绪宜兴荆溪县新志》,〔清〕吴景墙总修,英敏、施惠、周谭、潘树辰、钱志澄主修,清光绪八年刻本。

《十道志》,〔唐〕梁载言撰,〔清〕王谟辑,清嘉庆十六年《汉唐地理书钞》本。

《唐梁载言〈十道志〉辑校》,夏婧辑校,载《国学研究》第三十卷,北京大学出版社2012年。

《舆地纪胜》,〔宋〕王象之撰,清影宋钞本,中国国家图书馆藏;又,清道光二十九年惧盈斋刻本。

《寰宇通志》,〔明〕陈循等奉敕撰,明景泰七年刻本。

《大明一统志》,〔明〕李贤等奉敕撰,明天顺五年刻本。

《大明一统名胜志》,〔明〕曹学佺著,明崇祯三年刻本。

《荆溪外纪》,〔明〕沈敕编辑,明嘉靖二十四年刻本。

《江南通志》,〔清〕尹继善等总裁,黄之隽等纂修,清乾隆元年刻本。

《金楼子》,〔梁〕孝元皇帝撰,〔清〕鲍廷博辑,鲍志祖续辑,清光绪八年岭南芸林仙馆《知不足斋丛书》本。

《宣室志》,〔唐〕张读撰,明钞本,中国国家图书馆藏。

《菽园杂记》,〔明〕陆容撰,中华书局1985年版。

《留青日札》,〔明〕田艺衡撰,明万历元年刻本。

《游名山一览记》,〔明〕慎蒙编选,明万历四年刻本。

《浣水续谈》,〔明〕朱孟震著,明万历十二年刻本。

《天中记》,〔明〕陈耀文纂,明万历十七年刻本。

《三才图会》,〔明〕王圻纂集,明万历三十七年刻本。

《潜确居类书》,〔明〕陈仁锡纂辑,明崇祯年间刻本。

《识小录》,〔清〕徐树丕撰,《涵芬楼秘笈》影印本,商务印书馆1915年版。

《通俗编》,〔清〕翟灏撰,清乾隆十六年刻本。

《艮斋先生薛常州浪语集》,〔宋〕薛季宣撰,清钞本,中国国家图书馆藏。

《黄庭坚全集》,〔宋〕黄庭坚撰,刘琳、李勇先、王蓉贵点校,中华书局2021年版。

《周益文忠公集》,〔宋〕周必大撰,明钞本,中国国家图书馆藏。

《周益公文集》,〔宋〕周必大撰,明澹生堂钞本,中国国家图书馆藏。

《诚斋先生西归集》,〔宋〕杨万里撰,宋淳熙绍熙间递刻本,中国国家图书馆藏。

《诚斋集》,〔宋〕杨万里撰,杨长孺编,罗茂良校,宋端平元年刻本,日本东京宫内厅书陵部藏。

《荆溪疏》,〔明〕王穉登著,明万历十二年刻本。

《弇州山人四部稿》,〔明〕王世贞撰,明万历二十年刻本。

《始青阁稿》,〔明〕邹迪光著,明天启元年刻本。

《檀园集》,〔明〕李流芳撰,明崇祯二年刻本。

《王季重先生文集》,〔明〕王思任著,明末刻本。

《陶庵梦忆》,〔明〕张岱撰,清乾隆五十九年刻本。

《悟香集》,〔清〕陆宝著,清康熙年间刻本。

《湖海楼全集》,〔清〕陈维崧著,清康熙二十八年刻本。

《卷施阁诗集》,〔清〕洪亮吉著,《洪北江全集》本,清光绪年间授经堂刻本。

《拜经楼诗文稿》,〔清〕吴骞著,稿本,中国国家图书馆藏。

《愚谷文存》,〔清〕吴骞著,稿本,中国国家图书馆藏;又,清嘉庆十二年刻本。

《桃溪客语》,〔清〕吴骞撰,清乾隆五十三年刻本。

《拜经楼诗集》,〔清〕吴骞撰,清嘉庆七年刻本。

《阳羡摩崖纪略》,〔清〕吴骞撰,吴寿旸钞本,中国国家图书馆藏。

《墨庄杂著》,〔清〕陈经撰,清嘉庆二十五年刻本。

《春在堂全书》,〔清〕俞樾撰,清光绪二十五年刻本。

《十钞诗·夹注名贤十钞诗》,(日)芳村弘道编,日本汲古书院2011年影印本;又,查屏球整理,上海古籍出版社2005年版。

《重刊贞和类聚祖苑联芳集》,(日)释周信编,《大日本佛教全书》本,1912年日本佛书刊行会编纂发行。

《善权寺古今文录》,〔明〕释方策辑,清嘉庆九年钞本,中国国家图书馆藏。

《张氏拙轩集》,〔宋〕张侃撰,《文渊阁四库全书》影印本,台湾商务印书馆1985年版。

《浩然斋雅谈》,〔宋〕周密撰,孔凡礼点校,中华书局2020年版。

《注坡词》,〔宋〕苏轼撰,〔宋〕傅幹注,清钞本,中国国家图书馆藏。

《东坡词傅幹注校证》,〔宋〕苏轼撰,〔宋〕傅幹注,刘尚荣校证,上海古籍出版社2016年版。

《东坡乐府》,〔宋〕苏轼撰,元延祐七年刻本。

《写情集》,〔明〕刘基撰,明洪武十三年刻本。

《眉庵集》,〔明〕刘基撰,明成化二十一年刻本。

《太师诚意伯刘文成公集》,〔明〕刘基撰,明成化六年刻本;又,明嘉靖三十五年刻本;又,明隆庆六年刻本。

《诚意伯文集》,〔明〕刘基撰,《文渊阁四库全书》影印本,台湾商务印书馆1985年版。

《商文毅公集》,〔明〕商辂撰,明隆庆年间商振礼刻本。
《商文毅公集》,〔明〕商辂撰,明万历三十年刘体元刻本。
《商文毅公全集》,〔明〕商辂撰,明万历间西吴韩敬刻本。
《商文毅公集》,〔明〕商辂撰,清顺治十四年商德协增刻本。
《唐宋名贤百家词》,〔明〕吴讷编,明天一阁钞本,天津图书馆藏。
《草堂诗馀》,〔宋〕何士信编,明嘉靖三十三年刻本。
《汇选历代名贤词府全集》,〔明〕鳙溪逸史辑,明嘉靖三十六年刻本。
《花草粹编》,〔明〕陈耀文编,明万历十一年刻本。
《青泥莲花记》,〔明〕梅鼎祚撰,明万历三十年刻本。
《苏东坡全集》,〔宋〕苏轼撰,〔明〕茅维编,明万历三十四年刻本。
《重编东坡先生外集》,〔宋〕苏轼撰,〔明〕毛九苞编,明万历三十六年刻本。
《唐宋诸贤绝妙词选》,〔宋〕黄昇编集,明万历四十二年刻本。
《苏长公二妙集》,〔明〕焦竑编,明天启元年刻本。
《东坡词》,〔宋〕苏轼撰,〔明〕毛晋编,明末汲古阁刻本。
《草堂诗馀新集》,〔明〕沈际飞评选,明末刻本。
《精选古今诗馀醉》,〔明〕潘游龙编,明末十竹斋刻本。
《古今词汇二编》,〔清〕卓回编,清康熙十八年刻本。
《全宋词》,唐圭璋编,中华书局1965年版。
《录鬼簿》,〔元〕钟嗣成撰,中华书局1960年影印天一阁蓝格写本。
《录鬼簿校订》,〔元〕钟嗣成撰,王钢校订,中华书局2021年版。
《汇纂元谱南曲九宫正始》,〔明〕徐于室辑,钮少雅订,北平戏曲文献流通会1936年影印本。
《远山堂曲品》,〔明〕祁彪佳撰,清初祁氏起元社钞本,中国国家图书馆藏。

《冯梦龙全集》,〔明〕冯梦龙撰,魏同贤主编,上海古籍出版社1993年版。

《钱塘遗事》,〔元〕刘一清编,清嘉庆四年扫叶山房刻本。

《万历邹志》,〔明〕胡继先修,明万历四十年刻本。

《康熙邹县志》,〔清〕娄一均修,周冀协修,清康熙五十五年刻本。

《历代邹县志十种》,孔宪尧、刘凤桐、孟庆丰、王轩、张信民、张延龄点校,中国工人出版社1995年版。

《光绪邹县续志》,〔清〕董纯、马星翼原纂,吴若灏续纂,清光绪十八年刻本。

《嘉靖真定府志》,〔明〕唐臣、孙续修,雷礼纂,明嘉靖二十八年刻本。

《崇祯重修元氏县志》,〔明〕张学慎修,智铤纂,明崇祯十五年刻本。

《乾隆元氏县志》,〔清〕王人雄纂修,清乾隆二十二年刻本。

《光绪元氏县志》,〔清〕赵文濂纂,清光绪元年刻本。

《万历江宁县志》,〔明〕李登纂修,盛敏耕、顾起元纂,明万历二十三年刻本。

《乾隆江宁县新志》,〔清〕袁枚纂修,清乾隆十三年刻本。

《康熙清水县志》,〔清〕刘俊声修,张桂芳、雍山鸣续纂,清康熙二十六年刻本。

《乾隆清水县志》,〔清〕朱超纂修,清乾隆六十年刻本。

《康熙榆社县志》,〔清〕佟国弘修,清康熙十三年刻本。

《乾隆榆社县志》,〔清〕费映奎修,孟涛纂,清乾隆八年刻本。

《光绪榆社县志》,〔清〕王家坊、葛士达修纂,清光绪七年刻本。

《乾隆胶州志》,〔清〕周於智、宋文锦修,刘恬纂,清乾隆十七年刻本。

《道光重修胶州志》,〔清〕张同声修,李图纂,清道光二十五年刻本。

《道光铜梁县志》,〔清〕徐瀛修,白玉楷等纂,清道光十二年刻本。

《光绪铜梁县志》,〔清〕韩清贵等修,陈昌等纂,清光绪元年刻本。
《明代曲阜孔庙缘何会有"梁祝读书处"》,陈金文撰,载《孔子研究》
　　2004年第二期。
《山东民间文化背景下的梁祝故事——关于济宁马坡〈梁山伯祝
　　英台墓记〉的民俗学分析》,张士闪撰,载《齐鲁艺苑》2005年第
　　二期。
《祝英台考》,王宁邦撰,载《江海学刊》2008年第四期。
《梁山伯考》,王宁邦撰,载《江海学刊》2012年第四期。
《碧鲜庵考》,王宁邦撰,载《东南文化》2012年第三期。
《梁祝同冢考》,王宁邦撰,载《艺术百家》2018年第六期。
《梁祝传说起源时间考》,王宁邦撰,载《艺术百家》2012年第六期。
《梁祝传说起源时间再考》,王宁邦撰,载《艺术百家》2021年第一期。
《会昌法难后之寺院重建与规制——以宜兴善权寺为例》,游自勇、
　　冯璇撰,载《文史》2022年第一期。

（原载澎湃新闻2023年5月6日、6月12日）

读东坡集札记

仲夏之初,值天大热。偶读东坡《自题金山画像》:"心似已灰之木,身如不系之舟。问汝平生功业,黄州惠州儋州。"[①] 稍有感焉。觉此老遇事达观,造语清寥,千载而下,犹获我心。实宜泛览其书,权作修身养性之用。

月中因审稿所及,需覆覈文本。检东坡题跋、《志林》,偶有疑于前人断句处,觅其旧椠,以参新刊,两相雠校,亦未解其惑。爰事考订,详寻其源,旁及左右,竟是疑窦丛生。遂穷数月之力,作一番辨析。钩沉探赜,无非小题大做;索隐发微,只求来踪去迹。今于题跋、《志林》,各得其一焉,并附论《志林》版本及五卷本与十二卷本关系二则。

一、《书陆道士镜砚》条辨

赵宋开国,务农兴学,制礼作乐,自以"使三代而降,考论声明文物之治,道德仁义之风,宋于汉唐,盖无让焉"[②],崇古之风遂起,古器收藏与研究亦渐成时尚。蔡絛《铁围山丛谈》载,"虞夏而降,制器尚象,著焉后世。……国朝来寖乃珍重,始则有刘原

[①]《苏轼诗集》卷四十八,〔宋〕苏轼撰,〔清〕王文诰辑注,孔凡礼点校,北京:中华书局,1982年,第2641页。
[②]《宋史·太祖本纪》,〔元〕脱脱等撰,北京:中华书局,1977年,第51页。

父侍读公为之倡,而成于欧阳文忠公。又从而和之,则若伯父君谟、东坡数公","学士大夫雅多好之,此风遂一煽矣。元丰后,又有文士李公麟者出。……取平生所得暨其闻睹者,作为图状,说其所以,而名之曰《考古图》",及宋徽宗广事搜罗,作《宣和博古图》,上有所好下必甚焉,以致"天下冢墓,破伐殆尽"[①]。东坡师友若欧阳修(永叔)、蔡襄(君谟)、文同(与可)、刘敞(原父)、李公麟(伯时)辈,皆通鼎彝之学,东坡稍有参与其间,故入"从而和之"者之列。

今观东坡集与同时人诗文,多有相关记述者,东坡唯不致力于收罗耳。其涉及古器物之诗文,诗有《胡穆秀才遗古铜器似鼎而小上有两柱可以覆而不蹶以为鼎则不足疑其饮器也胡有诗答之》、《次韵刘京兆石林亭之作石本唐苑中物散流民间刘购得之》、《凤翔八观》数首,题跋则有《书陆道士镜砚》、《书所获镜铭》、《书黄州古编钟》、《书古铜鼎》、《书金錞形制》诸篇。其中《书陆道士镜砚》、《书所获镜铭》二篇颇可注意。

陆道士名惟忠,字子厚,眉州眉山人。与东坡有交游,故东坡题其镜,兼及己之所藏,并作考释。按,东坡于宋神宗元丰四年(辛酉,1081)正月路过黄州故城,获得汉镜一枚。此镜东坡集内数次提及,后世各本俱有著录,今与他书所记,互为对读,颇有可辨处。

茅维编《东坡先生全集》卷七十题跋《书陆道士镜砚》曰[②]:

> 陆道士蓄一镜一研,皆可宝。研圆首斧形,色正青,背有却月金文;甚能克墨而宜笔,盖唐以前物也。镜则古矣,

---

① 《铁围山丛谈》卷四,〔宋〕蔡絛撰,冯惠民、沈锡麟点校,北京:中华书局,1983年,第79—80页。
② 陆,原作"窒",据明万历毛九苞《重编东坡先生外集》卷五十二及正文改。

其背文不可识。

家有镜,正类是。其铭曰:"汉有善铜出白阳,取为镜,清如明,左龙右虎俌之。"

以铭文考之,则此镜乃汉物也耶?

吾尝以示苏子容①。子容以博学名世,曰:"此镜以前皆作此,盖禹鼎象物之遗法也。白阳,今无此地名。楚有白公,取南阳白水为邑,白阳岂白水乎?汉人'而'、'如'通用。"皆子容云。

镜心微凸,镜面小而直,学道者谓是聚神镜也。

丙子十二月初一日书。

卷六十六题跋《书所获镜铭》曰:

元丰四年正月,余自齐安往岐亭,泛舟而还。

过古黄州,获一镜,周尺有二寸,其背铭云:"汉有善铜出白阳,取为镜,清如明,左龙右虎俌之。"

其字如菽大,杂篆隶,甚精妙。白阳,疑南阳白水之阳也。

其铜黑色如漆。其背如刻玉。其明照人微小。旧闻古镜皆然,此道家聚形之法也。②

---

① 苏颂(1020—1101)字子容,原籍泉州同安,徙居润州丹阳,遂以丹阳为籍。宋神宗熙宁初,曾与东坡同朝共事;后多往还,亦多诗文唱和。
② 此条文字,别见苏轼《仇池笔记》卷上"古镜"条,文作:"元丰中,余自齐安过古黄州,获一镜,其背铭云:'汉有善铜出白阳,取为镜,清而明。左龙右虎辅之。'其字如菽大,篆款甚精妙。白阳,疑白水之阳也。其铜黑色如漆,照人微小。古镜皆然,此道家聚形之法也。"(校辑《宋元人说部书》本,上海:商务印书馆,1926年)

又卷五十三尺牍《答李方叔十七首》第二首有曰[①]:

> 近获一铜镜,如漆色,光明冷彻。[②]
>
> 背有铭云:"汉有善铜出白阳[③],取为镜,清如明,左龙右虎俌之[④]。"
>
> 字体杂篆隶,真汉时字也。
>
> 白阳不知所在,岂南阳白水阳乎?"如"字应作"而"字使耳。"左龙右虎"[⑤],皆未甚晓。
>
> 更闲,为考之。

三篇所述,为同一器。

就三篇文字内容及先后言:

《答李方叔十七首》题下注"以下俱黄州"(元丰三年二月至元丰七年四月,东坡因"乌台诗案"贬谪黄州。黄州,今湖北黄冈),第二首云

---

① 李廌(1059—1109)字方叔,颍昌阳翟(今河南禹州)人。为苏门六学士之一。尝赍文谒苏轼于黄州,苏轼谓其笔势翩翩,有可以追古作者之道。王直方《诗文发源》云:"李方叔为坡公客。公知贡举而方叔下第。"东坡有诗题曰:"余与李廌方叔相知久矣,领贡举事,而李不得第,愧甚,作诗送之。"(《苏轼诗集》卷三十,北京:中华书局,1982年,第1568页)
② 该句,明万历毛九苞《重编东坡先生外集》卷六十六作:"近获一镜,铜色漆黑,光明冷彻。"
③ "白阳"与后"白阳"、"白水阳"之"阳"字,《重编东坡先生外集》俱作"杨"。
④ 俌,原作"辅",据明成化程宗《东坡续集》本卷四、明万历毛九苞《重编东坡先生外集》本改。按,《说文·人部》:"俌,辅也。"
⑤ 左龙右虎,明成化程宗《东坡续集》本、明万历毛九苞《重编东坡先生外集》本作"左月右日"。按,"左龙右虎辟不祥"、"左龙右虎尚三光"等是古镜铭常用语,龙虎图形亦多见,东坡盖见古镜略少,故不得其意。明本东坡集多改"左月右日",当指"明"字结构言。

"近获一铜镜",则作于获镜后不久,涉镜色、铭文、字体,并考铭文"白阳"、"如"、"左龙右虎"三处。且请李方叔得闲时,为更考"白阳"、"左龙右虎"之意。据《书陆道士镜砚》,"如"字作"而"字用,实系得诸苏子容所云,则苏子容知此事,必在东坡得镜后不久,且在致函李方叔之前。

《书所获镜铭》作于《答李方叔》后,记得镜之时为元丰四年(辛酉,1081)正月,得镜之地为古黄州(地近今湖北黄冈西南),涉镜色、镜形、铭文、字体,并考铭文"白阳"一处,且言古镜之功用(道家聚形之法)。赵希鹄《洞天清录》曰:"古铜器多能辟祟,人家宜畜之。"[1]是其意也。沈括《梦溪笔谈》卷十九曰:"古人铸鉴,鉴大则平,鉴小则凸。凡鉴洼则照人面大,凸则照人面小。小鉴不能全观人面,故令微凸,收人面令小,则鉴虽小而能全纳人面。"[2]《书陆道士镜砚》"镜心微凸,镜面小而直"、《书所获镜铭》"其明照人微小",所言与之俱合。

《书陆道士镜砚》作于宋哲宗绍圣三年(丙子,1096,时谪居惠州)十二月初一,去获镜已十有五年。涉镜形、铭文,并示古镜之功用(学道者谓是聚神镜)。至于铭文内"白阳"、"如"二处之说,谓皆是以博学名世之苏子容所与言之者。

三篇文字所录镜铭十九字,无异文。

汉代镜铭,概多韵语,以三四五七言为主。此镜铭十九字,"阳"、"明"为韵;"清"、"明"为语,即所谓"汉清明鉴"是也。此类铜镜后世出土者亦多,揆诸宋以降著录之铜镜铭文,文字仿佛者,如明杨慎《丹铅总录》卷二十七引《博古图》有铭曰:

---
[1]《洞天清录》,〔宋〕赵希鹄撰,〔明〕胡文焕校,明万历间刻本。
[2]《梦溪笔谈》卷十九,〔宋〕沈括撰,明崇祯四年刻本。

汉有善铜出丹阳，和以银锡清且明。左龙右虎尚三光，朱雀玄武顺阴阳。①

又如汉代广陵国铜器有"汉有善铜"神兽博局镜，其铭曰：

汉有善铜出丹阳，取之为镜清如明。左龙右虎備四旁，朱爵玄武顺阴阳。②

湖南长沙亦曾出土一枚铜镜（图一），铭曰：

汉有善铜出丹阳，取为镜，清如明。左龙右虎備之。③

此铭文与东坡所藏者，除"丹"、"備"二字外，馀无二致。

据《中国铜镜图典》、《汉镜铭文汇释》诸书著录，镜铭韵文之全或不全，字之正讹与否，颇为随意。"取为镜，清而明"之用，《汉镜铭文汇释》著录一枚，铭曰："汉善同，出丹阳。取之为竟，青而明。左龙右虎主。"④ 清初倪涛《六艺之一录》卷十八"汉

---

① 《丹铅总录》，〔明〕杨慎撰，明嘉靖三十三年刻本。
② 《汉广陵国铜镜》，徐忠文、周长源主编，北京：文物出版社，2013年，第260页。该书图114"善铜铭羽人禽兽纹博局镜"，1988年扬州市甘泉乡东汉砖室墓出土。铭文又见《汉镜铭文汇释》第1893号，鹏宇著，昆明：云南人民出版社，2022年。
③ 周世荣《湖南出土汉代铜镜文字研究》附图第六十，载《古文字研究》第十四辑，北京：中华书局，1986年，第131页。铭文又见《汉镜铭文汇释》第1899号。
④ 《汉镜铭文汇释》第1900号。拓片参见《尊古斋古镜集景》，上海：上海古籍出版社，1990年，第52页。

汉有善铜镜拓片。载《古文字研究》第十四辑

清明鉴二"亦有十四字图铭:"汉有善锡出白阳,取之为镜清且明。"① 可见一斑。

与东坡有关之铜镜故事,他处亦多有记录。其好友赵令畤《侯鲭录》卷一载录一条:

> 余家有古镜②,背铭云:"汉有善铜出丹阳,取为镜,清如明,左龙右虎補之。"不知"丹阳"何语,问东坡,亦不解。

---

① 《文渊阁四库全书》本,台北:商务印书馆,1986年,第830册,第299页。
② 余,明嘉靖二十三年芸窗书院重刊本《侯鲭录》作"今"。

后见《神仙药名隐诀》云①:"铜,一名丹阳。"……东坡云:"'清如明',如,而也,若《左传》'星陨如雨'。"②

倪涛《六艺之一录》卷十八亦记曰:

> 黄山谷曰:余家有古镜,背铭云:"汉有善铜出丹阳,取为镜,清且明,左龙右虎補之。"不知"丹阳"何语,问东坡,亦不解。后见《神仙隐诀》云:"铜,一名丹阳。"……东坡云:"'清如明',如,而也,若《左传》'星陨如雨'。"③

观此二条所记,一曰赵令畤"家有古镜",一曰黄山谷"家有古镜",与东坡自记如出一辙,颇有可疑处。

综上所记,有数事需作梳理:

一,东坡藏镜铭文曰:"汉有善铜出白阳,取为镜,清如明,左龙右虎俌之。"考以类似之铭,此镜之"白"字,或为"丹"(丹)字之误释;"俌"字,当为"補"(備)字之别篆;"之"字,疑为"三"(四)字之讹铸。岂东坡不谙篆籀欤④?抑原镜锈蚀难辨欤?汉代系篆隶

---

① 神仙药名隐诀,原作"神仙若名隐诀",明嘉靖二十三年芸窗书院重刊本同,据清光绪八年岭南芸林仙馆《知不足斋丛书》本改。按,《神仙药名隐诀》著录于《宋史·艺文志》;倪涛《六艺之一录》引,脱去"药名"二字。
② 《侯鲭录》,〔宋〕赵令畤撰,明正德间鳌峰书院刻本。
③ 《文渊阁四库全书》本,台北:商务印书馆,1986年,第830册,第304页。
④ 东坡《凤翔八观·石鼓歌》:"旧闻石鼓今见之,文字郁律蛟蛇走。细观初以指画肚,欲读嗟如箝在口。韩公好古生已迟,我今况又百年后。强寻偏傍推点画,时得一二遗八九。我车既攻马亦同,其鱼维鱮贯之柳。古器纵横犹识鼎,众星错落仅名斗。模糊半已隐瘢胝,诘曲犹能辨跟肘。"(参见《苏轼诗集》卷三,第101—102页)所述即此意也。

过渡期,铸镜笔画稍随意,字形难免多近似者。然东坡既谓"色如漆"、"光明冷彻"、"背如刻玉"、"字如菽大",是未有锈蚀处;且复经"以博学名世"之苏子容鉴定,俱释作"白阳",或亦讹铸欤?

二,镜铭"清如明"之"如"字,作"而"解①,《春秋》"星陨如雨",杜预注:"如,而也。"② 欧阳修《后汉郭先生碑》(集本):"其曰'宽舒如好施',盖以'如'字为'而'也。《春秋》书'星陨如雨',释者曰:'如,而也。'然施于文章,以'如'为'而',始见于此也。"③ 罗大经《鹤林玉露》卷一"如字训而"条:"欧阳公《集古录》载《后汉郭先生碑》云:'其长也,宽舒如好施,是以宗族归怀。'东坡得古镜,背有铭云:'汉有善铜出白杨,取为镜,清如明。'皆训'如'为'而'也。"④ 并谓《后汉郭先生碑》碑文、古铜镜铭文训"如"为"而",分别出自欧阳修、苏东坡之解释。然东坡自谓"'而'、'如'通用",实是苏子容告之者也。

三,赵令畤、黄山谷"家有古镜"事颇可疑。苏东坡曰"家有镜",出于自记,且数见于集中,赵、黄二镜铭云:"汉有善铜出丹阳,取为镜,清如明,左龙右虎補之。"与东坡藏镜铭仅"白"作

---

① 作"清而明"者,另有《汉镜铭文汇释》第 1828、1833、1834、1845、1846、1847 诸号;亦有如前引 1900 号作"青而明"者。
② 《春秋经传集解》卷三"庄公七年",〔晋〕杜预注,北京:文学古籍刊行社,1955 年影印明翻相台本。
③ 《集古录跋尾》卷三,载《欧阳文忠公集》卷一百三十六,宋欧阳棐翻刻周必大本。
④ 《鹤林玉露》甲集卷一,日本庆安元年刊本。此条别见明弘治十三年钞本《说郛》卷五("白杨"作"丹阳"),明南京都察院刊、万历七年林大黼重修、万历三十六年孙鑛递修本《鹤林玉露》卷末《补遗》("白杨"作"白阳"),明万历商濬半野堂刻本《鹤林玉露》卷末《补遗》("白杨"作"白阳")。另可参王瑞来先生点校本《鹤林玉露》之"点校说明",北京:中华书局,1983 年。

"丹"、"俌"作"補"之别。赵令畤虽与东坡同时,然《侯鲭录》之编定,据孔凡礼先生考证,"本书刊刻时,赵令畤是否在世,已不可考";孔先生用作底本之清鲍廷博《知不足斋丛书》本《侯鲭录》,鲍氏于某些条目"是否以己意增之而偶失说明?亦不可得其详"云[①]。此条或为后人伪托。或者东坡后将该镜赠与赵令畤,且告以不知"白阳"为何意,故有此记,亦未可知。然若此时已释作"丹阳",与"善铜"连属,熟诵《汉书》如东坡者[②],岂有不知之理!倪涛《六艺之一录》全书四百馀卷,成稿于清乾隆时期,原即为书学文献纂集类著作。其钞录资料,一般皆注明来源,如《太平广记》例。然所谓"黄山谷曰"云者条,稿本与《文渊阁四库全书》本文末俱脱出处,且其文与赵令畤《侯鲭录》几乎完全一致,倪氏"赵"冠而"黄"戴者,传钞之误欤!抑有意为之欤?实不可知也已。

为考镜铭,曾与熊长云兄借阅图册;文成发与求教。长云兄阅后,即转示信古斋主人刊于网络之《苏东坡收藏的东

―――――――
[①] 俱见孔凡礼点校本《侯鲭录》之"点校说明",北京:中华书局,2002年。按,该本卷末"附录一:关于侯鲭录及其作者赵令畤的研究资料"文,列此条为卢文弨校本"佚文十五条"之一(《傅增湘跋四则》之第四则),第249页。
[②] 宋陈鹄《西塘集耆旧续闻》卷一"东坡钞汉书"条曰:"朱司农载上尝分教黄冈,时东坡谪居黄。……偶一日,谒至。……久之,东坡始出,愧谢久候之意,且云:'适了些日课,失于探知。'坐定,他语毕,公请曰:'适来先生所谓日课者何?'对曰:'钞《汉书》。'公曰:'以先生天才,开卷一览,可终身不忘,何用手钞耶?'东坡曰:'不然,某读《汉书》,至此凡三经手钞矣。初则一段事,钞三字为题,次则两字,今则一字。'公离席复请,曰:'不知先生所钞之书,肯幸教否?'东坡乃命老兵就书几上取一册至。公视之,皆不解其义。东坡云:'足下试举题一字。'公如其言,东坡应声辄诵数百言,无一字差缺。凡数挑皆然。"(北京:中华书局,2002年,第289—290页)按,据《汉书·地理志》载,当时设铁官四十八处、盐官三十六处、工官十馀处,而铜官仅一处,"丹扬郡,有铜官"(北京:中华书局,1962年,第1592页)。知东坡乃《汉书》通也。

汉古镜》文（https://zhuanlan.zhihu.com/p/92618237）。所述多有雷同处，盖人同此心，心同此理，予唯更校其文本、述其影响耳。识此以备省览。癸卯五月廿六，个厂于仰顾山房。

二、《李邦直言周瑜》条辨

宋人作字，盖皆自存其稿，备将来编文集之用。观东坡诗文集之裒然巨帙，井然有序，是可知矣。今唯《东坡志林》，稍觉芜杂，其文字与入诗文集者，亦多有仿佛处。

宋哲宗元符三年（庚辰，1100）东坡自海南北归时，与郑靖老札有"《志林》竟未成"句①，则《志林》当是东坡自定拟撰之书也。惜未成。邵博《邵氏闻见后录》卷十四曰："苏叔党为叶少蕴言：东坡先生初欲作《志林》百篇，才就十三篇，而先生病。惜哉！先生胸中尚有伟于武王非圣人之论者乎？"②陈振孙《直斋书录解题》卷十一曰："《东坡手泽》三卷，苏轼撰。今俗本《大全集》中所谓《志林》者也。"③《东坡手泽》不传，未审其与今本《志林》之关系④。

---

① 《东坡先生全集》卷五十六，〔宋〕苏轼撰，〔明〕茅维编，明万历三十四年刻本。
② 《邵氏闻见后录》，〔宋〕邵博撰，刘德权、李剑雄点校，北京：中华书局，1983年，第112页。
③ 《直斋书录解题》，〔宋〕陈振孙撰，清乾隆间武英殿刻本。
④ 《四库全书总目提要·东坡志林》："陈振孙《书录解题》载《东坡手泽》三卷，注曰：'今俗本《大全集》中所谓《志林》者也。'今观所载诸条，多自署年月者，又有署读某书此者，又有泛称昨日今日不知何时者，盖轼随手所记，本非著作，亦无书名，其后人裒而录之，命曰'手泽'。而刊轼集者，不欲以父书目之，故题曰《志林》耳。"其详可参王松龄点校本《东坡志林》之"点校说明"（北京：中华书局，1981年）、周先慎《〈东坡志林〉初探》（载《北京大学学报》1982年第二期，第70—81页）、曾祥波《〈仇池笔记〉的成书来源及其价值——以明刊〈重编东坡先生外集〉为切入点》（载《文学遗产》2022年第二期，第74—85页）。

今传之《东坡志林》,刻本有宋左圭《百川学海》一卷本、明万历赵开美校刊五卷本、明万历焦竑评点五卷本、明万历商濬编刻《稗海》之十二卷本。一卷本仅史论十三篇,或即东坡撰《志林》之旨欤？后人据东坡遗稿、杂钞等手泽,汇编而成《东坡志林》若干卷,且在流传过程中,或有好事者阑入其他文字,致使体例错乱,条目芜杂,真伪莫辨。

兹以《李邦直言周瑜》一条,稍作演绎。

赵开美校刊五卷本于每一条皆拟一小标题,卷首并置"目录"①。《李邦直言周瑜》条居卷四,前一条为《王嘉轻减法律事见梁统传》,后一条为《刘聪吴中高士二事》。其所对应之正文：

王嘉轻减法律事见梁统传

汉仍秦法至重高惠固非虐主然习所见以为常不知其重也至孝文始罢肉刑与参夷之诛景帝复笞戮晁错武帝罪戾有增无损宣帝治尚严因武之旧至王嘉为相始轻减法律遂至东京因而不改班固不记其事事见梁统传固可谓疏略矣嘉贤相也轻刑又其盛德之事可不记乎统乃言高惠文景以重法兴哀平以轻法衰因上书乞增重法律赖当时不从其议此如人年少时不节酒色而安老后虽节而病见此便谓酒可以延年可乎统亦东京名臣一出此言遂获罪于天其子松竦皆以非命而死冀卒灭族呜呼悲夫戒哉疏而不漏可不惧乎

李邦直言周瑜

李邦直言周瑜二十四经略中原今吾四十但多睡善饭贤

---

①明万历间沈绪蕃《小引》、焦竑评点本《东坡志林》与之同,凡正文、校语亦皆依循赵氏校刊本。

愚相远如叔安上言吾子以快活未知孰贤与否
　　勃逊之
勃逊之会议于颍或言洛人善接花岁出新枝而菊品尤多逊之曰菊当以黄为正馀可鄙也昔叔向闻叔蔑一言得其为人予于逊之亦云然
　　刘聪吴中高士二事
刘聪闻当为须遮国王则不复惧死人之爱富贵有甚于生者月犯少微吴中高士求死不得人之好名有甚于生者

标题前空两字，正文皆顶格。正文《勃逊之》一条，目录未出。

商濬编刻十二卷本无"目录"，正文每一条亦无拟题。《李邦直言周瑜》条居卷二(图二)，其正文(含前后条)：

　　韩退之喜大颠如喜澄观文畅之意尔非信佛法也
　世乃妄撰退之与大颠书其词凡陋退之家奴仆
　亦无此语有一士人又于其末妄题云欧阳永叔
　谓此文非退之莫能及此又诬永叔也永叔作醉
　翁亭记其辞玩易盖戏云尔又不自以为奇特也
　而妄庸者亦作永叔语云平生为此文最得意又
　云吾不能为退之画记退之又不能为吾醉翁亭
　记此又大妄也仆尝谓退之画记近似甲乙帐耳
　了无可观世人识真者少可叹亦可愍也
李邦直言周瑜二十四经略中原今吾四十但多睡
　善饭贤愚相远如此安上言吾子似快活未知孰与朱　　勃逊之会议于颍或言洛人善接花岁出

新枝而菊品尤多逊之曰菊当以黄为主馀可鄙
　　也昔叔向闻酆蔑一言得其为人予于逊之亦云
　　然
　　汉武帝违韩安国而用王恢然卒杀恢是有秦穆违
　　蹇叔之罪而无用孟明之德也

正文每条第一行顶格,回行退一字。《李邦直言周瑜》条末,"未知孰贤与否"六字作双行夹注,占三字,适满行;"与朱"条,"与

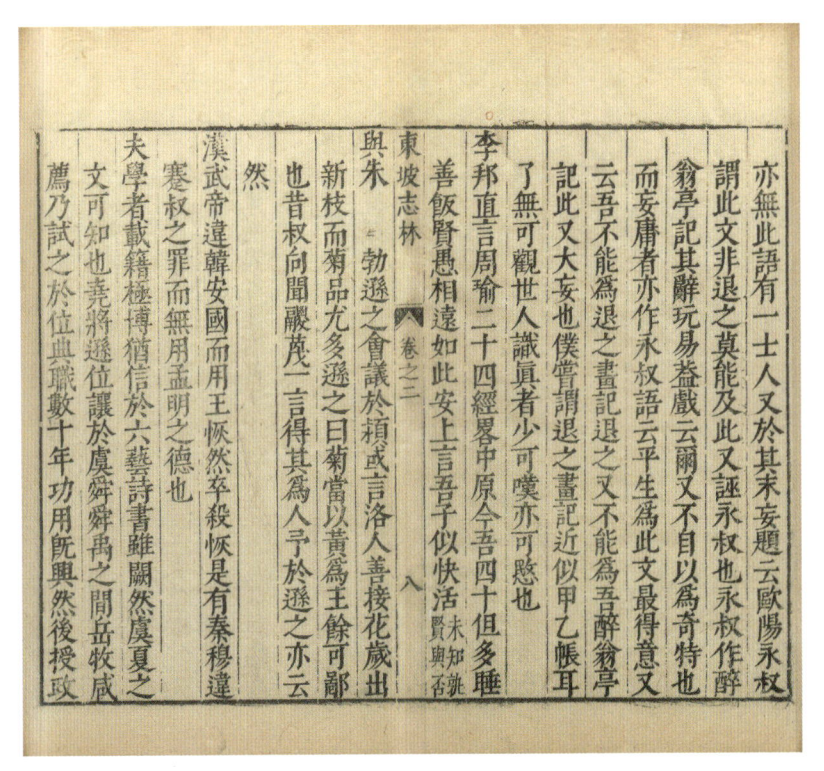

《东坡志林》卷二,〔宋〕苏轼撰,明万历间《稗海》后印本。国家图书馆藏

朱"与"勃逊之"间空缺两字。对比以上二本,赵刊五卷本正文溢出《勃逊之》一条,有文无目;商刻十二卷本正文"与朱　勃逊之"云云则独立为一条。中华书局整理本以赵开美五卷本为底本,点校者王松龄先生于"未知孰贤与否"处出校记曰:

> 《稗海》本卷二此条与下条误合为一,作"未知孰贤与朱勃逊之会议于颖",是则此句当作"未知孰贤"。"与"字属下条,无"否"字。①

今所见《稗海》诸万历印本,"未知孰贤与否"六字俱为双行小字,由此推测:点校者所见者必为初刻初印本(或试印本),其字号与前后一致,且单行,即:"未知孰"次"快活"之下,"贤与否"置"勃逊之"之上(此行行首退一字),作为一篇之内容,行内字数适相衔接也。然意思实不相干,后经校阅者指出,故《稗海》后印本即挖版改作两条矣。

曾就此事联系王松龄先生,得示曰:"我所用《稗海》本当为上海师院图书馆所藏明清刻本。"即请李玉栓兄代为翻检,发来书影(图三),其文字版式,果如予所测焉。是知商氏所据之原本,实为一条也必矣。

按,一、《志林》五卷本《王嘉轻减法律事见梁统传》条,《东坡先生全集》卷六十五"史评"、《重编东坡先生外集》卷二十"史评"题俱作《梁统议法》;《李邦直言周瑜》条,《东坡先生全集》卷六十六"题跋(杂文)"、《重编东坡先生外集》卷三十七"题

---

①《东坡志林》卷四,〔宋〕苏轼撰,王松龄点校,北京:中华书局,1981年,第97页。

《东坡志林》卷二,〔宋〕苏轼撰,明万历间《稗海》初印本。
上海师范大学图书馆藏

跋(杂文)"题俱作《记李邦直言周瑜》;《勃逊之》条,《东坡先生全集》卷七十三"杂记"题作《记朱勃论菊》,《重编东坡先生外集》卷六十一"杂记"题作《与朱勃论菊》;《刘聪吴中高士二事》条,《东坡先生全集》卷六十六"题跋(杂文)"、《重编东坡先生外集》卷三十八"题跋(杂文)"题俱作《偶书二首》。二、《志林》十二卷本《韩退之喜大颠》条,即《东坡先生全集》卷六十六"题跋(杂文)"、《重编东坡先生外集》卷三十八"题跋(杂文)"内《记欧阳论退之文》条;《李邦直言周瑜》、《与朱勃逊之会议》二条,著录情况见前;《汉武帝违韩安国》条,即《东坡先生全集》卷六十五"史评"、《重编东坡先生外集》卷十九"史评"内《汉武无秦穆之德》条之末句。

赵开美校刊本卷首有其父赵用贤《刻东坡先生志林小序》[①],于此书之梓刻曰:

> 余友汤君云孙,博学好古,其文词甚类长公。尝手录是编,刻未竟而会病卒。余子开美因拾其遗,复梓而卒其业,且为校定讹谬,得数百言。庶几汤君之志不孤,而坡翁之在当时其趑趄于世途、轖缚于穷愁者,亦略可见云。

由是可知,五卷本《志林》,实为赵用贤友人汤云孙手录并付刻者,刻未竟而汤氏病逝,后经赵用贤之子赵开美为校订讹误,遂得续刻而成。

汤氏五卷所据何本?未有交代。商氏十二卷何所从来?不得而知。且茅维编《东坡先生全集》卷六十六与毛九苞编《重编东坡先生外集》卷三十七,皆同时前后收入《记王彭论曹刘之泽》、《记李邦直言周瑜》二条[②],——则四人当各有所本。今人已考赵开美校刊本卷二《记刘梦得有诗记罗浮山》文字拼接自东坡《游罗浮山一首示儿子过》之自注,卷三《梁上君子》、《太

[①] 赵用贤(1535—1596)字汝师,号定宇,苏州常熟人。明隆庆五年(辛未,1571)进士,万历二十年(壬辰,1592)进礼部左侍郎并教习庶吉士,次年改吏部左侍郎,后移疾归。此序后收入赵氏《松石斋集》卷八,"余子开美"作"予子琦美","讹谬"作"訛譌"。

[②] 一为王彭论曹操、刘备,一为李邦直论周瑜,所论皆三国人物。

白山旧封公爵》诸条,亦系后人伪造①,并指出《勃逊之》条出自《赠朱逊之》诗小引。

以此反观《李邦直言周瑜》、《勃逊之》二条,两本虽皆前后连属,然五卷本之目录与正文不一,十二卷本版刻小字与空缺并存,其所据原本皆误作一条也必矣。兹为校理二条文字如次:

> 李邦直言:"周瑜二十四经略中原,今吾四十,但多睡善饭,贤愚相远如此。"安上言:"吾子似快活,未知孰贤?"
>
> 与朱勃逊之会议于颍。或言洛人善接花,岁出新枝,而菊品尤多。逊之曰:"菊当以黄为正,馀可鄙也。"昔叔向闻鬷蔑一言,得其为人,予于逊之亦云然。

按,"未知孰贤"下"与否"二字,实为后一条"与朱"之讹。盖因"与朱"讹作"与否",且连上读,致"未知孰贤与否"六字不句,并复使"勃逊之"三字不词。

《与朱勃逊之》条,即东坡《赠逊之》诗之小引:"元祐六年

---

① 参章培恒、徐艳《关于五卷本〈东坡志林〉的真伪问题——兼谈十二卷本〈东坡先生志林〉的可信性》,载《南京师范大学文学院学报》2002年第四期,第163—173页。按,章、徐文以卷一《涂巷小儿听说三国语》条体现"尊刘反曹"之观念"不可能出于苏东坡的时代",而与"明代情况则甚为相近",故推定该条亦"当为后人所造"。然元刘壎(1240—1319)《隐居通议》卷二十五《小儿听古话》条,谓"《东坡别集·志林》载王彭尝云涂巷中小儿子薄劣"云,即诸本之《涂巷小儿听说三国语》条也,此条当不伪。是元人所见之《志林》,或为《东坡别集》内之一种欤? 识此待考。

九月，与朱逊之会议于颍"云云①。朱勃，字逊之，元祐元年(庚午，1090)五月为承议郎，六年九月任京西运判。东坡与"会议"者，为陈州开八丈沟事，可参东坡《申省论八丈沟利害状二首》、《奏论八丈沟不可开状》诸文②。

又《李邦直言周瑜》条"如此"二字，五卷本作"如叔"③，焦竑评点本即以"如叔安上言"施句读矣。然从文意言，"贤愚相远如此"盖因与周瑜作对比而发；若是"如叔安上言"，将作何解耶？即"如此"而属上读，则"安上言"亦当何解？按，"安上言"似与"李邦直言"对举，则"安上"当是某人之字，惜乎未觅得其人为谁何。

李邦直(1032—1102)名清臣，魏(今河北大名)人。宋仁宗皇祐五年(癸巳,1053)进士，调邢州司户参军、和川令。嘉祐六年(辛丑,1061)与苏轼、苏辙、孙洙等同应"贤良方正能直言极谏"科，未予秘阁试论。宋英宗治平二年(乙巳,1065)试秘阁为第一，授秘书郎，签书苏州节度判官。次年丁母忧，家居。宋神宗熙宁二年(己酉,1069)服除。正是这一年，王安石变法开启，李清臣成为变法之积极支持者与参与者。据李焘《续资治通鉴长编》④：

---

① 《东坡后集》卷二，〔宋〕苏轼撰，明嘉靖十三年江西布政司重刊本。按，此条拟题，宜如《东坡先生全集》卷七十三"杂记(草木饮食)"、《重编东坡先生外集》卷六十一"杂记(草木饮食)"题作《记朱勃论菊》。
② 《东坡先生全集》卷三十三"奏议"。
③ 《东坡先生全集》卷六十六题跋作"如此"，末有"与否"二字。按，"叔"字手写，多有作"朩"者，与"此"字形近，盖为传钞致讹。
④ 《续资治通鉴长编》，〔宋〕李焘撰，上海师范大学古籍所、华东师范大学古籍所点校，北京：中华书局,1992年。后引版本同此。

〔熙宁三年(庚戌)夏四月〕癸未,虞部员外郎苏棁、秘书丞陈睦并为秘阁校理,秘书郎李清臣为集贤校理,江宁府推官刘挚为馆阁校勘,大理寺丞乐咸为太子中舍。(卷二百十,第5108页)

〔熙宁三年九月〕壬子,陕西宣抚判官、度支员外郎、直舍人院吕大防兼检正中书五房公事;太子中允、集贤校理曾布,宣抚司书写机密文字、秘书郎、集贤校理李清臣,大理寺丞李承之并充检正公事,布户房,清臣吏房,承之刑房,清臣、承之仍并改太子中允。(卷二百十五,第5245页)

〔熙宁三年十一月〕壬辰,上批:"陕西宣抚判官吕大防、管勾机宜文字李清臣,近除中书检正官,其敕告入递给付,以示选任之意。"从韩绛所请也。(卷二百十七,第5272页)

按,中书检正官于熙宁三年九月一日为变法所设,其职权主要有编修、详定诏敕条例,检举、督促诸司职事,提举在京百司事务,察访、处置地方事务,尤其是新法之执行情况[1],实为政务最为繁忙之机构是也。

李清臣自谓"今吾四十,但多睡善饭",四十则熙宁四年(辛亥,1071)时,其果"多睡善饭"、无所事事者哉?李焘《续资治通鉴长编》卷二百二十二曰:

〔熙宁四年夏四月〕丙子,中书奏:检正中书吏房公事李清臣兼编修中书条例。诏罢之。寻自太子中允复为校书

---

[1] 古丽巍《变革下的日常:北宋熙宁时期的理政之道》,载《文史》2016年第三辑,第209—234页。

郎,通判海州。韩绛既责,清臣愿还旧秩,且求外任故也。
(第5410页)

揆诸《长编》所记,可知熙宁三年九月,韩绛(1012—1088)宣抚陕西,奏请李清臣为宣抚使司书写机宜文字。由于韩绛"素不习兵事","复以种谔为鄜延钤辖",致使"蕃兵皆怨望"。四年三月,西夏攻陷抚宁诸城,种谔"茫然失措,欲作书召燕达,战悸不能下笔"。宋神宗不得已,"诏弃啰兀城,治谔罪,责授汝州团练副使,潭州安置。绛坐兴师败衄,罢知邓州"[1]。李清臣因之受牵连,"规自全,多毁绛",自求外任,神宗允而"薄之"[2]。

晁补之《资政殿大学士李公行状》曰[3]:

> 绛之贬也,公尚以中允为检正官。公曰:"我岂负韩公者!"因求还所迁秩,补外;复以秘书郎通判海州。会直舍人院孙洙出守海州,与洙同制科馆职,一时觞咏传淮海,为盛事。宽役法,免漕渠夫,去而民思之。

按,熙宁四年五月丙午,"太常博士、集贤校理、同知谏院、直舍人院孙洙知海州,从其请也"[4]。是知孙洙、李清臣差不多同时出任

---

[1]《宋史纪事本末》卷四十,〔明〕陈邦瞻撰,北京:中华书局,1977年,第388页。
[2]《续资治通鉴长编》卷二百四十五"熙宁六年(癸丑,1073)六月丁丑"条,第5965页。
[3]《济北晁先生鸡肋集》卷六十二,〔宋〕晁补之撰,明崇祯八年诗瘦阁刻本。
[4]《续资治通鉴长编》卷二百二十三"熙宁四年(辛亥,1071)五月丙午",第5432页。

海州职务①。

　　据《宋史·孙洙传》，孙洙在海州，"免役法行，常平使者欲加敛缗钱，以取赢为功，洙力争之。方春旱，发运使调民濬漕渠以通盐舠，洙持之不下，三上奏乞止其役"②，其与李清臣"宽役法，免漕渠夫"二事，盖合力而为政者也。

　　至熙宁六年（癸丑，1073）六月丁丑，王安石与宋神宗论及张吉甫事，神宗曰："'十室之邑，必有忠信。'吉甫虽小人，陈义甚高，贤于李清臣远矣。"③此时李清臣犹在海州④。至于"公三为执政，遍践三省，勋封爵至上柱国、开国公，食邑实封所共加至六千九百户"云者⑤，此乃后话。

　　故曰：李清臣自三十九岁至四十二三岁之间，历任（或有同时兼任）秘书郎、集贤校理、宣抚使司书写机宜文字、检正中书吏房公事、太子中允、校书郎、海州通判，公务繁忙，决不能自称为"多睡善饭"者也。

　　然则自嘲"多睡善饭"者，何人耶？

　　检胡铨《胡澹庵先生文集》，卷十有《上张丞相书》一篇⑥，曰：

---

①〔清〕唐仲冕、师承祖《嘉庆海州直隶州志》卷四职官表："知海州：孙洙，神宗时任。""通判海州：李清臣，英宗时任。"按，谓李清臣"英宗时任"实乃错读《宋史》本传所致。
②《宋史》卷三百二十一，〔元〕脱脱等撰，北京：中华书局，1977年，第10422—10423页。
③《续资治通鉴长编》卷二百四十五"熙宁六年（癸丑，1073）六月丁丑"条，第5965页。
④《续资治通鉴长编》卷二百七十七"熙宁九年（丙辰，1076）九月戊寅"条："诏……知池州郑雍、通判海州李清臣等十四人，降考、降名次各有差。"第6786页。按，是知及至熙宁九年九月，李清臣之官职仍为海州通判。
⑤晁补之《资政殿大学士李公行状》(《济北晁先生鸡肋集》卷六十二)。
⑥《胡澹庵先生文集》，〔宋〕胡铨撰，清乾隆二十二年刻本。后引版本同此。

某顷自宜春违远钧席,言归庐陵,杜门却扫,读书养亲者,又一年矣。居恒自咎,以为周瑜二十四经略中原,相国春秋才四十,出入将相,身为天下重轻者十年于兹矣。仆年三十有五,徒多睡善饭,年来鬓发星星,览镜茫然。进不能出力补报明君,退不能取寸禄斗食以荣其亲,仅同幽蠹,日夜守萤尤之庐,又不能效四体无骨者扫门拜尘于王公大人之前。往往枕戈待旦,志枭逆虏,其胸中耿耿者固在。

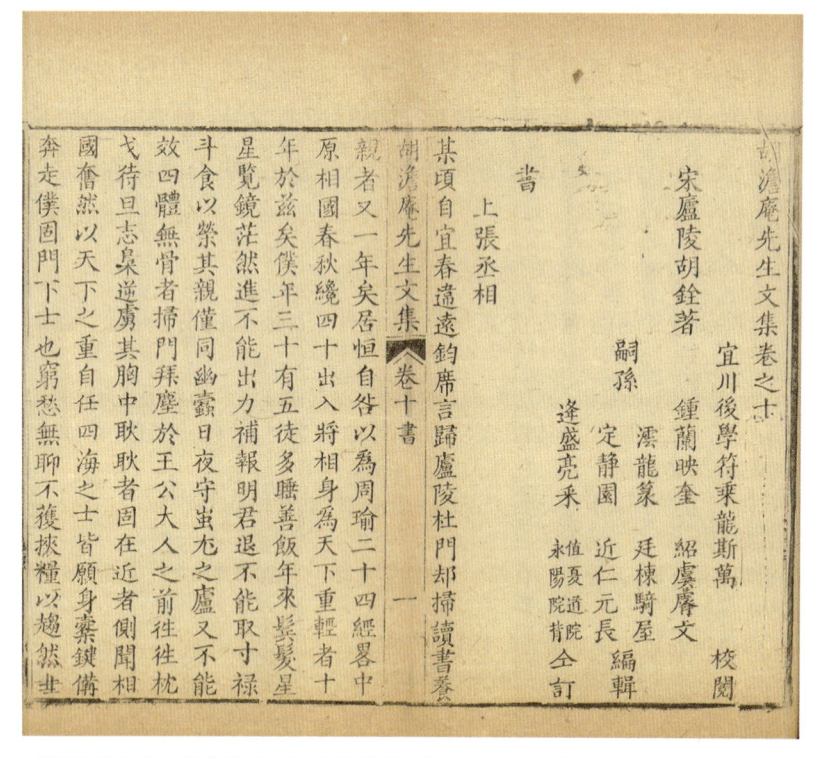

《胡澹庵先生文集》卷十,〔宋〕胡铨撰,清乾隆二十二年刻本。国家图书馆藏

近者侧闻相国奋然以天下之重自任，四海之士，皆愿身橐键备奔走。仆固门下士也，穷愁无聊，不获挟粮以趋。然士为知己者死，辄敢不避斧钺之诛，冒进狂瞽之说，伏惟怜其志而少加察焉。

按，胡铨（1102—1180）字邦衡，号澹庵，吉州庐陵（今江西吉安）人。张丞相即张浚（1097—1164）字德远，号紫岩，汉州绵竹（今四川）人。宋徽宗政和八年（戊戌，1118年）进士，南宋初任御营使司参赞军事，力主抗金，志在恢复。两人相差五岁。

胡铨于宋高宗建炎二年（戊申，1128）二十七岁时，以第五名进士及第，授左文林郎、抚州军事判官。张浚时任礼部侍郎，胡铨《祭张魏公文》曰："建炎戊申，驻跸维扬。公为春官，贰卿文昌。详定殿庐，多士在庭。得铨大对，谓如刘蕡。"[1] 故胡铨自称"门下士"。后以抵御金兵有功，转承直郎，权吉州军事判官。四年（庚戌，1130）秋，丁父忧，乡居庐陵；绍兴三年（癸丑，1133）三十二岁，服除，"无仕进意"[2]，"或勉之仕，不答"[3]。

杨万里《宋故资政殿学士朝议大夫致仕庐陵郡开国侯食邑一千五百户食实封一百户赐紫金鱼袋赠通议大夫胡公行

---

[1]《胡澹庵先生文集》卷二十二。又欧阳守道《题家状序》："张魏公第其文为进士第一，既而置之第五，虽第五，然有魏公之定论在，犹第一也。"（《巽斋文集》卷十一）
[2] 周必大《资政殿学士赠通奉大夫胡忠简公神道碑》，载《周益文忠公集》卷三十《省斋文稿》卷三十，〔宋〕周必大撰，南宋刻本。日本静嘉堂文库藏。
[3] 杨万里《宋故资政殿学士朝议大夫致仕庐陵郡开国侯食邑一千五百户食实封一百户赐紫金鱼袋赠通议大夫胡公行状》，载《诚斋集》卷一百十八，〔宋〕杨万里撰，南宋端平元年刻本。日本东京宫内厅书陵部藏。

状》曰：

> 绍兴五年，忠献魏国张公浚都督诸路兵，辟公提举荆湖北路常平茶盐司干办公事，改荆湖南路提点刑狱司干办公事。召赴都堂审察。

周必大《资政殿学士赠通奉大夫胡忠简公神道碑》曰：

> 绍兴五年，张忠献公都督诸路军马，辟湖北常平茶盐司干办公事，亲嫌，易湖南提点刑狱司，俱未行。召赴堂审察。

据《行状》与《神道碑》，可知右相兼知枢密院事张浚为推举之两职务，胡铨俱未往任，时胡铨三十四岁矣。然则"召赴都堂审察"何时耶？

绍兴六年（丙辰，1136）正月，张浚视师荆襄，后进驻盱眙，并命韩世忠自承楚以图淮阳，刘光世进屯合肥，岳飞进驻襄阳，准备北伐中原。一时军民之心，为之大振。胡铨上张浚书"近者侧闻相国奋然以天下之重自任，四海之士，皆愿身橐键备奔走"，盖即指此而言；并将之以周瑜"经略中原"作喻，亦颇为贴切。至是年十月，胡铨始"赴召都堂"①，然犹未授予官职。

直到胡铨三十六岁，即绍兴七年（丁巳，1137）初，兵部尚书吕祉以贤良方正直言极谏科荐，"夏四月，以上殿称旨，特改左通直

---

① 胡铨《妣焚黄文》："某绍兴六年冬十月，赴召都堂。"（《胡澹庵先生文集》卷二十二）又《祭三十五叔文》："绍兴丙辰，铨始召见。"（同前）

郎"①。据胡铨《萧先生春秋经辨序》,六月一日"某既进词业,即其日除枢密院编修官"②。爰有后来绍兴八年(戊午,1138),胡铨上书宋高宗,直接喊出"愿斩三人头,竿之藁街"之豪壮语焉③。三人者,使臣王伦、参政孙近、丞相秦桧是也。

综上所述,"周瑜二十四经略中原,今吾四十,但多睡善饭"云者,乃好事者摘录自胡铨三十五岁时所作《上张丞相书》内文字,冠为李邦直所言,杂钞入东坡笔记(或即《志林》),赵氏、商氏刻《东坡志林》因之,又为茅氏编入《东坡先生全集》、毛氏编入《重编东坡先生外集》。且东坡与李邦直多有往还,诗词唱和,东坡亦曾刻李氏《超然台赋》于石,并跋其后曰:"邦直之言,可谓善自持者矣,故刻于石以自儆云。"④故于《李邦直言周瑜》条,迄未有疑之者焉⑤。

----

① 胡铨《妣焚黄文》(《胡澹庵先生文集》卷二十二)。
② 《胡澹庵先生文集》卷十五。胡铨《祭吕尚书文》:"仆在山林,公独我知。来赴阙下,首加品题。"(卷二十二)又《跋郑亨仲枢密送邢晦诗》:"绍兴丁巳,公与铨同为编修,官密院。"(《澹庵文集》卷四,台北:商务印书馆,1986年,影印《文渊阁四库全书》本,第1137册,第40页)周必大《资政殿学士赠通奉大夫胡忠简公神道碑》:"七年,兵部尚书吕祉以贤良方正荐。四月赐对,改左通直郎,留为枢属。"(《周益文忠公集》卷三十)
③ 胡铨《戊午上高宗封事》(《胡澹庵先生文集》卷七)。
④ 苏轼《书李邦直超然台赋后》,载《东坡先生全集》卷六十六,明万历三十四年刻本。
⑤ 按,前人文辞,常互为引述,焉知此语非胡铨借用李邦直者哉!或曰:"若无铁证,只是姑备一说而已。"昔人所谓"孤证不立"者,殆亦此意也。然而,即从语境言,张浚以右相兼知枢密院事、都督诸路军马,拟北伐中原,故胡铨以"周瑜二十四经略中原"作喻,情状近似;而四十岁时之李邦直,所任之官职,最高不过六品,岂得有"经略中原"之现实雄心也欤?职位不相符也。且"经略中原"盖多为偏隅东南朝廷之战略思维,如东晋、南朝宋、南宋之朝廷与士人,好作此语,尤以宋高宗时为最夥。又按,李邦直四十岁时(转下页)

三、《东坡志林》版本考

东坡之著述,其弟苏辙《亡兄子瞻端明墓志铭》谓除《易传》、《书传》、《论语说》外,别有《东坡集》四十卷、《后集》二十卷、《奏议》十五卷、《内制》十卷、《外制》三卷、《和陶诗》四卷[①],是谓"六集";后增入《应诏集》,而成"七集",明成化、嘉靖皆有翻刻之本(稍有变更)。

南宋陈振孙《直斋书录解题》卷十七著录《东坡别集》四十六卷,谓"麻沙书坊又有《大全集》,兼载《志林》、《杂说》之类"[②];元刘壎《隐居通议》卷二十五有"《东坡别集·志林》载王

(接上页)即熙宁四年(辛亥,1071),是年三月,韩绛因"兴师败衄,罢知邓州",李清臣受牵连,五六月间,通判海州;同年七月,东坡通判杭州。可知自三月至五六月间,东坡与李邦直俱在京师,两人交好,必有过从。李属于"待安置"身份,或得无所事事,爰有"多睡善饭"云尔。

① 《栾城后集》卷二十二,载《苏辙集》,〔宋〕苏辙撰,陈宏天、高秀芳点校,北京:中华书局,1990年,第1127页。

② 陈振孙《直斋书录解题》卷十七:"坡之曾孙给事峤季真刊家集于建安,大略与杭本同。盖杭本当坡公无恙时已行于世矣。麻沙书坊又有《大全集》,兼载《志林》、《杂说》之类,亦杂以颍滨及小坡之文,且间有讹伪勘入者。有张某为吉州,取建安本所遗尽刊之,而不加考订,中载应诏、策论,盖建安本亦无《应诏集》也。"清乾隆间武英殿刻本。余嘉锡《四库提要辨证》卷二十二"东坡全集一百十五卷"条曰:"是苏峤所编《别集》,自建安本外,又尝刻于临安,至于所谓江州本,不知为何种,亦不知何人所刻也。据洪迈之言,则临安本亦不免有讹伪勘入之处,建安本当亦相同,均不得为善本矣。赵希弁《读书附志》卷下云:'《东坡别集》三十二卷,《续别集》八卷,乃苏峤刊置建安而删略者,淳祐甲辰庐陵郡庠刻。'删略云者,苏峤刊集时删去略去之文,此即陈振孙所谓张某为吉州,取建安本所遗尽刊之者也,虽仍名《别集》,实则《别集》之补遗耳。《提要》此节,意在考坡集宋时版本,惜其语意不了,今为分析指出之。"北京:中华书局,1980年,第1361页。

彭尝云途巷中小儿子薄劣"条①。今者《东坡别集》与所谓之麻沙书坊《大全集》皆不传,则《志林》除东坡自述之"史论十三篇"外,是如何逐渐演变而成为后世笔记体者,并入《东坡手泽》三卷、《儋耳手泽》一卷而成五卷欤？则十二卷本（无"史论十三篇"）又何由来耶②？

予曾细味茅维本《东坡先生全集》、毛九苞本《重编东坡先生外集》之序跋,及与此二本之文献来源颇为密切之焦竑所藏之"钞出阁本《外集》"。简而言之,焦竑于明万历二十二年（甲午,1594）入史馆,见有东坡《外集》,遂为钞录副本,后分别借与茅维、毛九苞参考。兹录相关函札、序跋文字于次：

茅维本《东坡先生全集》

焦竑《答茅孝若》曰："诗文,秘阁宋刻不啻十数种,颇欲钞出,会稡为一编,以拮据史事,未果。亡何,而以谴去国,至今念之。顷仆所藏：洪熙御府本一,钞出阁本《外集》一、阁本尺牍一、长短句一。世行江右本,分前、后、续、别、

---

① 张玉春《〈史记〉日本古注疏证》收入"日本室町时代（1336—1573）及其以前的《史记》古注",涉及《东坡别集》二条：卷八十九"汉王之入关,五星聚东井"注引"东坡别集"二十六《志林》云：天上失星,崔浩乃云"条,茅维编《东坡先生全集》卷六十五"史评"题作"崔浩占星",赵开美校刊《东坡志林》题作"辨五星聚东井"；又卷九十五"天下称郦况卖交也"注引《东坡别集》卷二十五：班固有言,当孝文时"条,未言出于《志林》,然此条茅维编《东坡先生全集》卷六十五"史评"题作"郦寄幸免",毛九苞编《重编东坡先生外集》卷十九题作"班固不讥郦寄"。分别见济南：齐鲁书社,2016年,第481—482、520页。
② 顷读曾祥波兄《从手稿到书籍——由〈东坡外集〉看〈东坡志林〉成书源流》文（载《中国典籍与文化论丛》第二十八辑,第116—139页）,探求详密,考证精审,余所虑及者俱在,余思所不能者亦比比焉,唯有存问而不作矣。

是宋集之例，但先后复出，又多杂以他人之作。……洪熙本总为一集，尽去前、后、续、别之名，以诸体为序，较是妥当。而舛误亦自不少，《外集》往往有出于二本者。又分卷最为有伦，如题跋一类，游行、诗文、书画等各以类从，《志林》、《仇池笔记》多散在其中。鄙意以武王、平王、始皇诸篇归之论部，馀一依其例可也。"①

茅维《宋苏文忠公全集序》曰："丐诸秣陵焦太史所藏阁本《外集》。太史公该博而有专嗜，出示手校，甚覈。参之《志林》、《仇池笔记》等书，增益者十之二三，私加刊次，再历寒燠，而付之梓。"

焦竑《刻苏长公集序》曰："茅君孝若复取诸集，合为此编，而属余为序。为书此简端，令学者知循其本云。"

毛九苞本《重编东坡先生外集》

康丕扬《刻苏东坡先生外集序》曰："余于京邸见一学士家，尚有《外集》一书，系钞册，非完本，字多鲁鱼，不可读；而其文往往亦多《全集》所未载。……余同年李涛川氏，前游金陵时，录一全册，寄余辽左。余携之欲授梓人久矣。岁丁未，余来淮上，因出所藏两书，令别驾毛君九苞合而校之，为刻于维扬之府署。"②

---

① 焦竑《焦氏澹园续集》卷五，明万历三十九年刻本。
② 康丕扬(1552—1632)字士遇，号骧汉，德州陵县人。明万历二十年(壬辰，1592)进士；二十二年授宝坻知县；次年调密云，在职五年，入京；三十年升陕西道监察御史，三十四年任山西巡按兼河东盐政，次年任辽阳巡按兼学政，未几(即丁未，1607)署理两淮盐政；三十七年(己酉，1609)春归里。毛九苞，据《乾隆安仁县志》卷八："字仪仲，号水石，官塘人。由贡监中万历癸卯(1603)顺天经魁。天材颖迈，博极群书，于《苏长公外集》最为得力，(转下页)

焦竑《刻苏长公外集序》曰:"苏长公集行世者,有洪熙御府本、江西本而已。……大率纪次无伦,真赝相杂。……最后得《外集》读之,多前所未载,既无舛误,而卷帙有序,如题跋一部,游行、诗文、书画等各以类从,而尽去《志林》、《仇池笔记》之目,最为精覈。其本传自秘阁,世所罕睹。侍御康公以蹉使至,章纪肃法,敝革利兴,以其暇铨叙艺文,嘉与士类,乃出是集,属别驾毛君九苞校而传之,而命余序于简端。"

毛九苞《刻苏长公外集后序》曰:"直指康台奉玺书董治两淮鹾政,厘剔宿蠹,额课顿复,上下两清。暇日出所藏先生《外集》钞本二种,属苞雠校。……参考经史及先生《全集》《志林》诸书,若原本,若膳本,若刻本,凡三历心目,订定讹谬。必不可解,存旧阙疑。"

毛九苞《东坡先生外集跋》曰:"编旧集者,或摘取题跋中及诗者聚为诗话,或总取杂记与题跋而目为《志林》,皆非先生本意。今故不敢妄立品目,但曰题跋曰杂记,览者其鉴之。"

据焦竑《答茅孝若》可知:①当时通行者为江右本,即嘉靖十三年(甲午,1534)江西布政使重刊本,此本依"宋集之例","分前、后、续、别"诸集,然"先后复出,又多杂以他人之作";②洪熙本虽"总为一集,尽去前、后、续、别之名","以诸体为序,较是妥

(接上页)亲为校正。为文典雅富丽,工诗赋,超逸绝尘,尤精于藻鉴,通判扬州。"按,焦竑《扬州修复三塘碑记》:"康公名丕扬,字士遇,山东陵县人,壬辰进士。毛君江西安仁县人,起贤科,以才为公所任使,是役其劳为尤著云。"(《澹园续集》卷四)

当","分卷最为有伦",然"舛误亦自不少";③钞出阁本《外集》"往往有出于二本者"。故茅维本、毛九苞本:俱①参考焦竑所藏之洪熙本、钞出阁本《外集》(毛九苞所参另有康丕扬"所藏《外集》钞本二种");②去前、后、续、别之名,总为一集,改以诸体为序;③每卷之下,各以类从;④据《志林》作增补,然尽去《志林》之"目"(即标题)。

所谓"钞出阁本"之"阁本",即明文渊阁藏本。明英宗正统六年(辛酉,1441)杨士奇等奉敕编《文渊阁书目》[①],其卷九著录:

《苏东坡文集》,一部,三十册,残缺。

《苏东坡文集》,一部,二十四册,完全。

《苏东坡文集》,一部,二十二册,残缺。

《苏东坡文集》,一部,二十九册,完全;塾本,二十七册。

《苏东坡文集》,一部,二十六册,残缺。

《东坡别集》,一部,十五册,残缺。

《东坡后集》,一部,五册,阙。

《东坡尺牍》,一部,十二册,阙;塾本,一册。

《东坡尺牍》,一部,五册,阙;塾本,二册。

《东坡翰墨》,一部,一册,阙。

[①] 杨士奇(1366—1444),初名寓,以字行,号东里,吉安泰和人。明永乐初升翰林院编修,官至少保、少傅兼兵部尚书。卒赠左柱国、太师,谥文贞。杨氏历经五朝,任内阁辅臣四十馀年,担任明太祖、仁宗、宣宗三朝实录总裁。著有《东里文集》二十五卷、《东里文集续编》六十二卷、《东里别集》二卷、《东里附录》四卷等。

《东坡翰墨》,一部,一册,阙。①

《书目》内未见《外集》踪迹。

叶盛《水东日记》卷二十曰②:

> 邵复孺先生家藏《老苏大全文集》四十五卷,《东坡大全文集》:《东坡集》四十卷、《东坡后集》一十卷③、《东坡奏议》十五卷、《东坡内制集》十卷《乐语》附、《东坡外制集》上中下卷、《东坡和陶渊明诗》四卷、《东坡应诏集》十卷,

---

① 《文渊阁书目》,〔明〕杨士奇等编,清嘉庆四至十六年桐川顾氏《读画斋丛书》本。按,《读画斋丛书》本《文渊阁书目》实为鲍廷博据《四库全书》编定本(简称"四库本")与鲍氏家塾旧藏本(简称"塾本")合校而成;其先别有《文渊阁书目》草稿本传世,今有清初宋荦漫堂钞本(简称"漫堂钞本",国家图书馆藏,索书号:15851)。据刘仁《〈文渊阁书目〉版本系统考论》:"漫堂钞本系统时间最早,是正统六年杨士奇等初步整理文渊阁藏书时藏书的状态;四库本系统其次,是正统六年文渊阁藏书整理完毕的状态;塾本系统最晚,是万历三十三年编著《内阁藏书目录》前对文渊阁藏书进行核查时的藏书状态。"(载《文献》2019年第七期,第133页)漫堂钞本"黄"字号"子书"第二橱著录"《东坡先生志林》一册",至《读画斋丛书》本则编入"荒"字号第一橱"子杂",且注为"阙";又漫堂钞本"荒"字号"文集"第三橱有"《东坡文集》二十九册(外欠一册)、《东坡文集》二十六册(辏完)、《东坡后集》五册、《东坡内外制》四册、《东坡内外制》五册、《东坡大全集》二十二册、《东坡大全集》二十四册、《东坡文集》三十八册、《东坡文集》二十二册、《东坡别集》十五册"等十种(有部分位置亦有变动),题名与册数有别,则至少反映经万历年间检点之塾本《文渊阁书目》系统内之存、阙、残等面貌。

② 叶盛(1420—1474)字与中,号蜕庵,自号白泉,苏州昆山人。明正统十年(乙丑,1445)进士,授兵科给事中,官至吏部左侍郎。卒谥"文庄"。著有《水东日记》四十卷、《叶文庄公全集》三十卷、《箓竹堂书目》六卷等。

③ "一十卷",明末叶重华赐书楼刻、清康熙十九年叶方蔚重修本同,应作"二十卷"。

《栾城集》五十卷、《栾城后集》二十四卷、《栾城第三集》十卷、《栾城应诏集》十二卷。(《老苏集》前书坊识云:"《东坡大全集》一百七十卷。"实则不足。杨文贞公云:"尝录于胡祭酒家,《东坡外集》起二十五卷至九十卷。"若然,则此书尚多也。)此是细字小本,《老苏》板稍大。松江启东白和尚所藏大本《东坡集》四十卷、又二十卷、《奏议》十五卷、《内制》十卷、《外制》十五卷,前有御制赐苏峤序。又有小字大本,前有《诰词》并峤《谢表》,及黄门所为乃兄《志铭》云。邵书今陈宗信买得,东白书今在吉安周文襄公家。①

杨文贞公即杨士奇。《文渊阁书目》子部类著录:"《东坡志林》:一部,一册。"②而《水东日记》所记"书坊识云'《东坡大全集》一百七十卷'",以及杨士奇从胡若思(1361—1443,名俨,号颐庵,南昌人)家钞录之《东坡外集》,据《东里文集续编》卷十八"苏东坡文"条曰:

> 右苏东坡六册,录于胡祭酒若思。盖所录者,《东坡

---

① 《水东日记》,〔明〕叶盛撰,明弘治间常熟徐氏刻、嘉靖三十二年叶恭焕补刻本。按,邵亨贞(1309—1401)字复孺,号清溪,云间(今上海松江)人,曾任松江训导。启东白和尚名善启,字东白,号晓庵,有诗名。明永乐中参修《永乐大典》,居延庆寺。后为僧官,住持南禅,为巡抚周忱所重。周忱(1381—1453)字恂如,号双崖,谥文襄,吉安吉水人。明永乐二年(甲申,1404)进士,曾参修《永乐大典》。宣德五年(庚戌,1430)经杨士奇荐为工部右侍郎,巡抚南直隶,总督税粮。
② 杨士奇等编《文渊阁书目》卷九"荒"字号第一橱"子杂",清嘉庆四至十六年桐川顾氏《读画斋丛书》本。按,漫堂钞本《文渊阁书目》"黄"字号"子书"第二橱著录:"《东坡先生志林》,一册。"

集》起二十四卷至四十卷,《后集》起八卷至十卷,《外集》起二十五卷至九十卷,《奏疏》《内》《外制》及诗皆未得录也。①

其所录者,皆文也。然所录《外集》之文"起二十五卷至九十卷",与今毛九苞"重编"本《外集》诗文部居稍异(卷一至卷十,诗;卷八十二至八十五,词;卷八十六,附奏案),是别一本欤?抑毛氏重编之时调整卷数欤?原本未见,不得臆测。

然茅维与毛九苞参考之所谓《志林》者,必为赵开美校刊本是也。盖此本有"目",而《稗海》本无之。颇疑五卷本编成于南宋②,或即原《志林》"史论十三篇"外,集《东坡手泽》三卷、《儋耳手泽》一卷暨其馀真赝相杂零碎之稿本、钞件混编而成;《稗海》之十二卷本乃好事者摘录、杂糅东坡集内题跋、杂记文字而成之一新书,故无"史论十三篇",每条亦无拟目,如当时笔记之体,其形成之时,盖在明之中前期也欤?

今传《东坡志林》十二卷本,常见者为明万历间商濬所辑之

---

① 《东里文集续编》,〔明〕杨士奇撰,明嘉靖二十九年黄如桂刻本。
② 曾祥波文曰:"《东坡外集》与已经具备五卷本内容规模的南宋前期合编本《东坡志林》'各自独立地'拥有一个'共同的'源头,这一源头就是未编入宋代'东坡六集(七集)'系统的苏轼零散札记手稿文献。《外集》保留了这批札记手稿文献的文本原貌,南宋初合编本《东坡志林》对这批札记手稿文献的一种汇编形态(即《东坡手泽》)作了二次编纂,内容层面删削了手稿痕迹,框架层面加入了'六集(七集)'系统中的'志林'十三篇,书名层面以《志林》取代了《手泽》。……南宋合编本《东坡志林》体量基本相当于明刊《东坡志林》五卷本,是明刊本的源头,明刊《东坡志林》五卷本在框架结构、基本内容上并非另起炉灶,而是对南宋初合编本《东坡志林》的承袭。"(载《中国典籍与文化论丛》第二十八辑,第131—132页)

《稗海》本。商濬又名维濬,字景哲,号阳初,师事徐文长(1521—1593),与陶望龄(1562—1609)、袁宏道(1568—1610)友善;祖廷试,嘉靖二十年(辛丑,1541)进士,官黄州知府、山东巡察副使;父为正,隆庆五年(辛未,1571)进士,官至大理寺少卿。黄宗羲《天一阁藏书记》曰:"越中藏书之家,钮石溪世学楼其著也。余见其小说家目录亦数百种,商氏之《稗海》皆从彼借刻。"①商濬《稗海叙》曰:

> 吾乡黄门钮石溪先生锐情稽古,广播穷搜,藏书世学楼者,积至数千函百万卷。余为先生长公馆甥,故时得纵观焉。每苦卷帙浩繁,又书皆手录,不无鱼鲁之讹。因于暇日,撮其记载有体、议论的确者,重加订正。更旁收缙绅家遗书,校付剞劂,以永其传,以终先生惓惓之凤心。凡若干卷,总而名之曰《稗海》。②

钮、商二氏为明中后期会稽望族,既富收藏,又拥豪赀。钮石溪筑世学楼,藏说部至夥。其外甥商濬"性喜裒集蠹鱼",始得鸠良工,"伐枣梨",刻"《稗海》千卷"以传③。

检国内各馆所藏,除《稗海》本之外,《东坡先生志林》著录为明钞十二卷本者,仅国家图书馆、湖南图书馆各有一种。兹分

---

① 《黄宗羲全集》第十九册,〔清〕黄宗羲著,吴光主编,杭州:浙江古籍出版社,2012年,第102页。
② 《稗海》卷首,〔明〕商濬编,明万历商氏半野堂刻本。按,初刻初印本卷首有陶望龄《稗海序》、商濬《稗海叙》二文,手迹上板;后印本无陶《序》,且改商《叙》文字为版刻体矣。
③ 商维濬《古今评录自序》,载《古今评录》卷首,明万历四十七年刻本。

述如次：

1. 国家图书馆藏本（简称"国图本"），分装六册，每两卷合为一卷作一册，内不分卷，即第一册第一、二卷，第二册第三、四卷，以此类推。卷首有顺治三年（丙戌，1646）秋叶国华跋曰：

> 此本与虞山赵氏刻于南中者颇多异同，盖后人各取先生语为之耳。然赵本在此本之后，分门记事，终不若弇州公《外纪》之精备也。丙戌秋，再校过，书此。白泉老人。「白泉」①

按，叶国华（1586—1671）字德荣，号白泉，苏州昆山人。叶盛六世孙，叶重华兄。明末著名藏书家。万历四十三年（乙卯，1615）举人，授浙江定海教谕，入为国子监学录，转刑部司务，因提牢案免官。南明弘光元年（乙酉，1645年）起为工部都水司主事，榷税杭州南关，为清军所俘，后得放归。

卷末复有叶氏跋文三篇。录如下：

> 此石川先生所藏书也。题籤犹其手笔。偶从肆中得之，书以识岁月。丙辰冬日，篆竹堂。「叶氏藏书」
>
> 壬戌季秋，校过。「叶德荣甫世藏」
>
> 昔人读书，有谬误者必乙之。陆鲁望云："得一书详熟，然后真于方册。值本即校，不以再三为限。朱黄二毫，未尝一日去手。"予心窃慕之，以懒多废业。《志林》二册，为张石

---

① 见《东坡先生志林》卷首，明钞本。国家图书馆藏。

川先生旧藏，误谬不少，再三校定，故识之。「德荣」「叶国华印」①

可知万历四十四年(丙辰，1616)叶国华于"肆中"购得张石川旧藏之《东坡先生志林》十二卷，分装二册②。曾于天启二年(壬戌，1622)校一过；由于此本"误谬不少"，遂于清顺治三年(丙戌，1646)再校一过。

张石川名寰，字允清，石川其号，苏州昆山人。明正德十六年(辛巳，1521)进士，曾任济宁知州，官至通政司右参政。家有"崇古楼"，藏图书碑帖。嘉靖四十年(辛酉，1561)卒，年七十六岁③。叶氏既谓"《志林》二册，为张石川先生旧藏"，则是书之成，必在嘉靖四十年之前，故云"赵本在此本之后"。

该本因讹误较多，故叶氏"再三校定"，其校改之法，或先涂雌黄，再施笔墨，或径为增、删、改笔画，计有二百六十馀处。其于《李邦直言周瑜》条，涂雌黄改字两处(参见第85页图)。据原字残留笔画暨雌黄所涂后之隐约墨迹，可知"此"下原为"叔"、"否"下原为"朱"。然核诸商氏《稗海》本以及湖南图书馆藏明钞本，叶氏实非据别一种十二卷本之《东坡志林》校勘者也。

叶氏藏本二册，后归常熟瞿氏铁琴铜剑楼，瞿镛《铁琴铜剑楼藏书目录》卷十六著录。瞿氏入藏后，进行了重装，今本册内

---

① 见《东坡先生志林》卷末，明钞本。国家图书馆藏。
② 今本分装六册，是将原二册以两卷(本即为合卷)分作一册。按，原第一册首页(即卷一、二册)、第二册首页(即卷七、八册)之右下，皆钤"叶氏藏书"印。
③ 参归有光《通政使司右参议张公墓表》，载《震川先生集》卷二十三，〔明〕归有光撰，〔清〕归庄、归玠校辑，清康熙十四年刻本。

保留有瞿氏原书签,署"东坡先 / 生志林 / 旧钞 / 六册";"旧钞 / 六册"四字略小,并于其上钤"古里 / 瞿 / 氏记"白文印。然叶氏所谓书衣"题籤"犹是张石川之"手笔",惜已无觅踪影矣。

2. 湖南图书馆藏本(简称"湘图本"),一册。该本之卷册、递藏诸情况,卷末有叶启勋、叶启发兄弟二跋,叙之较详。谨录如下:

> 此明钞白棉纸《东坡志林》十二卷,前后无序跋,亦不著撰人姓名。每半叶十行,每行十八字。首护纸有无名氏题云:"《简明目录》子部杂家《东坡志林》五卷,旧本题宋苏轼撰,一名《东坡手泽》,后编入《大全集》中,改题此名。核其文义,亦蒐辑墨迹所编也。"三行五十字。书前有"虞山钱遵王曾藏书"八字朱文长方印、"彭城世家"四字白文方印,盖经也是翁家藏,即《述古堂书目》子部小说家类所载"《东坡志林》十下脱'二'字卷。钞"之本也。己巳冬月,余从道州何氏云腴山房得长洲何义门学士焯手校旧钞《石刻铺叙》《绛帖平》,前有大兴朱少河锡庚手跋。书中夹有购朱氏书目一纸,盖何文安灵汉购朱筠河筠父子家藏书议价之目,尚是文安手笔。目中所载之书,均先后为余所得,惟"《东坡志林》二十千"者,未之见也。辛未七月,文安曾孙诒恺持来此书,索价至百元,彼固不知书,第以先人所遗,故要高价耳。取阅向得各书之有少河手跋者,乃知此书无名氏题字,亦少河手迹,固即目中所载之书也。亟偿值藏之。盖自也是翁后,又递经大兴朱氏椒花吟舫、道州何氏云腴山房珍藏矣。两家皆无印记,特志其颠末,以示子孙知所

宝重焉。除夕，灯下呵冻书此。叶启勋。「拾经楼」(引首章)「定侯」

　　明胡应麟《少室山房笔丛》甲部《经籍会通》四云："凡本，刻者十不当钞一，钞者十不当宋一。三者自相较，则不以精粗、久近、纸之美恶、用之缓急为差。"盖前人好藏书者，于刻本所无之书，不惜重资购求名钞，或雇书生影写宋椠，传录孤本异书，此钞本书所以尤为人所珍秘也。此明棉纸钞本《东坡志林》十二卷，虞山钱遵王曾藏书，见于《述古堂书目》者，有"虞山钱曾遵王藏书"及"彭城世家"二印记。卷一、二通连为一卷，三、四为一卷，五、六为一卷，七、八为一卷，九、十为一卷，十一、十二为一卷。书首护纸有朱少河锡庚钞录《四库全书简明目录·东坡志林》一条，检《四库全书总目》子部杂家类著录《东坡志林》五卷，内府藏本。《提要》云："宋苏轼撰。陈振孙《直斋书录解题》载《东坡手泽》三卷，注云：'俗本《大全集》中所谓《志林》者也。'今观所载诸条，多自署年月者，又有署读某书书此者，又有泛称昨日今日不知何时者。盖轼随手所纪，本非著作，亦无书名，其后人裒而录之，命曰'手泽'。而刊轼集者不欲以父书目之，故题曰《志林》耳。此本五卷，较振孙所纪多二卷，盖其卷帙亦皆后人所分，故多寡各随其意也"云云。此书世行明赵开美刊本，《说郛》本或作一卷、或作五卷，唯商濬《稗海》本则分十二卷。明人刻书，以意窜改，多不足信。此本合十二卷为六卷，当是别有依据也。遵王藏书，见于《述古堂书目》者凡三千馀种，而《读书敏求记》所载仅六百馀种，盖尚记宋椠元钞及板刻完阙古今不同之书，惜此书不载

《敏求记》中,遂无从考定其分合卷第之原委耳。世无宋元佳刻,通行赵、商各本又多附入丛书印行,固不如此棉纸明钞,又递经名贤藏弆之单行本为足珍贵也。壬申中秋,叶启发。「东明」①

该本明钞白棉纸,一册,十二卷,经虞山钱氏述古堂、大兴朱氏椒花吟舫、道州何氏云腴山房、长沙叶氏拾经楼等递藏。叶启勋于辛未(1931)七月购得,除夕作跋;次年中秋,叶启发亦跋之。叶氏钤印有"定侯审定"、"叶氏定侯紬书"、"拾经楼丁卯以后所得"、"华鄂堂著录"、"食采于叶因氏焉"、"叶启发东明审定善本";另有"湘西黄氏藏书"、"湘西黄氏半园书屋东窗"两印,不知谁何。

其分卷之形式,以及每页之行数(十行)、每行之字数(十八字),国图本与之完全一致。细经比勘湘图本、国图本并参考《稗海》本,于卷六之末《雪堂问潘邠老》条窥得端倪:

其一,国图本钞于众人之手,笔迹混杂;湘图本除了《雪堂问潘邠老》条内有一页二行半笔画不一外(后补),馀皆为一人笔迹;

其二,国图本适阙湘图本第二人笔迹之一页二行半文字;

其三,国图本、湘图本于该合卷之正文末行为"颔之曰有若人哉"七字,即《雪堂问潘邠老》条之结语,其后无"东坡先生志林卷五六"之卷末行,然核诸《稗海》本,此后犹有"东坡居士移守文登"(拟题作《木石图》)、"子开将往河北"(题作《别子开》)、"昔年

---

① 见《东坡先生志林》卷末,明钞本。湖南图书馆藏。

《东坡志林》卷六,〔宋〕苏轼撰,明钞本。湖南图书馆藏

过洛见李公简"(题作《书杨朴事》)三条。

由是可知,湘图本,"影写"自其所据之本,惜其所据之本卷六有阙页。国图本,或"影写"自湘图本(在"雪堂问潘邠老"条补文之前),或亦"影写"自湘图本所据之本(阙者未补)。观叶国华之校定处,湘图本或未误,或与国图本俱讹。即若卷二《李邦直言周瑜》条,湘图本作"如叔安上言"、"未知孰贤与朱勃逊之",国图本叶氏改"叔"为"此"、改"朱"为"否"(上下压扁,使"否"与"勃"之间稍留空。图四),叶氏并未参校商氏《稗海》本也明矣,实是参校了赵

《东坡志林》卷二，〔宋〕苏轼撰，明钞本。国家图书馆藏

开美五卷本，故《李邦直言周瑜》条之结句为"未知孰贤与否"，复于"否"、"勃"间画圈作分条之符，即下一条以"勃逊之"三字起，是则与赵开美五卷本一致矣。

国图本、湘图本每条皆有"目"，与赵开美五卷本同一内容之"目"，文字偶有差异，意思基本不差。前疑商濬刻《稗海》时尽去其"目"，然《稗海》所收别书亦多有具"目"者，故推测商濬之十二卷本，当别有所据（或即无"目"之本），且卷六之末亦并无阙页。

由于今茅维本《东坡先生全集》、毛九苞本《重编东坡先生外集》皆参校《东坡志林》，其所参校者五卷本也。五卷本与十二

卷本皆有《李邦直言周瑜》条,如前所述,此条极有可能是伪作而阑入《志林》者,则今本《志林》内,无论五卷本、十二卷本,犹有多少实非东坡之作者耶?

四、《东坡志林》五卷本与十二卷本关系考

《东坡志林》存世诸本,十二卷本之明钞本有二,两本之分卷(两卷合作一卷,实似六卷)、编排完全一致,且湖南图书馆藏本之文本优于国家图书馆藏本;刻本有一,即商濬《稗海》本(分作十二卷)。五卷本有赵开美校刊本,以及焦竑评点本(后者文本全据前者,可视作一种)。

十二卷本之两明钞本与赵刻五卷本,皆是有目有文,且两者之拟"目"文字基本相同。据两者俱有之《李邦直言周瑜》条可知,十二卷本两明钞本与《稗海》初刻初印本,来源一致;而由五卷本"目录"缺《勃逊之》一条(正文后印本挖版后分作两条),亦可

反证其文所据必也与两明钞本同。兹以《稗海》十二卷后印本与五卷本各自之题名、条目数、相应条目之编次及宋元典籍之徵引,试论两者之关系。

  1. 商濬辑刻《稗海》后印本,十二卷,每卷单列。条目编次,无一定之规律,非常随意。条目数:①卷二《李邦直言周瑜》与《勃逊之》分作两条;②卷四《辨齐高帝言金土同价》,《仇池笔记》卷上、吕祖谦《东莱标注东坡先生文集》卷二十四等皆作一条,然"尧之民比屋可封,桀之民比屋可诛"实乃单独一条①,兹为析出,拟题《尧桀之民》;③卷七《评渊明子美诗》为卷五《近世人轻以意改文书》之后半,删去;④卷九《辨齐帝孟子》即卷四《辨齐高帝言金土同价》,重出,删去;⑤卷十一《付僧惠诚游吴中代书》,十二则,计作十二条;如此,共得366条(条目之称,前冠"S")。

  2. 赵开美校刊本,五卷,分三十类,卷五"论古"即《志林》之"史论"十三篇。前四卷,二十九类,条目数:①目录卷四《陈氏草堂》后有《登春台》一目,盖缘下一条《雪堂问潘邠老》正文内"子以为登春台与入雪堂"而衍,删去;②正文卷四《李邦直言周瑜》条后,已单列《勃逊之》一条;③卷一"记梦",四篇,计作四条;④卷二《付僧惠诚游吴中代书》,十二则,计作十二条;如此,共得216条(条目之称,前冠"Z")。

---

① 《经进东坡文集事略》卷五七《辩孟子说》条,郎晔注:"《后汉·杨终传》云:时太后兄惟廖谨笃自守,不训诸子。终与廖交善,以书戒之曰:'终闻尧舜之民,可比屋而封;桀纣之民,可比屋而诛。何者?尧舜为之堤防,桀纣示之骄奢故也。'注云:'事见陆贾《新语》。'"(上海:商务印书馆《四部丛刊》影宋刊本)

3. 赵开美校刊《东坡志林》成,复刻《仇池笔记》二卷,序曰:"《笔记》于《志林》,表里书也。先大夫既已序《志林》而刻之矣。兹于曾公《类说》中,复得此两卷,其与《志林》并见者,得三十六则,去其文而存其题,庶无复辞,亦不废若原书,此余刻《笔记》意也。"① 按,《仇池笔记》总计一百三十八条,卷上《论金土同价》,即十二卷本卷四《辨齐高帝言金土同价》条,宜为两条;同卷上《孟郊诗》,谓"见《志林》三卷,并见《论贫士》则中";卷下《吴育不相》,谓"见《志林》四卷,并上条(即《梅询非君子》),见《真宗仁宗之信任》内",指《梅询非君子》《吴育不相》两条实即十二卷本《欧公问子容》(五卷本名《真宗仁宗之信任》)条内之文字也。故其与《东坡志林》五卷本并见者,实得三十七条。今犹以138条计(条目之称,前冠"Q")。

兹制"〔表壹〕十二卷本与五卷本、仇池笔记条目对照表"、"〔表贰〕五卷本逸出十二卷本条目他见表"、"〔表叁〕《仇池笔记》逸出十二卷本、五卷本条目表"。

〔表壹〕十二卷本与五卷本、仇池笔记条目对照表②

卷次	编号	题名	五卷本编号	仇池笔记编号
卷一	S001	杜子美八阵图诗		Q005
	S002	退之青龙寺诗		
	S003	退之平生多得谤誉	Z048	Q008

---

①《仇池笔记》卷首,〔宋〕苏轼撰,明万历二十九年至三十年赵开美校刊本。
② 十二卷本的条目数及编次,据《稗海》本;每条之题名,据湖南图书馆藏明钞本。按,该钞本缺 S175 "东坡居士移守文登"、S176 "子开将往河北"、S177 "昔年过洛见李公简"三条,说见前;又题名不同者,若 S068 五卷本作"修身历",S106 五卷本作"真宗仁宗之信任",S181 五卷本作"记梦"。

续表

卷次	编号	题　名	五卷本编号	仇池笔记编号
卷一	S004	石介三豪诗		Q011
	S005	养生难在去欲	Z020	
	S006	五代文章		Q016
	S007	禁同省往来	Z064	Q017
	S008	文选去取失当		Q001
	S009	李善注文选		Q002
	S010	月蚀诗		Q003
	S011	肉鬃马		Q024
	S012	杜子美悲陈陶等诗		
	S013	董传善论诗		
	S014	解杜子美诗		Q025
	S015	乐天为王涯所谗		Q028
	S016	刘子玄辨文选		Q030
	S017	桃笙		Q033
	S018	叙如梦两阕		Q036
	S019	金鲫		
	S020	李陶子忽作诗		Q046
	S021	易书传论语说		Q126
	S022	汉武以方祠诅匈奴		Q061
	S023	名容安亭	Z172	
	S024	刘聪吴中高士二事	Z191	
	S025	请广陵	Z067	
	S026	韩狄盛事		
	S027	九江陈辅之		
	S028	朱氏子出家	Z083	
	S029	柳公权论研		
	S030	庞安常耳聩	Z032	
	S031	孔子诛少正卯	Z181	
	S032	张颜忠义		

续表

卷次	编号	题 名	五卷本编号	仇池笔记编号
卷一	S033	郗嘉宾		
	S034	子由之达自幼而然		
	S035	人生有定分	Z050	
	S036	范蜀公呼我卜邻	Z168	
	S037	僧伽何国人	Z076	
卷二	S038	若稽古说		
	S039	班固不当洗郾寄卖友		
	S040	蔡延庆李定朱寿昌		
	S041	郗超出与桓温密谋书以解父	Z192	
	S042	徐仲车有二反		Q077
	S043	寿禅师放生	Z084	
	S044	刘凝之沈麟士	Z202	
	S045	柳宗元敢为诞妄	Z203	Q058
	S046	记苏佛儿语	Z080	
	S047	马梦得同岁	Z049	
	S048	马粪巷		
	S049	朱炎学禅	Z116	
	S050	自平宫中吕太一		Q004
	S051	子由为人心不异口		
	S052	徐陵多忘		
	S053	徐则不传晋王广道	Z124	Q127
	S054	颜蠋巧于安贫	Z184	
	S055	论医和语	Z134	
	S056	乌鹊近之		
	S057	韩公与大颠书非是		
	S058	李邦直言周瑜	Z189	
	S059	与朱勃逊之	Z190	
	S060	汉武帝用王恢		
	S061	尧舜之事	Z175	

续表

卷次	编号	题名	五卷本编号	仇池笔记编号
卷二	S062	子由作栖贤僧堂记		
	S063	李赤诗		Q065
	S064	僧正兼州博士	Z085	
	S065	錞于制度		
	S066	张平叔制词	Z066	
	S067	鸡鸣歌		Q075
	S068	书杂事	Z132	
卷三	S069	管仲		
	S070	王翦取荆		
	S071	管仲与民争利而无后		
	S072	辨宰予不为叛臣		
	S073	论子玉将兵		
	S074	卫瓘欲废晋惠帝	Z200	
	S075	贾氏五不可	Z150	
	S076	张华鹪鹩赋	Z197	
	S077	英雄自有以相伏		
	S078	昌邑从臣谋光		
	S079	匈奴全兵	Z059	
	S080	人主与臣下争能		
	S081	魏武袁绍成败		
	S082	赵尧设计代周昌	Z186	
	S083	辨荀卿言青出于蓝	Z183	
	S084	汲长孺不为风俗所移		
	S085	遂良对太宗飞雉		
	S086	八蜡三代之戏礼	Z057	
	S087	秦王借隋吏以杀兄弟		
	S088	黄霸以鹖为神爵	Z187	
	S089	宰予不从田常作乱		
	S090	辨直不疑		

续表

卷次	编号	题　名	五卷本编号	仇池笔记编号
卷三	S091	扬雄言许由		
	S092	辨四族		
	S093	王嘉轻减法律事见梁统传	Z188	
	S094	张仪欺楚商於地	Z185	
	S095	商君祸福相偿		
	S096	刘禹锡为书自解		
卷四	S097	辨五星聚东井	Z146	
	S098	元帝诏与论语孝经小异	Z178	
	S099	房琯陈涛斜事	Z196	
	S100	史经臣思子台赋		
	S101	稷苴事		
	S102	司马相如小人		
	S103	孟嘉谢安		
	S104	本秀非浮图之福	Z088	Q117
	S105	广武叹	Z013	Q120
	S106	欧公问子容	Z180	Q118、Q119
	S107	李舜举李稷贤不肖		Q121、Q122
	S108	斩彭孙		Q123
	S109	张芸叟西征二诗		Q124
	S110	曹玮语王臧元昊为中国患	Z155	
	S111	高丽公案	Z157	Q125
	S112	范景仁上殿定新乐		
	S113	张安道比孔北海		Q073
	S114	孔道辅为张士逊所卖		
	S115	杜正献事		Q055
	S116	贾婆婆荐昌朝	Z151	Q056
	S117	李士衡父		Q057
	S118	欧公撰范文正墓志		
	S119	白居易欲买伐蔡事		

续表

卷次	编号	题名	五卷本编号	仇池笔记编号
卷四	S120	高琼之言大略似邱彤		
	S121	辨齐高帝言金土同价		Q059
	S122	尧桀之民		
	S123	武帝踞厕见卫青	Z177	Q078
	S124	唐村老人言	Z061	Q060
卷五	S125	子由老子解		Q010
	S126	子方虫		
	S127	万花会		Q012
	S128	富公叹君谟小团茶		
	S129	高丽	Z156	Q013
	S130	王元龙治大风方	Z137	Q014
	S131	延年术	Z138	
	S132	唐人以春名酒		Q015
	S133	李诚之为夷獠所畏		Q019
	S134	宰相不学		Q021
	S135	近世人轻以意改文书		Q022
	S136	马正卿有气节		Q023
	S137	成相恐是古讴谣之名		Q029
	S138	原父戏介甫食姜		Q031
	S139	五臣注文选		
	S140	裴頠对武帝	Z201	
	S141	子云论书		
	S142	石墨		Q032
	S143	田单以疑似置齐人心中		
	S144	猪母佛	Z122	
	S145	池鱼踊起	Z130	Q034
	S146	太白山旧封公爵	Z126	
	S147	黄州隋永安郡	Z159	
	S148	先夫人不许发藏	Z125	

续表

卷次	编号	题名	五卷本编号	仇池笔记编号
卷五	S149	孙抃见异人	Z131	
	S150	单骧孙兆	Z139	
卷六	S151	僧相欧阳公	Z140	Q035
	S152	菱寒芡暖		Q037、Q038
	S153	冢中弃儿吸蟾气	Z118	Q039
	S154	石普见奴为祟	Z119	Q040
	S155	梦中作祭春牛文	Z037	
	S156	率富人出钱救不举之弊		
	S157	王翊梦鹿剖桃核而得雄黄	Z123	Q045
	S158	许敬宗砚		
	S159	梦	Z043	
	S160	陈昱被冥吏误追	Z120	
	S161	鹅有二能不免烹		Q048
	S162	吾谷耗地		Q115
	S163	能动者皆佛子		Q049
	S164	脉难明		Q050
	S165	涪州朱砂	Z115	
	S166	黎檬子	Z011	Q051
	S167	盗不劫幸秀才酒	Z153	
	S168	李氏子再生说冥间事	Z110	Q114
	S169	道士张易简	Z111	
	S170	秧马		
	S171	筒竹用水鞴法	Z165	
	S172	指挥使姚欢以身任监卒不及		
	S173	涂巷小儿听说三国话	Z014	
	S174	雪堂问潘邠老	Z174	
	S175	木石图（据商本补）		
	S176	别子开（据商本补）	Z051	
	S177	书杨朴事（据商本补）	Z070	Q043

续表

卷次	编号	题　名	五卷本编号	仇池笔记编号
卷七	S178	录李主词	Z179	
	S179	书赠郑君求字		
	S180	梦中作靴铭	Z039	
	S181	梦中语	Z040	
	S182	梦中论左传	Z038	
	S183	辨君子		
	S184	听聪师琴		
	S185	雷琴		
	S186	听林道人琴		
	S187	蜀中诗僧		Q113
	S188	铁墓厄台	Z158	
	S189	汴河斗门	Z166	
	S190	名西阁	Z170	
	S191	黄仆射	Z106	
	S192	冲退处士	Z107	
	S193	记韩玉汝		Q020
	S194	评诗		
	S195	桃花悟道	Z114	
	S196	论贫士	Z147	Q026、Q027
	S197	论渊明诗		
	S198	渊明饮酒		
	S199	评文章		
	S200	评徐寅赋		
	S201	论夫妻同葬事		
	S202	辨乐行列		
	S203	辨阳关曲		Q007
	S204	辨附语	Z112	Q041
	S205	三老语	Z113	Q109
	S206	少年不怖死		

续表

卷次	编号	题名	五卷本编号	仇池笔记编号
卷八	S207	乐苦说		
	S208	杀生事		Q137
	S209	禁杀生		
	S210	子瞻文过		
	S211	酒后写字		
	S212	读晋隐逸传		
	S213	岭南气候说		
	S214	信道法智说	Z142	
	S215	评阮籍		
	S216	程奕笔		
	S217	汝南桧柏事		
	S218	判幸酒状		
	S219	蜜酒法		
	S220	僧文荤食名	Z087	
	S221	论宋玉柳公权事		
	S222	戏书悭意事		
	S223	辨或人语		
	S224	合江楼下戏	Z169	
	S225	论高帝羹颉侯事	Z176	Q134
	S226	评二生		Q071
	S227	米元章藏书		
	S228	东坡升仙	Z105	
	S229	书文甫达轩评书墨砚		Q088
	S230	评花		
	S231	芍药		
	S232	读朱晖传		
	S233	儋耳夜书	Z009	
卷九	S234	杜介求书		
	S235	论事		

续表

卷次	编号	题名	五卷本编号	仇池笔记编号
卷九	S236	李十八草书		Q087
	S237	论君谟书		
	S238	论君谟笔法		
	S239	吴越景		
	S240	曾参唯解		
	S241	判官奴状		
	S242	围棋赌书		
	S243	赤壁洞穴	Z162	
	S244	游沙湖	Z004	
	S245	王子敬帖		
	S246	别文甫子辩	Z056	
	S247	太行卜居	Z167	
	S248	论桓范陈宫	Z193	
	S249	忆王子立	Z010	
	S250	滕元发相访		
	S251	王烈石髓	Z101	
	S252	改乐天寒食诗		
	S253	白云居士	Z071	
	S254	参寥求医	Z136	
	S255	医生	Z133	
	S256	评画		Q047
	S257	张僧繇画		
	S258	海苔纸		
	S259	评李白诗		
	S260	评子厚诗		
	S261	子厚瓶赋		
	S262	夹注轿子		
卷十	S263	录壁上诗		
	S264	服松脂法		Q072

续表

卷次	编号	题名	五卷本编号	仇池笔记编号
卷十	S265	辨杜鹃		Q133
	S266	徐州杀狗事		
	S267	煮鱼羹		
	S268	治眼齿	Z031	Q009
	S269	任介郭震		
	S270	评晋史		
	S271	雌雄竹		Q136
	S272	草书禅语		
	S273	费孝先	Z144	Q053
	S274	艾人		Q098
	S275	司马长卿		
	S276	辨伊尹		
	S277	李忠臣		Q092
	S278	读坛经	Z072	Q112
	S279	潞公言新义		
	S280	梦南轩	Z044	
	S281	梁上君子	Z154	
	S282	导引语	Z018	Q105
	S283	茶墨		
	S284	啜墨看茶		Q054
	S285	陈氏草堂	Z173	
	S286	买田求归	Z068	
	S287	师中庵题名		
	S288	录温峤问郭文语	Z194	
	S289	戏书颜回事	Z182	
	S292	试墨		
	S291	雪堂义墨		Q101
	S292	罢作墨		
	S293	与温公论茶墨		

续表

卷次	编号	题名	五卷本编号	仇池笔记编号
卷十	S294	论窦田		
	S295	汉讲堂	Z160	
	S296	论太息一篇送秦观归京		
	S297	论雨井水	Z016	Q052
	S298	付过		
	S299	浮屠宿桑下		
	S300	煎茶用姜		
	S301	司空表圣诗		
	S302	儿子迈诗		Q085
	S303	陶靖节诗		
	S304	临皋闲题	Z171	
	S305	王夷甫事	Z199	
	S306	石崇家婢	Z152	
	S307	游白水书付过	Z006	
	S308	卓契顺禅话	Z086	
	S309	昙秀别东坡	Z052	
	S310	王子直别东坡	Z053	
	S311	石塔别东坡	Z054	
	S312	改观音咒	Z073	
卷十一	S313	荔枝何所似		
	S314	道士李伯祥诗		
	S315	问郑先辈与李公粥		
	S316	措大吃饭	Z045	
	S317	辨真玉	Z163	
	S318	论常德		
	S319	论天性		
	S320	凤咮研与王十六		
	S321	布头笺		
	S322	北归喜事		

续表

卷次	编号	题名	五卷本编号	仇池笔记编号
卷十一	S323	故南华长老重辨师逸事	Z117	
	S324	罗浮题名		
	S325	栖禅题名		
	S326	赠邵道士	Z078	
	S327	唐名臣像		
	S328	论唐乐		
	S329	数随止观还定		
	S330	付僧惠诚游吴中代书01	Z089	
	S331	付僧惠诚游吴中代书02	Z090	
	S332	付僧惠诚游吴中代书03	Z091	
	S333	付僧惠诚游吴中代书04	Z092	
	S334	付僧惠诚游吴中代书05	Z093	
	S335	付僧惠诚游吴中代书06	Z094	
	S336	付僧惠诚游吴中代书07	Z095	
	S337	付僧惠诚游吴中代书08	Z096	
	S338	付僧惠诚游吴中代书09	Z097	
	S339	付僧惠诚游吴中代书10	Z098	
	S340	付僧惠诚游吴中代书11	Z099	
	S341	付僧惠诚游吴中代书12	Z100	
卷十二	S342	名何苓之		
	S343	示参寥桃符艾人事		
	S344	代茶饮子诗		
	S345	陆道士能诗	Z082	
	S346	书李若之事	Z079	
	S347	书示迈		
	S348	天台玉版		
	S349	月石屏		
	S350	乐天烧丹	Z023	Q093
	S351	文甫好古物		

续表

卷次	编号	题名	五卷本编号	仇池笔记编号
卷十二	S352	王秀才好收东坡书		
	S353	八阵图	Z060	
	S354	王济王恺	Z198	
	S355	送人游浙东	Z002	
	S356	唐张镐		
	S357	舟中独饮		
	S358	怪石古木与金贾处士		
	S359	蔡公家赐纸		
	S360	得之奇男子		
	S361	麦熟禽		
	S362	东坡作陂		
	S363	贺下不贺上	Z069	
	S364	论作字		
	S365	录赵贫子语	Z019	
	S366	读管幼安传		

〔表贰〕五卷本逸出十二卷本条目他见表

卷次	分类	题名	五卷本编号	他见	茅维《全集》本
卷一	记游	记过合浦	Z001	傅藻《东坡纪年录》	卷七十一，题作《书合浦舟行》
		记承天夜游	Z003	王宗稷《东坡先生年谱》	卷七十一，题同
		记游松江	Z005	王宗稷《东坡先生年谱》/胡仔《苕溪渔隐丛话后集》卷三十九	卷七十一，题作《书游垂虹亭》
		记游庐山	Z007	阮阅《诗话总龟》卷十八/王宗稷《东坡先生年谱》/胡仔《苕溪渔隐丛话后集》卷三十九	卷六十八，题作《自记庐山诗》

续表

卷次	分类	题名	五卷本编号	他见	茅维《全集》本
卷一	记游	记游松风亭	Z008		卷七十一，题同
		记刘原父语	Z012	Q018/ 胡仔《苕溪渔隐丛话前集》卷三十八	卷六十八，题作《书黄州诗记刘原父语》
	修养	养生说	Z015	《苏沈内翰良方》卷五	
		论修养帖寄子由	Z017	《苏沈内翰良方》卷五/施清臣《东洲语》	卷六十，题作《与子由弟十首》其三
		阳丹诀	Z021	《苏沈内翰良方》卷五	卷七十三，题作《阳丹阴炼》
		阴丹诀	Z022	《苏沈内翰良方》卷五	卷七十三，题作《阴丹阴炼》
		赠张鹗	Z024	《锦绣万花谷前集》卷二十四	卷六十六，题作《书四适赠张鹗》
		记三养	Z025	赵令畤《侯鲭录》卷四/胡炳文《纯正蒙求》卷中	卷七十三，题作《节饮食说》
		谢鲁元翰寄暖肚饼	Z026		卷五十七，题作《与鲁元翰二首》其二
		辟谷说	Z027	《苏沈内翰良方》卷五	卷七十三，题作《学龟息法》
		记服绢	Z028		卷七十三，题作《服绢法》
		记养黄中	Z029	傅藻《东坡纪年录》	卷七十三，题同
	疾病	子瞻患赤眼	Z030	李祖尧《孙仲益内简尺牍》卷三	卷七十三，题作《口目相语》
	梦寐	记梦参寥茶诗	Z033	Q095/ 阮阅《诗话总龟后集》卷三十/胡仔《苕溪渔隐丛话前集》卷四十六	卷六十八，题作《书参寥诗》

续表

卷次	分类	题名	五卷本编号	他见	茅维《全集》本
卷一	梦寐	记梦赋诗	Z034	阮阅《诗话总龟》卷三十三/胡仔《苕溪渔隐丛话前集》卷四十一	卷六十六，有录同一诗
		记子由梦	Z035	阮阅《诗话总龟》卷三十四	卷六十八，题作《书子由梦中诗》
		记子由梦塔	Z036		卷六十，题作《与子由弟十首》其五
		记梦	Z041	《东坡后集》卷二十	卷七十二，题作《梦弥勒殿》
		记梦	Z042		卷七十二，题作《师续梦经》
	学问	题李岩老	Z046	阮阅《诗话总龟》卷七/胡仔《苕溪渔隐丛话前集》卷三十三	卷七十一，题作《书李岩老棋》
		记六一语	Z047	胡仔《苕溪渔隐丛话前集》卷二十九/魏庆之《诗人玉屑》卷五/《锦绣万花谷前集》卷二十	卷六十六，题作《记欧阳公论文》
	送别	别姜君	Z055	王宗稷《东坡先生年谱》	卷六十七，题作《书柳子厚诗后》
卷二	祭祀	记朝斗	Z058		卷七十一，题同
	时事	记告讦事	Z062	朱熹《宋名臣言行录后集》卷十一	卷七十二，题作《神宗恶告讦》
	官职	记讲筵	Z063	朱熹《宋名臣言行录后集》卷十/江少虞《皇朝事实类苑》卷四	卷七，题作《书韩维读三朝宝训》
		记盛度诰词	Z065	《锦绣万花谷前集》卷十八	卷七十二，题作《盛度责钱维演诰词》
	佛教	诵经帖	Z074		卷七十二，题同
		诵金刚经帖	Z075	Q131	卷七十二，题作《金刚经报》
		袁宏论佛说	Z077	志磐《佛祖统纪》卷三十五	卷六十六，题作《记袁宏论佛》

续表

卷次	分类	题名	五卷本编号	他见	茅维《全集》本
卷二	道释	记道人戏语	Z081		卷七十三，题同
	异事上	记道人问真	Z102	洪迈《夷坚支志》庚卷六	卷七十二，题作《徐问真从欧阳公游》
		记刘梦得有诗记罗浮山	Z103	东坡《游罗浮山一首示儿子过》自注	卷七十一，题作《书刘梦得诗记罗浮半夜见日事》
		记罗浮异境	Z104		卷七十一，题同
		臞仙帖	Z108	傅藻《东坡纪年录》	卷六十五，题同
		记鬼	Z109	Q081/胡仔《苕溪渔隐丛话前集》卷五十八/吴曾《能改斋漫录》卷十八	卷六十八，题作《记鬼诗》
卷三	异事下	记异	Z121	张君房《云笈七签》卷一百十三/陈葆光《三洞群仙录》卷十二	卷七十二，题作《道士锻铁》
		记范蜀公遗事	Z127	朱弁《曲洧旧闻》卷三	卷七十二，题作《蜀公不与物同尽》
		记张憨子	Z128		卷七十二，题作《张憨子》
		记女仙	Z129	阮阅《诗话总龟》卷七	卷七十二，题作《广州女仙》
	技术	记与欧公语	Z135		卷七十三，题作《医者以意用药》
		记真君签	Z141	王宗稷《东坡先生年谱》	卷七十一，题作《题虔州祥符宫乞签》
		记筮卦	Z143	王宗稷《东坡先生年谱》	卷七十一，题作《书筮》

续表

卷次	分类	题名	五卷本编号	他见	茅维《全集》本
卷三	技术	记天心正法咒	Z145		卷六十六，题作《书咒语赠王君》
	四民	梁贾说	Z148	Q074	卷六十四，题同
		梁工说	Z149		卷六十四，题同
卷四	古迹	记樊山	Z161	王十朋《王状元集注分类东坡先生诗》卷五《游武昌寒溪西山寺》自注	卷七十一，题同
	玉石	红丝石	Z164	Q086（题作"凤味研"）/胡仔《苕溪渔隐丛话后集》卷二十九	卷七十，题作《书云庵红丝砚》
	人物	刘伯伦	Z195	阮阅《诗话总龟》卷六/郎晔《经进东坡文集事略》卷五十七	卷六十五，题作《刘伯伦非达》

〔表叁〕《仇池笔记》逸出十二卷本、五卷本条目表

卷次	编号	题名	卷次	编号	题名
卷上	Q006	不忮之诚信于异类	卷下	Q079	硬黄临二王书
	Q042	晋人书		Q080	鲁直诗
	Q044	古镜		Q082	佛受戒平冤
	Q062	字谜		Q083	君谟书
	Q063	论墨		Q084	张子野诗
	Q064	佛菩萨语		Q089	杜甫诗
	Q066	论茶		Q090	与昙秀倡和
	Q067	鲁直诗文		Q091	与可拾诗
	Q068	论漆		Q094	盘游饭谷董羹
	Q069	二红饭		Q096	煮猪头颂
	Q070	大禹周公		Q097	蘝草诗
卷下	Q076	晋卿墨		Q099	治内障眼

续表

卷次	编号	题名	卷次	编号	题名
卷下	Q100	潘谷墨	卷下	Q111	真一酒
	Q102	颜鲁公临逸少字		Q116	论菊
	Q103	欧公书		Q128	论金盐
	Q104	荆公书		Q129	放生池碑
	Q106	搬运法		Q130	三鬃马
	Q107	勤修善果		Q132	神清洞
	Q108	众狗不悦		Q135	论淳于髡
	Q110	梦韩魏公		Q138	广利王召

据上列三表可知，五卷本前四卷与十二卷本同者一百五十条，逸出十二卷本者五十二条；《仇池笔记》与十二卷本同者九十二条，逸出十二卷本者四十六条（其中六条与五卷本内逸出十二卷本者同）；五卷本、十二卷本、《仇池笔记》俱同者二十九条（其中《仇池笔记》Q026、Q027对应《东坡志林》Z147，Q118、Q119对应Z180，以《东坡志林》条数计）。

五卷本前四卷计二十九类二百零三条，四分之三条与十二卷本同，且怀古、命分、兵略、致仕、隐逸、女妾、盗贼、夷狄、井河、卜居、事堂十一类三十条与十二卷本完全一致。且如怀古二条，其在十二卷本之编号为S105、S173；兵略二条，其在十二卷本之编号为S079、S353；致仕三条，其在十二卷本之编号为S025、S286、S363；隐逸二条，其在十二卷本之编号为S177、S253；皆为自前往后逐条摘录者；馀若道释、异事上、异事下、技术、人物诸类，收入条目较多，虽非与十二卷本依次对应，然其内局部连续之条，于十二卷本之内亦多为连续者也。由此可知，五卷本之前四卷,盖多摘录自十二卷本也明矣。

五卷本前四卷溢出之五十二条,其在宋元时之他见情况,于〔表贰〕可知大概。其诸本之来源,亦各不一致,如《记游庐山》条,或谓引自《百斛明珠》,或引自《东坡诗话》[①];然若《刘伯伦》条,《诗话总龟》与《经进东坡文集事略》皆谓引自《百斛明珠》,而王十朋《增刊校正王状元集注分类东坡先生诗》卷四《逍遥台》注曰:

> 縯:"刘伶尝乘鹿车,携一壶酒,使人荷锸随之,曰:'死便埋我。'"次公:"伯伦非达者也。棺椁衣衾,不害为达。苟为不然,死则已矣,何必更埋。"

按,据此则《刘伯伦》条前半为程縯之注,后半为赵次公之注,皆非东坡之文字。曾丰(1142—1224)《送王元用谒故人序》谓:"曾子闻而为之说,曰:吾圣人之教,'棺椁衣衾,不害为达。苟为不然,死则已矣,何必更埋'也哉。元用不矫为刘伶之荷锸,而安为吾教之棺衾,吾所谓不害为达者是也。'"[②] 是一语而三出者。

今人多据宋元人著作之徵引自《东坡志林》者,论述《大全集》本《东坡志林》三卷与赵开美校刊五卷本之关系,如王宗稷

[①]《诗话总龟》卷十八引《百斛明珠》,然《施注苏诗》卷二十一《初入庐山三首》注、《增刊校正王状元集注分类东坡先生诗》卷七《初入庐山三首》林子仁注,皆谓出自《东坡诗话》。若《记梦参寥茶诗》条,陈元靓《岁时广记》卷十七亦引自《东坡诗话》;《记六一语》,《锦绣万花谷前集》卷二十引自《东坡杂记》。可见东坡著作在当时编集之状况。

[②]《缘督集》卷九,〔宋〕曾丰撰,明万历十一年刻本。

《东坡先生年谱》七条、朱熹《宋名臣言行录》三条[①]、陶宗仪《说郛》录《东坡手泽》十五条[②],有五卷本所不载者[③];馀若宋代楼钥《范文正公年谱》一条、魏天应《论学绳尺》一条、李俊甫《莆阳比事》一条、祝穆《新编古今事文类聚》二十二条[④]、张淏《云

[①] 夏敬观《东坡志林跋》:"考宋椠朱子《名臣言行录》引《志林》凡五则:《李沆言梅询非君子》及《吴育不相》,实一则而分载二处,五卷本《志林》所有也;《杜正献焚圣语》则见《仇池笔记》中;《孔道辅为张士逊所卖》及《欧公证范文正墓碑之误》,两书皆未载,而商刻《志林》五则悉备。"按,《李沆言梅询非君子》《吴育不相》即《欧公问子容》(《真宗仁宗之信任》)、《杜正献焚圣语》即《杜正献事》,《欧公证范文正墓碑之误》即《欧公撰范文正墓志》。

[②] 国家图书馆藏明钞本《说郛》数种:索书号为07557者卷二十九,录《东坡手泽》十五条;索书号为03907者卷二十九,录《东坡手泽》二十三条,即于《卦影》与《益智》间溢出《束脩二义》《星有好风》《遮说》《孔子生痈疽》《孝经引诗》《犀毗》《旬岁旬月》《史事重见》八条;而索书号为02408者,即明钮氏世学楼钞本,全书无《东坡手泽》篇,惟其卷九十五录《志林》论史十三条。按,《说郛》版本复杂,所谓溢出之八条,当为错钞而入者,其中:《星有好风》《犀毗》《旬岁旬月》《史事重见》四条,见邢凯《坦斋通编》;《遮说》条,冯梦龙《古今谭概》节引题作《董公遮》,厉鹗《南宋杂事诗》卷六谓出《坦斋通编》;《孔子生痈疽》条,东坡集内未见,何孟春《馀冬序录》卷三十五摘录,且谓"东坡曾考正之",即指此也;《束脩二义》条,其论述文字,前人笔记多有探讨;惟《孝经引诗》条暂未觅得相关载记。故下表取十五条为说,题名则参二十三条本。

[③] 参章培恒、徐艳《关于五卷本〈东坡志林〉的真伪问题——兼谈十二卷本〈东坡先生志林〉的可信性》,载《南京师范大学文学院学报》2002年第四期,第167—168页。

[④] 《新编古今事文类聚》前集六十卷、后集五十卷、续集二十八卷、别集三十二卷(元泰定三年刻,元明递修本。日本静嘉堂文库藏),引《东坡志林》者五条,引《志林》者三十七条,引《仇池笔记》者一条,另有未注出处且现具十二卷本者二条、五卷本者一条,总计四十六条。然其中或见或别见《王直方诗话》《诗林广记》《岁时杂咏》《诗话总龟》《苕溪渔隐丛话》《侯鲭录》诸书,且如《岭南气候》《腹负将军》《颜鲁公放生池碑》《论真草行三体书》《草书有误》《笔说》《藏笔法》《墨说》《贵黑而光》《赠潘谷》数篇,或径为东坡之单篇题跋,或自他文中截出,或改写自诗作与自注,兹取其见诸十二卷本或五卷本者二十二条,稍作比对。

谷杂记》一条、洪迈《容斋随笔》一条、吴曾《能改斋漫录》一条、姚宽《西溪丛语》一条、陈长方《步里客谈》一条、萧参《希通录》一条、罗大经《鹤林玉露》一条,元代于钦《齐乘》一条、刘应李《翰墨全书》一条、刘壎《隐居通议》一条、高楚芳《集千家注杜工部诗集》十五条等,十二卷本基本收入,而五卷本或载或不载。兹制"〔表肆〕宋元时期著作徵引《东坡志林》条目与十二卷本、五卷本对照表"。

〔表肆〕宋元时期著作徵引《东坡志林》条目与十二卷本、五卷本对照表

书　　名	题　　名	十二卷本编号	五卷本编号
东坡先生年谱	退之平生多得谤誉	S003	Z048
	禁同省往来	S007	Z064
	僧伽何国人	S037	Z076
	太白山旧封公爵	S146	Z126
	道士张易简	S169	Z111
	梦中论左传说	S182	Z038
	论子厚瓶赋	S261	/
鹤林玉露	养生难在去欲	S005	Z020
西溪丛语	李善注文选	S009	/
新编古今事文类聚	改乐天诗	S252	/
	淘井	/	Z033
	召用失仪	S106	Z180
	就枕阅棋	/	Z046
	同年皆穷	S047	Z049
	退之平生多得谤誉	S003	Z048
	不持所生服	S040	/
	难在去欲	S005	Z020
	耳聋面壁	S042	/

续表

书 名	题 名	十二卷本编号	五卷本编号
新编古今事文类聚	庞安常耳聩	S244	Z004
	杀狗当禁	S266	/
	评杜鹃诗	S265	/
	鹅能警盗	S161	/
	夸耀乡关	S275	/
	写记非生客	S062	/
	论邛州盐井	S171	Z165
	评文选去取	S008	/
	作三豪诗	S004	/
	夹注轿子	S262	/
	解书为戏	S138	/
	嘲争闲气	S343	/
	贺下不贺上	S363	Z069
容斋随笔	錞于制度	S065	/
云谷杂记	宰予不从田常作乱	S089	/
宋名臣言行录	李沆言梅询非君子	S106	Z180
	吴育不相		
	孔道辅为张士逊所卖	S114	/
	杜正献焚圣语	S115	/
	欧公证范文正墓碑之误	S118	/
范文正公年谱	欧公撰范文正墓志	S118	/
能改斋漫录	富公叹君谟小团茶	S128	/
希通录	跋李主词	S178	Z179
论学绳尺	评文章	S199	/
步里客谈	评文章	S199	/
莆阳比事	评徐寅赋	S200	/
隐居通议	涂巷小儿听说三国语	S173	Z014
齐 乘	木石图	S175	/
翰墨全书	示参寥桃符艾人事	S343	/

续表

书 名	题 名	十二卷本编号	五卷本编号
说 郛	用兵	S070	／
	宰我非反臣	S072	／
	论霍光	S078	／
	论孙卿子	S083	Z183
	汉武帝	S123	Z177
	巫蛊	S022	／
	绝欲为难	S005	Z020
	辨文选	S016	／
	妇姑皆贤	S148	Z125
	妻作诗送夫	S177	Z070
	祭春牛文	S155	／
	卦影	S273	Z144
	益智	／	／
	何国	S037	Z076
	艾人	S274	／
集千家注杜工部诗集	杜子美八阵图诗	S001	／
	肉鬃马	S011	／
	杜子美悲陈陶等诗	S012	／
	董传善论诗	S013	／
	解杜子美诗	S014	／
	桃笙	S017	／
	自平宫中吕太一	S050	／
	唐人以春名酒	S132	／
	近世人轻以意改文书	S135	／
	马正卿有气节	S136	／
	评诗	S194	／
	辨杜鹃	S265	／
	荔枝何所似	S313	／
	八阵图	S353	Z060
	唐张镐	S356	／

上列七十七条，《李沆言梅询非君子》与《吴育不相》原作一条《欧公问子容》（S106），而《退之平生多得谤誉》（S003）、《养生难在去欲》（S005）、《僧伽何国人》（S037）、《欧公撰范文正墓志》（S118）、《评文章》（S119）、《辨杜鹃》（S265）、《示参寥桃符艾人事》（S343）七条有重出，且《益智》条今之十二卷本、五卷本俱未载①，实得六十八条。

按，①即此六十八条言，凡载诸十二卷本者，未必载于五卷本；反之，凡载于五卷本者二十二条，仅有两条（Z033、Z046）未载诸十二卷本；②《说郛》本《东坡手泽》、《类说》本《仇池笔记》之题名，与《东坡志林》异，而五卷本前四卷条目载诸十二卷本者，两者之题名可谓完全一致；③五卷本《李邦直言周瑜》、《勃逊之》二条，目录里仅出前者题名，而正文中已分列两条矣，十二卷本之两明钞本暨《稗海》初刻初印本亦皆作一条；④赵用贤《刻东坡先生志林小序》言"余友汤君云孙博学好古，其文词甚类长公，尝手录是编"②，云"手录"者，盖亦摘录之谓也。故夏敬观以为十二卷本"包综赵刻《志林》、《仇池笔记》几十之八九"，并"疑商刻《志林》为明时好事者所为"云者③，多属不确之辞。

再者，若比对"〔表贰〕五卷本逸出十二卷本条目他见表"与"〔表肆〕宋元时期著作徵引《东坡志林》条目与十二卷本、五卷

---

① 此条见《苏沈内翰良方》卷一，题作《记益智花》，〔宋〕苏轼、沈括撰，明嘉靖间康王庙前陆氏刻本，中国中医科学院图书馆藏。
② 《东坡志林》卷首，〔宋〕苏轼撰，明万历二十三年赵开美校刊本。
③ 夏敬观跋，见《东坡志林》卷末，校辑《宋元人说部书》本，上海：商务印书馆，1926年。

《苏沈内翰良方》卷一,〔宋〕苏轼撰,明嘉靖间康王庙前陆氏刻本。
中国中医科学院图书馆藏

本对照表",可以发现,两者条目并无重合①。据阮阅《诗话总龟》引东坡《百斛明珠》四十四条(中有二条各分作两条),其见诸《东坡志林》十二卷本者三十条,三十条内同时见诸五卷本者三条,而十二卷本、五卷本皆未收入者十四条,是知十二卷本盖亦为摘录《东坡手泽》《儋耳手泽》及各类笔记、题跋、杂说、诗话等文字而成者也。

---

① 按,五卷本之《题李岩老》(Z046)条,《新编古今诗文类聚》前集卷四十二收入,然此条文末未具出处,故可谓并不重合者也。盖此条文字,另见阮阅《诗话总龟》卷七、胡仔《苕溪渔隐丛话前集》卷三十三。

综上所述，可以推知：五卷本前四卷二百零三条与十二卷本三百六十六条同者一百五十条，或即汤云孙"手录"之主要来源；五卷本逸出十二卷本五十二条，其在宋元间著作之他见，已如〔表贰〕所列，然犹有《记游松风亭》（Z008）、《谢鲁元翰寄暖肚饼》（Z026）、《记服绢》（Z028）、《记子由梦塔》（Z036）、《记梦》（Z042）、《记朝斗》（Z058）、《诵经帖》（Z074）、《记道人戏语》（Z081）、《记罗浮异境》（Z104）、《记张憨子》（Z128）、《记与欧公语》（Z135）、《记天心正法咒》（Z145）、《梁工说》（Z149）十三条未得他见，汤氏当别有所据。自南宋以还直至赵开美刊行五卷本之前，其流传于世间之《东坡志林》，或多为十二卷本；然自明万历二十三年五卷本行，而十二卷本晦矣。今可考之明本十二卷本者唯三套：一张石川旧藏本，今归国家图书馆；一钱遵王旧藏本，今归湖南图书馆；一钮石溪旧藏本，原钞未见，明万历年间商濬据之刻入《稗海》以传。

日来翻检文字，爬梳史料，上下求索，左右对勘，枝蔓延宕，不免堆砌文字，且复冗繁啰嗦，有负初衷也远矣。虽然，吾岂是与东坡辨真讹，实乃与后世编东坡之集者校是非也；吾岂是与后世编东坡之集者校是非，实乃与今日事典籍整理者论凡例耳，作《〈书陆道士镜砚〉条辨》、《〈李邦直言周瑜〉条辨》二则。烈日酷暑，蝉鸣树颠，老眼昏花，识此自励。五月廿九。

草稿初成，得董岑仕为逐一审核，纠谬商榷，颇多增益。文献之翻检，史事之考订，并得刘景云、熊长云、樊昕、鲁明、李玉栓、郭惠灵、古丽巍、李碧玉、刘雪平、魏春宇、周昕晖、李成晴诸友朋协助，拾遗补缺，校误正讹，作《〈东坡志林〉

版本考》一则。倏忽之际，已然叶落矣。仲秋初六。

寒露以后，稍思五卷本与十二卷本之关系，即以前此设计之以十二卷本（据商濬《稗海》本）为主目，排列其每一条目与五卷本、《仇池笔记》本之互见者，并列宋元时期他书之徵引条目在十二卷本、五卷本之收入情况，作《〈东坡志林〉五卷本与十二卷本关系考》一则。至若十二卷本之成书，或即在南宋中后期至明中前期间，好事者陆续合《东坡手泽》、《儋耳手泽》、《仇池笔记》以及各类杂说、杂记、题跋、诗话类文字，编成《东坡志林》十二卷。实则六卷，两明钞本每卷皆为两卷之合目；《稗海》本则将合卷均分，厘作十二卷矣。盖因宋刻散佚，且五卷本之条目与十二卷本亦未能逐一对照，故前所论述犹多臆测之辞，敬祈博洽君子不吝赐教是幸。九月既望。

参考文献

《春秋经传集解》，〔晋〕杜预注，文学古籍刊行社 1955 影印明翻相台本。

《史记》，〔汉〕司马迁撰，中华书局 1959 年版。

《〈史记〉日本古注疏证》，张玉春疏证，齐鲁书社 2016 年版。

《汉书》，〔汉〕班固撰，中华书局 1962 年版。

《宋史》，〔元〕脱脱等撰，中华书局 1977 年版。

《宋史纪事本末》，〔明〕陈邦瞻撰，中华书局 1977 年版。

《续资治通鉴长编》，〔宋〕李焘撰，上海师范大学古籍所、华东师范大学古籍所点校，中华书局 1992 年版。

《宋名臣言行录》，〔宋〕朱熹撰，宋淳熙间刻本。

《齐乘》，〔元〕于钦纂，明嘉靖四十三年刻本。

《嘉庆海州直隶州志》，〔清〕唐仲冕、师承祖修，清嘉庆十三年刻本。

《乾隆安仁县志》，〔清〕魏鈫修，〔清〕郑长瑞、洪猷纂，清乾隆十六年刻本。

《遂初堂书目》，〔宋〕尤袤撰，汲古阁旧藏清钞本。国家图书馆藏，索书号:06608。

《直斋书录解题》，〔宋〕陈振孙撰，清乾隆间武英殿刻本。

《文渊阁书目》，〔明〕杨士奇等编，清宋荦漫堂钞本。国家图书馆藏，索书号:15851。

《文渊阁书目》，〔明〕杨士奇等编，清钞本。国家图书馆藏，索书号:02838。

《文渊阁书目》，〔明〕杨士奇等编，清嘉庆四至十六年桐川顾氏刻《读画斋丛书》本。

《铁琴铜剑楼藏书目录》，〔清〕瞿镛撰，清光绪二十四年瞿启甲刻本。

《四库提要辨证》，余嘉锡著，中华书局1980年版。

《宋人轶事汇编》，丁传靖辑，中华书局1981年版。

《范文正公年谱》，〔宋〕楼钥编，民国四明张氏约园刻《四明丛书》本。

《东坡先生年谱》，〔宋〕王宗稷撰，《东坡七集》本，明成化四年程宗刻本。

《东坡纪年录》，〔宋〕傅藻编纂，〔宋〕王十朋集注《增刊校正王状元集注分类东坡先生诗》本，民国商务印书馆《四部丛刊》景宋务本堂刻本。

《苏轼年谱》，孔凡礼撰，中华书局1998年版。

《东坡志林》，〔宋〕苏轼撰，明弘治十四年华珵刻《百川学海》本。

《东坡志林》，〔宋〕苏轼撰，明万历二十三年赵开美校刊本。

《东坡志林》,〔宋〕苏轼撰,〔明〕焦竑评点,明万历间刻本。

《东坡先生志林》,〔宋〕苏轼撰,明钞本。〔明〕叶国华跋。国家图书馆藏,索书号:06902。

《东坡先生志林》,〔宋〕苏轼撰,明钞本。〔清〕钱曾、〔清〕朱锡庚、〔清〕何绍基、叶启勋叶启发兄弟递藏,〔清〕朱锡庚、叶启勋、叶启发跋。湖南图书馆藏,索书号:善393.1/19-2。

《东坡志林》,〔宋〕苏轼撰,〔明〕商濬编,明万历商氏半野堂刻《稗海》本。国家图书馆藏,索书号:00056、T00701、T01259、40849;中国科学院图书馆藏,索书号:丛138/001;上海师范大学图书馆藏,索书号:S8116。

《东坡志林》,〔宋〕苏轼撰,〔明〕商濬编,明万历商氏半野堂刻清康熙振鹭堂补刻《稗海》本。

《东坡志林》,〔宋〕苏轼撰,王松龄点校,中华书局1981年版。

《东坡志林》,〔宋〕苏轼撰,1926年商务印书馆校辑《宋元人说部书》本。

《仇池笔记》,〔宋〕苏轼撰,〔宋〕曾慥编《类说》本,宋刻残本。国家图书馆藏,索书号:03512。

《仇池笔记》,〔宋〕苏轼撰,明万历二十九年至三十年赵开美校刊本。

《仇池笔记》,〔宋〕苏轼撰,〔宋〕曾慥编《类说》本,明天启六年刻本。

《仇池笔记》,〔宋〕苏轼撰,1926年商务印书馆校辑《宋元人说部书》本。

《苏沈内翰良方》,〔宋〕苏轼、沈括撰,明钞本。台北图书馆藏。

《苏沈内翰良方》,〔宋〕苏轼、沈括撰,明嘉靖间康王庙前陆氏刻本。中国中医科学院图书馆藏。

《梦溪笔谈》,〔宋〕沈括撰,明崇祯四年刻本。

《邵氏闻见后录》，〔宋〕邵博撰，刘德权、李剑雄点校，中华书局1983年版。

《铁围山丛谈》，〔宋〕蔡絛撰，冯惠民、沈锡麟点校，中华书局1983年版。

《侯鲭录》，〔宋〕赵令畤撰，明正德间鳌峰书院刻本。

《侯鲭录》，〔宋〕赵令畤撰，明嘉靖二十三年芸窗书院重刊本。

《侯鲭录》，〔宋〕赵令畤撰，清光绪八年芸林仙馆刻《知不足斋丛书》本。

《侯鲭录》，〔宋〕赵令畤撰，孔凡礼点校，中华书局2002年版。

《洞天清录》，〔宋〕赵希鹄撰，〔明〕胡文焕校，明万历间刻本。

《西塘集耆旧续闻》，〔宋〕陈鹄撰，孔凡礼点校，中华书局2002年版。

《论学绳尺》，〔宋〕魏天应编，〔宋〕林子长注，明成化五年游明刻本。

《莆阳比事》，〔宋〕李俊甫撰，明万历三十三年刻本。

《云谷杂记》，〔宋〕张淏撰，清乾隆嘉庆间刻《武英殿聚珍版丛书》本。

《容斋随笔》，〔宋〕洪迈撰，民国商务印书馆《四部丛刊续编》景宋刻配明弘治铜活字本。

《孙仲益内简尺牍》，〔宋〕李祖尧编注，清乾隆十二年刻本。

《夷坚支志》，〔宋〕洪迈撰，清景宋钞本。上海图书馆藏。

《能改斋漫录》，〔宋〕吴曾撰，清道光二十四年金山钱氏刻《守山阁丛书》本。

《西溪丛语》，〔宋〕姚宽撰，清嘉庆十年张氏照旷阁刻《学津讨原》本。

《步里客谈》，〔宋〕陈长方撰，清道光二十四年金山钱氏刻《守山阁丛书》本。

《坦斋通编》，〔宋〕邢凯撰，清道光二十四年金山钱氏刻《守山阁丛书》本。

《苕溪渔隐丛话》,〔宋〕胡仔撰,清光绪间潘仕成刻《海山仙馆丛书》本。

《诗话总龟》,〔宋〕阮阅辑,民国商务印书馆《四部丛刊》景明嘉靖刻本。

《东洲语》,〔宋〕施清臣撰,民国商务印书馆《涵芬楼秘笈》本。

《锦绣万花谷前集》,〔宋〕佚名辑,宋刻本。

《新编古今事文类聚》,〔宋〕祝穆编,元泰定三年刻,元明递修本。日本静嘉堂文库藏。

《岁时广记》,〔宋〕陈元靓编,清光绪归安陆氏刻《十万卷楼丛书》本。

《皇朝事实类苑》,〔宋〕江少虞辑,日本元和七年活字印本。

《佛祖统纪》,〔宋〕志磐撰,日本昭和七年大正一切经刊行会《大正新修大藏经》本。

《三洞群仙录》,〔宋〕陈葆光撰,明正统刻《道藏》本。

《云笈七签》,〔宋〕张君房撰,明正统刻《道藏》本。

《曲洧旧闻》,〔宋〕朱弁撰,明嘉靖三十四年沈敕楚山书屋刻本。

《鹤林玉露》,〔宋〕罗大经撰,明南京都察院刊、万历七年林大黼重修、万历三十六年孙镳递修本。

《鹤林玉露》,〔宋〕罗大经撰,〔明〕商濬编,明万历商氏半野堂刻清康熙振鹭堂补刻《稗海》本。

《鹤林玉露》,〔宋〕罗大经撰,日本庆安元年刊本。

《鹤林玉露》,〔宋〕罗大经撰,王瑞来点校,中华书局1983年版。

《希通录》,〔宋〕萧参撰,〔元〕陶宗仪辑,明钮氏世学楼钞本。

《翰墨全书》,〔元〕刘应李辑,明初刻本。

《说郛》,〔元〕陶宗仪辑,明钞本,残存卷一～二、五～二十、二十三～八十五、九十一～一百。国家图书馆藏,索书号:07557。

《说郛》,〔元〕陶宗仪辑,明钞本,残存卷二、四～六、九～二十一、二十三～三十二、三十五～六十一、六十四～七十。国家图书馆藏,索书号:03907。

《说郛》,〔元〕陶宗仪辑,明钮氏世学楼钞本,残存卷一～九十、九十四～一百。国家图书馆藏,索书号:02408。

《隐居通议》,〔元〕刘壎撰,〔清〕刘冠寰辑,〔清〕刘凝订,清康熙间钞本。台北图书馆藏。

《纯正蒙求》,〔元〕胡炳文撰,日本文化元年刻本。

《丹铅总录》,〔明〕杨慎撰,明嘉靖三十三年刻本。

《馀冬序录》,〔明〕何孟春撰,明嘉靖七年刻本。

《古今评录》,〔明〕商维濬辑,明万历四十七年刻本。

《古今谭概》,〔明〕冯梦龙编著,栾保群点校,中华书局2007年版。

《六艺之一录》,〔清〕倪涛撰,台北商务印书馆1986年影印《文渊阁四库全书》本。稿本,北京大学图书馆藏,索书号:SB739.108/2734。

《集千家注杜工部诗集》,〔宋〕刘辰翁评点,〔元〕高楚芳编,明万历九年金鸾刻本。

《东坡集》,〔宋〕苏轼撰,明成化四年程宗刻本。

《东坡续集》,〔宋〕苏轼撰,明成化四年程宗刻本。

《东坡后集》,〔宋〕苏轼撰,明嘉靖十三年江西布政司重刊本。

《东莱标注东坡先生文集》,〔宋〕苏轼撰,〔宋〕吕祖谦标注,宋刻本。

《经进东坡文集事略》,〔宋〕郎晔注,民国商务印书馆《四部丛刊》影宋刊本。

《东坡先生全集》,〔宋〕苏轼撰,〔明〕茅维编,明万历三十四年刻本。

《重编东坡先生外集》,〔宋〕苏轼撰,〔明〕毛九苞编,明万历三十六年刻本。

《施注苏诗》,〔宋〕苏轼撰,〔宋〕施元之、顾禧注,清朝康熙三十八年宋荦刻本。

《增刊校正王状元集注分类东坡先生诗》,〔宋〕苏轼撰,〔宋〕王十朋集注,民国商务印书馆《四部丛刊》景宋务本堂刻本。

《苏轼诗集》,〔宋〕苏轼撰,〔清〕王文诰辑注,孔凡礼点校,中华书局1982年版。

《苏轼文集》,〔宋〕苏轼撰,〔明〕茅维编,孔凡礼点校,中华书局1986年版。

《苏辙集》,〔宋〕苏辙撰,陈宏天、高秀芳点校,中华书局1990年版。

《曾文昭公集》,〔宋〕曾肇撰,清康熙六十一年刻本。

《欧阳文忠公集》,〔宋〕欧阳修撰,宋欧阳佽翻刻周必大本。国家图书馆藏。

《周益文忠公集》,〔宋〕周必大撰,南宋刻本。日本静嘉堂文库藏。

《诚斋集》,〔宋〕杨万里撰,南宋端平元年刻本。日本东京宫内厅书陵部藏。

《胡澹庵先生文集》,〔宋〕胡铨撰,清乾隆二十二年刻本。

《澹庵文集》,〔宋〕胡铨撰,台北商务印书馆1986年影印《文渊阁四库全书》本。

《济北晁先生鸡肋集》,〔宋〕晁补之撰,明崇祯八年诗瘦阁刻本。

《巽斋文集》,〔宋〕欧阳守道撰,台北商务印书馆1986年影印《文渊阁四库全书》本。

《缘督集》,〔宋〕曾丰撰,明万历十一年刻本。

《水东日记》,〔明〕叶盛撰,明弘治间常熟徐氏刻、嘉靖三十二年叶恭焕补刻本。

《水东日记》,〔明〕叶盛撰,明末叶重华赐书楼刻、清康熙十九年叶方蔚重修本。

《东里文集续编》，〔明〕杨士奇撰，明嘉靖二十九年黄如桂刻本。

《焦氏澹园集》，〔明〕焦竑撰，明万历三十四年刻本。

《焦氏澹园续集》，〔明〕焦竑撰，明万历三十九年刻本。

《澹园集》，〔明〕焦竑撰，李剑雄点校，中华书局1999年版。

《松石斋集》，〔明〕赵用贤撰，明万历四十六年赵琦美刻本。

《震川先生集》，〔明〕归有光撰，〔清〕归庄、归玠校辑，清康熙十四年刻本。

《黄宗羲全集》，〔清〕黄宗羲著，吴光主编，浙江古籍出版社2012年版。

《南宋杂事诗》，〔清〕厉鹗撰，清同治十一年淮南书局刻本。

《尊古斋古镜集景》，黄濬编，上海古籍出版社1990年影印本。

《中国铜镜图典》，孔祥星、刘一曼编，文物出版社1992年版。

《汉广陵国铜镜》，徐忠文、周长源主编，文物出版社2013年版。

《汉镜铭文汇释》，鹏宇著，云南人民出版社2022年版。

《湖南出土汉代铜镜文字研究》，周世荣撰，载《古文字研究》第十四辑，中华书局1986年版。

《〈东坡志林〉初探》，周先慎撰，载《北京大学学报》1982年第二期。

《关于五卷本〈东坡志林〉的真伪问题——兼谈十二卷本〈东坡先生志林〉的可信性》，章培恒、徐艳撰，载《南京师范大学文学院学报》2002年第四期。

《南宋时不存在三卷本东坡〈志林〉一书——与章培恒、徐艳二先生商榷》，孔凡礼撰，载《中国苏轼研究》第二辑，学苑出版社2005年版。

《变革下的日常：北宋熙宁时期的理政之道》，古丽巍撰，载《文史》

2016年第三辑。

《〈文渊阁书目〉版本系统考论》，刘仁撰，载《文献》2019年第七期。

《〈仇池笔记〉的成书来源及其价值——以明刊〈重编东坡先生外集〉为切入点》，曾祥波撰，载《文学遗产》2022年第二期。

《从手稿到书籍——由〈东坡外集〉看〈东坡志林〉成书源流》，曾祥波撰，载《中国典籍与文化论丛》第二十八辑，凤凰出版社2023年版。

（原载北京大学《传统文化研究》2023年第四期）

按，前月董岑仕转示香港中文大学中国语言及文学系梁树风先生《苏轼〈东坡志林〉成书考——兼论五卷本与十二卷本的关系》文（载《中国文化研究所学报》第72期，2021年1月），有"瞿镛《铁琴铜剑楼藏书目录》'《东坡志林》十二卷（旧钞本）'便记载了在赵开美刊行五卷本以前，已有十二卷本的系统，而就历代征引《志林》的文献资料来看，十二卷本的成书最晚也该在元代年间。另外，从五卷本、十二卷本的对应关系来看，五卷本可能因承十二卷本"的结论。其附录"宋、元文献征引'杂说'《志林》内容"对照表，罗列颇详，惜乎当时不曾见及，未能参考是憾。甲辰暮春初七。

梁任公《中国近三百年学术史》的撰著、讲授与传播

一九一七年十一月,梁任公辞去段祺瑞内阁财政总长之职,退出政界。之后,他大多数时间都致力于中国古代文化、历史的著述与讲学。任公回忆道:"我生平是靠兴味做生活源泉,我的学问兴味、政治兴味都甚浓,两样比较,学问兴味更为浓些",并希望能够"做个学者生涯的政论家","应该役使我的舌头和笔头,来当个马前小卒"(一九二一年十二月二十日《外交欤?内政欤?》)。

此期间,任公在北京的清华学校、天津的南开大学交错授课。其一九二一年九月二十七日致蒋百里张东荪舒新城信中说道:"要之清华、南开两处,必须收作吾辈之关中、河内。吾一年来费力于此,似尚不虚,深可喜也。"关中、河内,用的是荀彧劝谏曹操的典故:"昔高祖保关中,光武据河内,皆深根固本,以制天下。进足以胜敌,退足以坚守,故虽有困败,而终济大业。"足见任公对这两所学校之厚望。

任公曾于一九二〇年冬在清华讲"国学小史";次年秋在南开讲"中国文化史",撰成《中国历史研究法》;一九二二年春又在清华讲国史,夏天复应南开第一届暑期学校之邀,开设"中等以上作文教授法"课程,并作"教育家之自家田地"讲演(《新教育》第六卷第四期);之后半年多时间,应全国各地之请,巡回演讲,终至累出"心脏病"。一九二三年一月七日,任公与长女的信里说:

"在上海请法国医生诊验身体,说的确有心脏病,但初起甚微,只须静养几个月便好。我这时真有点害怕了。"同月二十日即在《晨报》刊登《启事》,谓"遵医命,闭门养疴,三个月内不能见客。无论何界人事枉顾者,恕不会面"云。四五月间,至北京翠微山养病。六月十三日与长女信,谓"日内返津",实为南开大学第二届暑期学校讲学事也。

一

从任公一九二三年七月四日致曹锟"讲课煎迫"、十三日致蹇季常"日日编南开暑校讲义也(正甚得意)"、三十一日致张元济高梦旦"一月来在南开演讲,带编讲义,日不暇给"这三封信里,可见他当时忙碌的状况。所谓"煎迫",知讲授尚未开始。据喻鉴《南开暑期学校概况》,一九二二年首届是"七月八日行开学式","八月六日甲乙丙三组散学,八月十九日丁组散学","为时甲乙丙三组历四星期,丁组六星期"(《新教育》第六卷第四期)。七月八日为周六,则正式开课当在七月十。一九二三年第二届开课在七月二十三日(周一),据张彭春二十四日日记:"现在梁任公讲《中国近三百年学术概略》,每天下午四至六。我昨天去听,材料真丰富,这才算是学者。"任公所谓"正甚得意",知写作状态极佳,成就亦甚为满意。是知此时撰著与讲授同时进行,直到三十一日还在编写讲义,则此份讲义内容应该很丰富;但是很少有人提起,这份南开大学暑期学校讲义,讲的到底是什么呢?

由于任公九月份即以国学讲师的身份在清华学校讲授一门一学年的课程——他自己曾说:"我这学年担任讲'近三百年中

国学术史'。"(一九二四年六月十三日《清华周刊》)且日后又有《中国近三百年学术史》(简称《学术史》)清华学校讲义本流传，所以大家基本认为《学术史》是专为清华讲授而撰著的讲义。

之前说到，任公七月三十一日还在编讲义，次日致蹇季常信里更是说道："我满脑里都是顾亭林、戴东原，更无馀裕管闲事也。"顾亭林、戴东原，不正是《学术史》里最为重要的人物么！

通过寻找，我们发现了学术史不同时期的众多版本，最能说明问题的是南开大学暑期学校讲义稿本与铅排本、清华学校讲义稿本与铅排本。这四个本子的发现，为我们梳理并还原《学术史》撰著的整个过程，提供了第一手的文献依据。

南开大学暑期学校讲义稿本　一册，书衣题"中国近三百年学术概略"，旁注"十二年六七月间作，南开大学暑校讲义"。中国国家图书馆藏。稿纸：红格，半页八行。

正文第一讲未见，存第二至第七讲。第二讲无题名，"第二讲"三字从第一页背面第五行开始；此页正面及背面前三行稿纸与背面第四行后之颜色相比，稍显白净，显系裁开粘黏拼接而成者。第三讲为"清初五大师(续)"，小标题为"(二)顾亭林附张杨园陆桴亭王白田"；第四讲为"清初五大师(再续)"，小标题为"(三)王船山"；第五讲为"清初五大师(三续)"，小标题为"(四)颜习斋附李恕谷王昆绳"；第六讲为"其他清初学者"；第七讲为"考证学之创建者"。循第三讲例，第二讲应为"清初五大师"，小标题为"(一)黄梨洲附孙夏峰李二曲"。

南开讲义铅排本　一册，书衣题"中国近三百年学术概略"，署"天津荣业大街协成印刷局印"。北京大学图书馆藏。

正文七讲全。正文第一页第一行"中国近三百年学术概

梁任公《中国近三百年学术史》的撰著、讲授与传播 | 127

> 中國近三百年學術概略
>
> 新會梁啟超講
>
> 第一講 反動與先驅
>
> 這部講義是要說明明清朝一代學術變遷之大勢及其在文化史上所貢獻的分量和價值。為什麼題目不叫做清代學術呢？因為晚明的二十多年，已經開清學的先河；民國的十來年，也可以算清學的結束和蛻化。把最近三百年做學術史，比一個時代的單位似還適當。所以定名為近三百年學術概略。

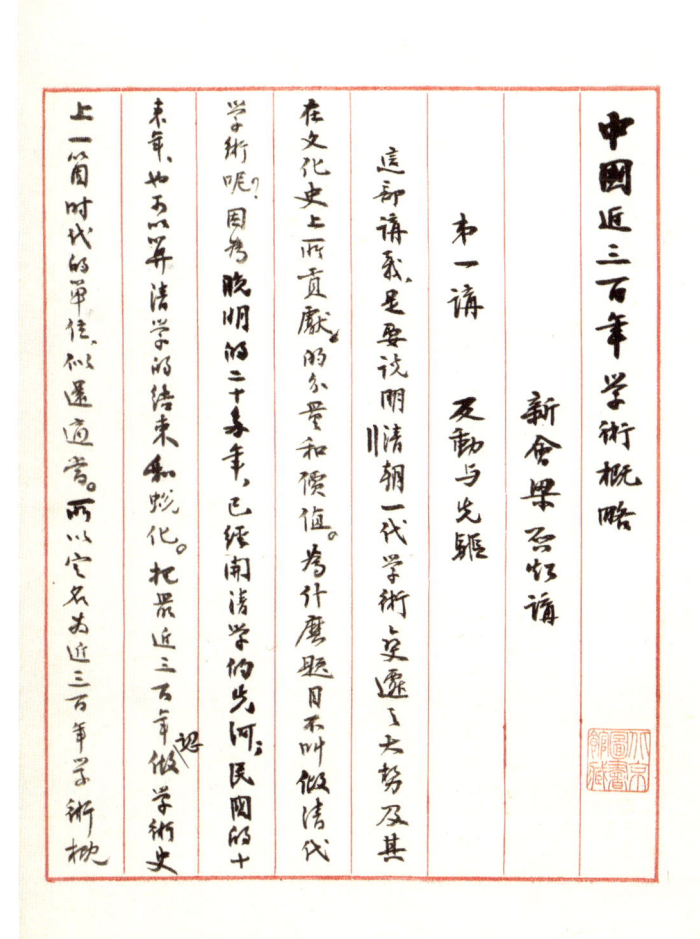

梁任公《中国近三百年学术概略》第一讲（暨《中国近三百年学术史》第一讲），稿本。国家图书馆藏

梁任公《清代学者整理旧学之总成绩·绪言》,稿本。国家图书馆藏

略",第二行"新会梁启超讲",第三行"第一讲",第一段末尾曰"所以定名为《近三百年学术概略》",第二段末尾曰"也可以说是十七八九三个世纪的中国学术概略"。第一、二讲无题名,馀五讲题名同讲义稿本。

清华学校讲义稿本 八册,附"说方志"一册(原名"方志之编纂")、零页五纸。中国国家图书馆藏。稿纸：与南开大学暑期学校讲义稿本一致。

全稿十七讲。第一册四讲,书衣无字。正文第一页第一行"中国近三百年学术概略",第二行"新会梁启超讲",第三行"第一讲　反动与先驱";第一讲最后一纸,文字写到该页背面第三行,第四行后之稿纸颜色稍显白净,显系裁开粘黏拼接而成。次页署"近三百年学术史草稿第二册",旁注"十二年九月在天津作",背白。后为第二、三、四讲,即"清代学术变迁与政治的影响"上中下之三讲。按,所谓"草稿第二册"实是续第一讲为第一册而来,后同。

第二册五讲,书衣题"中国近三百年学术史　草稿第三册",旁注"十二年十月十一月在清华学校作"。正文即第五讲"阳明学派之馀波及其修正"、第六讲"清代经学之建设"、第七讲"两畸儒"、第八讲"清初史学之建设"、第九讲"程朱学派及其依附者"。

第三册一讲,书衣题"中国近三百年学术史　草稿第四册",旁注"十二年十一月十二月在清华学校作"。正文即第十讲"实践实用主义"。

第四册二讲,书衣无字。正文即第十一讲"科学之曙光"、第十二讲"清初学海波澜馀录"。

第五册一讲，书衣题"中国近三百年学术史第十四讲"，旁注"十三年四月一日属稿，九日成"。正文即第十四讲"清代学者整理旧学之总成绩（一）"之经学、小学及音韵学。用时九日。

第六册一讲，书衣题"中国近三百年学术史第十五讲"，旁注"十三年四月十日始属稿，十六日成"。正文即第十五讲"清代学者整理旧学之总成绩（二）"之校注古籍、辨伪书、辑佚书。用时七日。

第七册一讲，书衣无字。正文即第十六讲"清代学者整理旧学之总成绩（三）"之史学、方志学、谱牒学。于傅维鳞条末有"十八日成，十二时睡"，则可知此讲或即四月十七日开始者也；及写到"（庚）史学家法之研究及结论"条，文末批注曰："廿三日，太戈尔北来，往车站接他。回来写这几行，忽然又做了《亡友夏穗卿》一篇。做成已两点钟，便睡觉去。明日入京，此稿暂阁。"《亡友夏穗卿先生》开篇即说："我正在这里埋头埋脑做我的《中国近三百年学术史》里头《清代学者整理旧学之总成绩》一篇，忽然接到夏浮筠的信，说他父亲穗卿先生死了！"同日，任公致张东荪陈筑山信曰："日来因赶编讲义，每日埋头埋脑于其间，百事俱废。得来书，日日欲复，日日阁置，明日须入京（因太戈尔来）。"五月三日回津续作，篇末有"六日成，三时寝。本讲完"。用时十一日。

第八册一讲，书衣无字。正文即第十七讲"清代学者整理旧学之总成绩（四）"之历算学及其他科学、乐曲学、地理学、金石学。于"十数术记遗"条文末批注有"五月七日成"；八日入京，十一日晚车返津，当夜未属稿；乐曲学篇文末批注曰："十五日成。此题如此繁重，凤所未习，一日之力能成此，颇自喜也。二

中國近三百年學術史

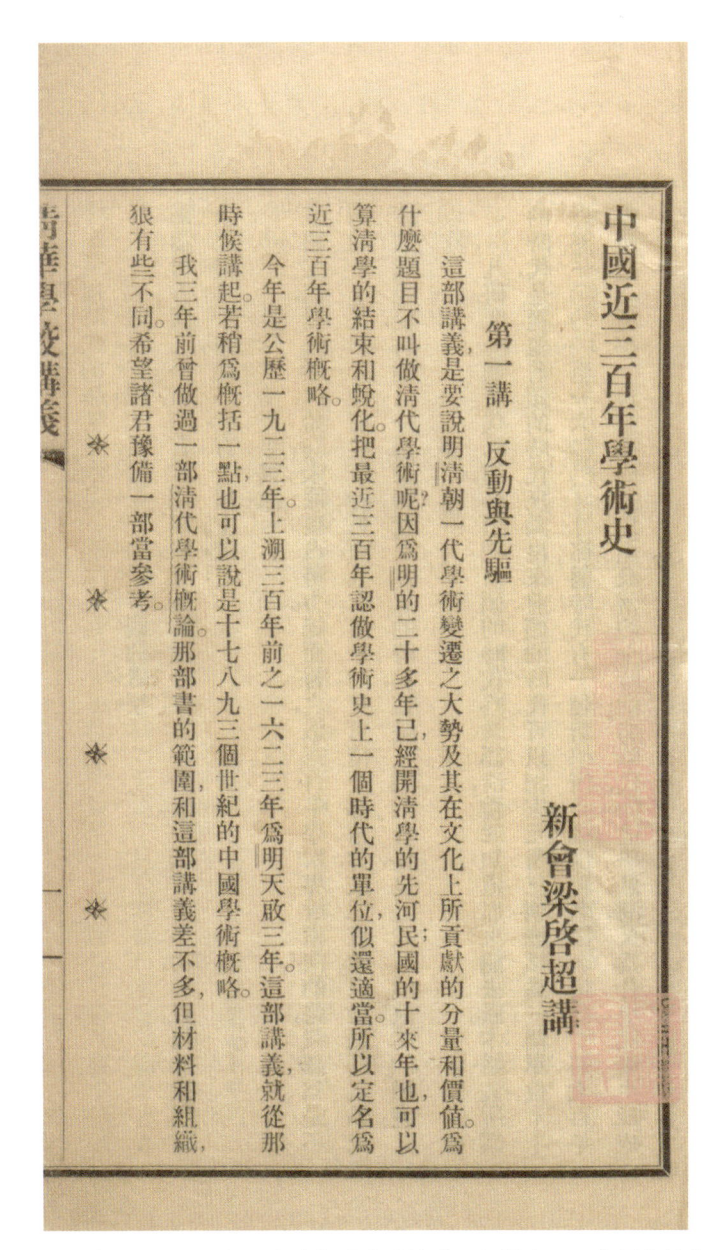

新會梁啟超講

第一講 反動與先驅

這部講義是要說明清朝一代學術變遷之大勢及其在文化上所貢獻的分量和價值爲什麼題目不叫做清代學術呢因爲明的二十多年已經開清學的先河民國的十來年也可以算清學的結束和蛻化把最近三百年認做學術史上一個時代的單位似還適當所以定名爲近三百年學術概略。

今年是公曆一九二三年上溯三百年前之一六二三年爲明天敢三年這部講義就從那時候講起若稍爲概括一點也可以說是十七八九三個世紀的中國學術概略。

我三年前曾做過一部清代學術概論那部書的範圍和這部講義差不多但材料和組織很有些不同希望諸君豫備一部當參考。

梁任公《中国近三百年学术史》，清华学校讲义铅排本。国家图书馆藏

时就寝。明日入京，须一来复乃归。暂阁笔。"所谓"一来复"，即一星期也，实际至二十五日方回，当天亦未属稿，次日始续之。至二十八日写金石学数段后，又因"明日入京"而"暂停"。用时八日。之前都只说"暂阁"或"暂阁笔"，此番与前不同，用了"暂停"二字，足见忙碌，以致后来再没能续成全篇了。

清华讲义铅排本 两册。上册，中国国家图书馆藏。书衣题"中国近三百年学术史"。存第一至十二讲(页一至页一二三,于毛西河条"后来惠定宇之易"下残缺)，正文第一页第一行"中国近三百年学术史"，第二行"新会梁启超讲"，第三行"第一讲 反动与先驱"，第一段末尾曰"所以定名为《近三百年学术概略》"，第二段末尾曰"也可以说是十七八九三个世纪的中国学术概略"，馀内容同讲义稿本。下册，陈贯一旧藏，今归仰顾山房。书衣题"中国三百年学术史"，存第十四至十七讲(页一二六至二六五)，即《清代学者整理旧学之总成绩》四讲，无最末"金石学"一节。

通过上述四种版本的比较，我们可以确定：

（一）任公一九二三年六七月间为南开大学暑期学校编的讲义，名"中国近三百年学术概略"，编成七讲。任公七月三十一日致张元济高梦旦函有"顷南开讲义将完"一句，则可知此部分讲义可能至八月初完成。有稿本，有南开讲义铅排本。

（二）同年九月任公讲学清华学校，讲授"中国近三百年学术史"，编成十二讲。其第一讲文字即直接借用南开大学暑期学校讲义第一讲之稿本，并稍作增补，第二、三、四讲为全新补作，第五至十二讲实亦据南开大学暑期学校讲义之第二至七讲内容调整、增补、扩充而成(第七讲《两畸儒》与《概略》之第四讲基本相同)。其中第二至十讲，九月至十二月作于清华；第十一与十二讲，未见写作时间与地点,但可以肯定的是:完成于一九二四年四月一日前。有稿本,有清华讲义铅排本。

(三)任公自四月一日至五月二十八日,除入京公干之外,前后用时三十五日完成"清代学者整理旧学之总成绩"四讲,入睡常在凌晨两三点。此四讲规模宏伟,材料充牣,任公信手拈出,取精用弘,纲举目张,俨然"禹疏九河,瀹济漯而注诸海"之势,诚如伍庄《梁任公先生行状》所谓"条理之分明,爬梳之得法,抉择之精确,疏释之发皇,能使学者读其书,省精力而获益多"。其中前三讲,同年六月至九月连载于《东方杂志》第二十一卷第十二、十三、十五至十八号。有稿本,有清华讲义铅排本,有杂志排印本。按,稿本《清代学者整理旧学之总成绩(四)·地理学》节眉批曰:"将来成稿时,此章改列《方志学》之下。"清华讲义铅排本可能随写随排,故今传本此节前后两讲皆脱;而《东方杂志》本也未收这最后一讲;民志书店本依据清华讲义铅排本,所以也缺此一节。直到中华书局编辑《饮冰室合集》,始据稿本补入,且移列《方志学》之下。

至于清华学校讲义稿本中为什么没有第十三讲,我们推测有两种可能:一种可能是为作"章实斋之史学"而预留的(任公称章实斋为"清代唯一之史学大师",又云"实斋学说,别为专篇");另一种可能是回津撰写"清代学者整理旧学之总成绩"时,偶忘了前一讲之序号。

一九二三年暑期,任公在南开讲学,九月即赴清华授课,因为这一年的暑期,原在南开担任教授的张彭春(张伯苓胞弟)受聘为清华学校教务长,同时兼任校课程委员会主任。张彭春到任伊始即延聘任公为国学部顾问,并商任公"讲演时间,草拟星四(三至五间,一星期)'群书概要'(七半至九半)、教职员讨论会、星五

(四至六)'近三百年学术史'"(《张彭春清华日记》八月七日),而当年秋季实际开设两门课为:一"近三百年学术史",授课时间为每周三晚七点半至九点半;二"群学概要",授课时间为隔周四晚七点半至九点半。

今有研究者谓任公一九二四年春讲学南开,著有《清代学者整理旧学之总成绩》。然据一九二四年四月二十三日任公致张元济函"顷著有《清代学者整理旧学之总成绩》一篇,本清华讲义中一部分",以及六月十三日《清华周刊》引任公自言"我这学年担任讲'近三百年中国学术史'"这两句文字,可知"清代学者整理旧学之总成绩"实为清华学校讲义之一部分,与南开大学固无涉也。

二

南开大学暑期学校讲义与清华学校讲义之铅排本,另外还有辅仁大学铅排本,都只是分发给上课的学生使用,算不得正式的出版。《学术史》这十几讲文字,起初大都是陆续刊发在不同的报纸、杂志上的。

一九二三年十一月八日,上海《时事新报》副刊《学灯》,刊载《反动与先驱》,即《学术史》第一讲,为《学术史》最早公开发表之一篇。此后十一月十四、十五、十六日刊载第二、三、四讲,十二月二十五日至二十八日连载第六讲。题后附编者按:"第五讲因寄时遗失,故先登第六讲,容将来再补罢!"一九二四年一月四、八、九日连载第十讲。其馀诸讲,未见刊出。

一九二三年十二月一日,《晨报五周年纪念增刊》刊载《清代政治之影响于学术者》一篇,即《学术史》第二、三、四讲"清代学术变迁与政治的影响"之上中下三篇。是年十一月,任公在北京师范大学国文学会讲演四次,其记录笔记名《清代政治与学术之交互的影响》,刊载于一九二四年一月北京师范大学国文学会编辑出版《国文学会丛刊》第一卷第二号,亦即《学术史》第二、三、四讲,文字稍有增补,内容亦偶有引申发挥。一九二四年十一月一日《青年友》第四卷第十一期刊《清代学术的变迁与政治的影响(上)》,卷首记者附言曰:"这篇东西,是从梁先生的《中国近三百年学术史》上摘下来的,很有研究的价值,所以就介绍给诸君。"一九二五年第五卷第一期刊《清代学术的变迁与政治的影响(中)》,同年《大亚杂志》十月号第三十六期刊《清代学术的变迁与政治的影响》,实即其"(下)"也。

一九二四年三月二日至六日,《晨报副镌》刊载《清学开山祖师之顾亭林》一篇,即《学术史》第六讲"清代经学之建设"中有关顾炎武之一部分。

一九二四年三月至十二月,《学术史》前十二讲于《山东教育月刊》第三卷第三号、第五六号、第七八号、第九号、第十号、第十一十二号上连载,且在第一讲前注明:"梁任公先生在清华学校讲演。"

一九二四年四月二十三日,任公致张元济函曰:"顷著有《清代学者整理旧学之总成绩》一篇,本清华讲义中一部分。……但原文太长,大约全篇在十万字以外,不审与《东方》编辑体例相符否?此文所分门类:一经学、二小学及音韵学、三校注古籍、四辨伪书、五辑佚书、六史学、七方志、八谱牒、九目录学、十地理、十一天算、十二音乐、十三金石、十四佛学、十五编类书、十六刻丛书、十七笔记、十八文集、十九官书、二十译书。……今先寄上经学、小学、音韵学之一部分。若谓可登，请即复书，当别为'小序'一篇冠于首也。"得《东方杂志》同意，任公即以五月七日写出"小序"，后即以《清代学者整理旧学之总成绩》为题，一九二四年六月至九月连载于《东方杂志》之第二十一卷第十二、十三、十五至十八号，内容包括成书时的第十三讲(经学、小学及音韵学)、第十四讲(校注古籍、辨伪书、辑佚书)、第十五讲(史学、方志学、传记谱牒学)。此部分内容，同题收入一九三三年十二月《东方文库续编》本单行，"小序"前冠以"绪言"二字。可惜任公拟的二十个门类，其中目录学、佛学、编类书、刻丛书、笔记、文集、官书、译书等八个门类并未撰写；金石学也只是起了个头而已；佛学只写了一行，又用墨笔画去。

一九二四年八月二十二日，任公回复史地学会同学函曰："现在因预备别项讲义，甚忙，未能详校。清华曾有印本，虽不备，亦可少供参考，今寄上一份，请斟酌校定便得。"据此可知，任公此前曾将《学术史》前十二讲付《史地学报》刊发，待他们请任公审定校样时，由于任公忙于其他讲义之编写，无暇顾及，即将清华学校讲义铅排本一册与之参考，且谓"斟酌校定便得"。此部分后于一九二四年四月至一九二五年十月连载于《史地学报》第三卷第一、二合期、第三至八期，但第三卷第一、二合期实际刊出的时间，应该是在本年八月之后矣。

一九二六年七月，上海民志书店正式出版《中国近三百年学术史》全本，一册。版权页署"民国拾五年七月出版，民国拾八年十月四版"，然查检各大图书馆，皆只有一九二九年之第四版，未见前三版；且不惟如此，该出版社名下出版之图书，也仅见此一种而已。惜此本排校错讹稍多。按,据钱穆《师友杂忆》记载,一九三一年任北大历史系教席时,决定开设"近三百年学术史"课,考虑到任公曾讲授过同名课程,拟买《学术史》来参考。闻有某书肆印此书,但梁家人以为该书"乃任公未定稿,版权所属,不准书肆发行"。求之不得。"或人告余,可赴东安市场,在某一街道中,有一书估坐一柜上,柜前一小桌,可径授与八毛钱,彼即在其所坐柜内取出一纸包授汝,可勿问,亦勿展视,即任公此书也",钱穆果以此法得之。所得者,很可能就是民志书店本。此书版权页署"民国拾五年七月出版"字样,估计也是为显示曾得任公授权之障眼法耳。

一九二七年一月,上海群学社出版许啸天编《国故学讨论集》四集,其中第二集收入《中国近三百年学术史》第一至四讲,署名后注"在清华学校讲",系据清华(或辅仁)讲义本收入。

一九三六年一月,中华书局《饮冰室合集》之"文集"十六册出版;三月,"专集"二十四册出版。此即任公著作后来最为通行之版本也。此版《学术史》据清华讲义铅排本排校收入,虽改正了一小部分错讹,同时却又新增了一小部分错讹。且一改之前全式标点为简单句读,虽引号保留,但删去书名、人名、地名等专名号,反而增加了阅读理解之难度;又删去着重号,且改叹号、问号为句读符,尽失任公行文之情感。但这种版式以及标点符号,较之十年前乙丑重编本之聚珍仿宋版《饮冰室文集》,去之远矣!至为可惜!此本一九三七年六月再版,一九四一年一月三版。台北中华书局一九五八年六月据《合集》本影印,末附录《明清之交中国思想界及其代表人物》一文,称台二版,一九七八年九月九版,至今闻已有十数版矣。

一九四二年六月,日本东京人文阁出版了岩田贞雄的日译本,书名作"支那近世学术史"。译者序曰:"本书是梁启超著

《中国近三百年学术史》的全译本。……作为当时唯一最高的清代学术研究家,他倾其所学为此著述,明快把握时代思潮的动向及主流的同时,还列举学界各方面状况及成果等等,且毫无缺憾。……在世界动乱之下,本书作为真挚的、为了中国研究者而辑录的文化丛书中的一册,绝非无益。"评价洵可谓贴切矣。

一九四三年八月,重庆中华书局重排任公专著六种单行,《学术史》列第一。金兆梓《梁著六种重版序》曰:"夫近三百年来之学者,诚已本科学方法将我国数千年来之文化遗产为澈底之整理矣。国人不欲享受此无尽藏之遗产则已,苟欲之,则任公先生是书实其唯一之橐钥。……今日者借史学,振民气,已定为国是。余之此举,其或亦不无涓埃之效乎!"此本据《饮冰室合集》本重排重校,于原书明显之错讹略有校改,然终因未能据原稿校正,所改固亦不免有任臆之失。此本一九四四年四月再版。

此后四十年间,大陆再无印本。直到一九八五年九月,复旦大学出版社出版了朱维铮先生校注的《梁启超论清学史二种》,内收《清代学术概论》与《中国近三百年学术史》。朱先生以《饮冰室合集》作底本,校正原书不少讹误,对全书提及之人物而原书内未有小传者作了注释,并就原书内史实、概念等有疑问处,详加考案,用力甚深。只可惜条件所限,朱先生当年未能见到清华学校讲义本,更无法看到稿本,所以对其中的一些错讹进行了较为严厉的批评,所言虽是,但实非任公之失;再者,有些校改未曾出校说明,且亦偶有随意改变任公所处时代用语习惯之现象。

二〇一一年十二月,商务印书馆出版了夏晓虹、陆胤的新校本。其校订说明曰:"本次校订,遵循早出讲义本、报刊本为先的原则:(一)第一讲至第十二讲,见于'清华学校讲义'的部分,以

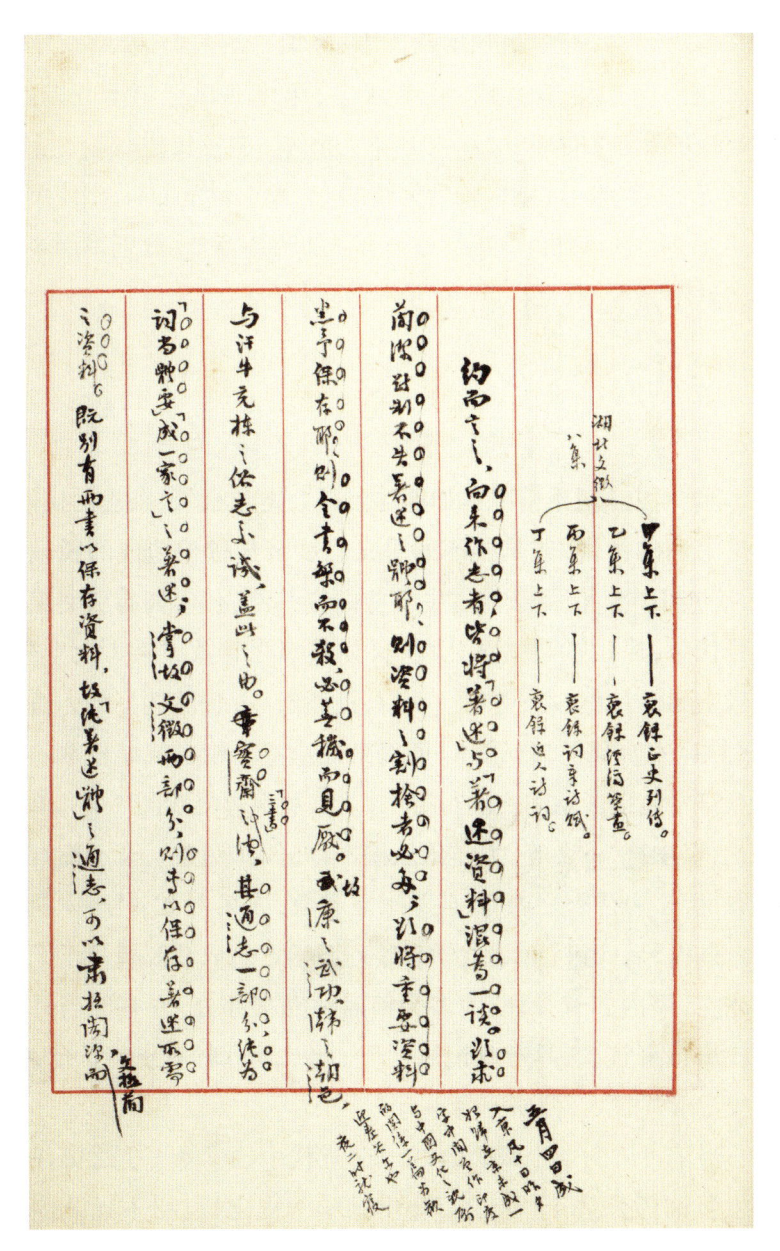

梁任公《中国近三百年学术史》第十五讲，稿本。国家图书馆藏

讲义本为底本,参校报刊本及民志、合集二本;国图藏讲义本有缺页,补以《史地学报》转载本。(二)第十三讲至第十五讲,见于《东方杂志》的部分,以报刊本为底本,参校民志、《合集》二本。(三)其馀部分,则以较为完整的《合集》本为底本,参校民志本。"后列"校订凡例"五条。《学术史》的各章节,分别采用不同的文献作底本,感觉有点"百衲本"的味道了。

三

《学术史》版本情况具如前述。任公寄与报纸、杂志的稿件,或是书佣的钞件,或是排印的讲义。钞录与排校造成的脱讹衍倒,确实不少。但由于稿本中有些内容并不完善,如有引文用省略号代替,眉批钞某书某几页;又如某书之卷数或某人之生卒、字号空阙,眉批查之;等等。所以,此番校订,仍然选择最为通行的《饮冰室合集》本为底本,而以其他众本为校本或参校本。其标点符号包括段意间之隔行符"＊"以及字旁之双圈"◎"、单圈"○"、着重符"·"等,大体依从稿本,亦偶作调整。至于稿本中之眉批,多为待查之内容,或某书之卷数,或某人之字号,体现撰写之过程;后四讲暨《清代学者整理旧学之总成绩》,撰写于天津饮冰室,稿内多有批注,大多为何时写完某部分,亦有记当时来访或出行事宜者,具有日记之性质;此二部分颇有史料价值,兹以校记形式收入,俾研究者参考。

当年听讲的学生张荫麟,曾作《近代中国学术史上之梁任公先生》,谓任公关于"近三百年中国学术史之探讨,不独开辟新领土,抑且饶于新收获,此实为其不朽之盛业"!近二十馀年来,

《学术史》又出现了几十种不同的排印本,足见任公此书学术价值与永恒魅力之所在。——然鲁鱼帝虎,以讹传讹,其幸欤?其不幸欤?今兹整理,对《合集》本之脱讹衍倒,一一校订:脱者补之,讹者正之,衍者删之,倒者乙之。区区之志,冀为任公此一巨帙,多扫去一些"落叶"耳。

校订工作,琐碎而细致,然由于未得连续之时间,虽云"尽心焉耳",亦不免顾此而失彼。校书异于校史,盖任公论述三百年间人事学理,直陈其大醇,未究其细节,容有与史乖互之处。凡百小疵,多仍旧贯,殆非校订之主旨也。数年心力,萃此一编;尽善尽美,俟诸来者。

己亥仲秋,个厂于仰顾山房。

是书印行半年,先后得清华学校讲义铅排本下册与《张彭春清华日记》(台北开源书局二〇二〇年三月),复稍作增饰。年初疫情肆虐,闭门无聊,爰取《中国近三百年学术概略》与《清代学术概论》,校订一过,多有与本书互为发明处,读者于此亦可窨其变化之机也。

庚子五月朔,夏至。

(原载《中华读书报》2019年12月18日,后作为"校订说明"冠诸中华书局2020年版该书卷首,重印时有增订。此据增订本收入)

《清代学术概论》之撰著始末及其增删改写

弁 言

一九一八年十二月,梁任公与蒋百里、丁文江、张君劢等以"私人资格"出游欧洲,考察英、法、德、比利时、意大利、荷兰、瑞士诸国,与各国政治家、外交家、社会名流、著名学者等多有交流。任公切身感受到当时欧洲社会政治动荡、经济萧条、物资匮乏等严峻现实,使其思想见解与之前发生较大之变化。

一九二〇年三月,任公归国,即作《欧游心影录》。其第十三节《中国人对于世界文明之大责任》写到:

> 是拿西洋的文明来扩充我的文明,又拿我的文明去补助西洋的文明,叫他化合起来成一种新文明。……近来西洋学者,许多都想输入些东方文明,令他们得些调剂,我子细想来,我们实在有这个资格。……所以我希望我们可爱的青年:第一步,要人人存一个尊重爱护本国文化的诚意;第二步,要用那西洋人研究学问的方法去研究他,得他的真相;第三步,把自己的文化综合起来,还拿别人的补助他,叫他起一种化合作用,成了一个新文化系统;第四步,把这新系统往外扩充,叫人类全体都得着他好处。

《梁任公先生年谱长编》民国九年条有曰：

> 先生这次归来后，对于国家问题和个人事业完全改变其旧日的方针和态度，所以此后绝对放弃上层的政治活动，惟用全力从事于培植国民实际基础的教育事业，计是年所着手的事业有承办中国公学、组织共学社、发起讲学社、整顿《改造》杂志、发起中比贸易公司和国民动议制宪运动等数事。

可以说《欧游心影录》是其思想转变之真实记录，以致发表后所造成的影响，"在国内确曾替反科学的势力助长不少的威风"（胡适《丁文江的传记》），甚至使得任公生发出"科学破产与中国思想足救世界之感想"（杨杏佛《民国十三年之学术观》）。

康有为早年曾批评任公"流质易变"（《与任弟书》），而任公一生行事，确多变化，世人亦以"善变"目之。任公曰："大丈夫行事，磊磊落落，行吾心之所志，必求至而后已焉。若夫其方法随时与境而变，随吾脑识之发达而变，百变不离其宗，但有所宗，斯变而非变也，此乃所以磊磊落落也。"又曰："变者，古今之公理也。……上下千岁，无时不变，无事不变，公理有固然，非夫人之为也！"（《变法通议·自序》）所谓"百变不离其宗"、"斯变而非变"云者，盖亦时代之变迁而社会风尚之所趋使然也。

任公《清代学术概论》亦自剖曰：

> 启超既日倡革命排满共和之论，而其师康有为深不谓然，屡责备之，继以婉劝，两年间函札数万言。启超亦不慊

于当时革命家之所为,惩羹而吹齑,持论稍变矣。然其保守性与进取性常交战于胸中,随感情而发,所执往往前后相矛盾。尝自言曰:"不惜以今日之我,难昔日之我。"世多以此为诟病,而其言论之效力亦往往相消,盖生性之弱点然矣。

任公"今是而昨非"的性格,也使得他在清末民初之变革大潮流中,不为社会淘汰,不被历史沦弃。且将自身三十年之经历与思想之变化,融入时代之洪流,借为蒋百里《欧洲文艺复兴史》作序之机,"取吾史中类似之时代相印证",不料而成此一生得意之作,虽有偶然之因素,实亦必然之结果。胡适也曾评价说"今日亦只有他能作这样聪明的著述"(一九二一年五月二日日记)。然而也正是任公这第一名著,其撰著之时间与夫修改之过程,以及文字之异同、评述之转化,亦具其善变之特质焉。

一、近因与远因

蒋百里与诸人同游欧洲,自谓往求"曙光",归作《欧洲文艺复兴史》。百里所谓之"曙光",一则曰人之发现,再者曰世界之发现,书成,即向任公索序。任公曰:"文艺复兴者,由复古得解放也。果尔,吾前清一代,亦庶类之。吾试言吾国之文艺复兴而校其所以不如人之故,可乎?"孰意"下笔不能自休",待序言初成,其篇幅竟与《欧洲文艺复兴史》相埒,盖"天下固无此序体,不得已宣告独立",自定名曰《清代学术概论》,而反过来求百里为作序矣。此近因也。

任公于《清代学术概论·第二自序》里说道:"久抱著《中国

学术史》之志。"当一九〇二年,有《新史学》,曰:"黄梨洲著《明儒学案》,史家未曾有之盛业也。中国数千年,惟有政治史,而其他一无所闻。梨洲乃创为学史之格,使后人能师其意。"后有《论中国学术思想变迁之大势》,提出:"学术思想之在一国,犹人之有精神也,而政事、法律、风俗及历史上种种之现象,则其形质也。故欲觇其国文野强弱之程度如何,必于学术思想焉求之。"在《清代学术概论》里,任公亦分析"思想蜕变之枢机"、"政制之蜕变"、"学派之蜕变"等诸多因素。纵观任公前后之论述,好言"变迁",好言"蜕变",好言"变迁蜕变"之学术思想,故曰:中国之有学术史,自梨洲始;中国之有学术思想史,则自任公始。

任公亲历晚清而入民国,处"三千年未有之大变局"之际,二三十年间,其为政也,维新、保皇、共和、立宪;其为学也,自"彼西方美人""为我家育宁馨儿以亢我宗",至"吾感谢吾先民之饷遗我者至厚,吾觉有极灿烂庄严之将来横于吾前"。其法不一,意实一也,诚如《论中国学术思想变迁之大势》第一章总论所言:

　　吾爱我祖国,吾爱我同胞之国民。
　　吾惟患本国学术思想之不发明。
　　欲唤起同胞之爱国心也。

此种思想,贯穿终始。而其所经历,政治与学术之交互的影响,殆有与清初时代相仿佛者,故任公亦好言清初学人,且又特别属意顾亭林、黄梨洲、王船山、颜习斋、朱舜水五人,称为"清初五大师"。一九二三年夏作《中国近三百年学术概略》,专章分述;秋

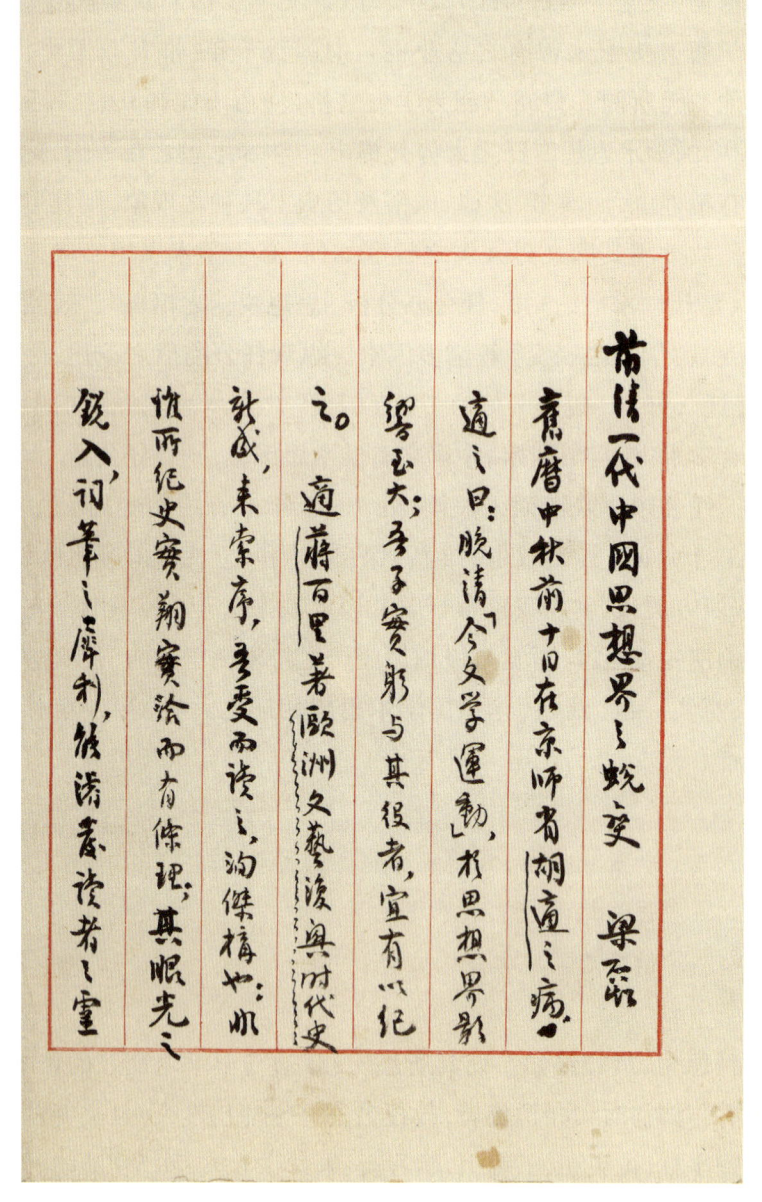

前清一代中国思想界之蜕变　梁启超

鼎革中秋前十日在京师苦胡适之病

适之曰：晚清"今文学运动"于思想界影

响至大，乃于其影与其役者，宜有以纪

之。适蒋百里著《欧洲文艺复兴与时代史

就成，来索序，吾受而读之，询杰搆也，顾

惊所纪史实翔实途而有条理，其眼光之

锐入词笔之犀利，俊清吾读者之堂

梁任公《清代学术概论》卷首，稿本。国家图书馆藏

冬间，又为北京平民中学演讲，题为"清初五大师学术梗概"，演讲之前，平民中学陈宝泉（字筱庄）校长致辞，有"今天的讲演，是以清末的大师，讲清初的大师"云云。任公解释道：

> 我虽然愧不敢当，但是这五位大师所处的时代情形，的确有许多和现代相同的地方。他们都是生于乱世，自己造成一派学说，想来引导当世的人。那末，就很像现在的中国，一方面国事紊乱到极点，一方面有一般人讲这个主义，谈那个学说，都是"异代同符"的。

这种"异代同符"的经历，使得他对"清初五大师"的认识，最为深入，最为透彻，所叙所论，也最为感人。任公说：

> 为学之道，人格在第一层，学问在第二层。只要人格伟大，便学术差一点也不相干；反是，则学问虽佳，终于无用。
> 为学之道，以培养人格为第一要义，读书次之。只要人格伟大，纵然著述无多，也有足传的价值。反是，纵然读书万卷，而人格无可观采，其学终归无用。

人格第一，学问第二，这就是任公在《清代学术概论》里觇缕述及的"精神"二字之深义！此远因之一也。

任公于一九二○年十月十四日所作《自序》，第六条谓"自属稿至脱稿，费十五日"，则撰作始于九月二十九日或三十日；其在十月四日有与张东荪一函曰：

本拟南下迎罗素，顷方为一文，为《改造》作，然已哀然成一书矣，约五六万言。题为《前清一代中国思想界之蜕变》，颇得意。今方得半，一出游又恐中辍，决作罢矣。尚有一文债未了，则张三先生寿文也。连作带写，非三四日之功不可。

按，《前清一代中国思想界之蜕变》即《清代学术概论》之初名。任公同时作文，且寿文"连作带写，非三四日之功不可"，在这种状态下，犹能以前后十五日作如此规模之梳理，提挈纲领，条分缕析，清二百数十年间学术思想之变迁，厘然毕陈。

先是一九一七年十一月，任公辞去段祺瑞内阁财政总长之职，退出政界，勤于碑刻之学。次年春夏间，"屏弃百事，专致力于《通史》之作"（《梁任公先生年谱长编》一九一八年条）。同时，为家中儿辈讲清代学术流别。

一九一八年七月十八日与仲弟梁启勋函曰：

一月来为儿曹讲"学术流别"，思顺所记讲义已哀然成巨帙（《史稿》仅续成八十馀叶耳），惜能领解者少耳。

七月二十七日又曰：

吾为群童讲演已月馀，颇有对牛弹琴之感。尚馀一来复，"学术源流"（吾所讲却与南海有不同）卒业矣。来复二将讲"前清一代学术"，弟盍来一听，当有趣味也。

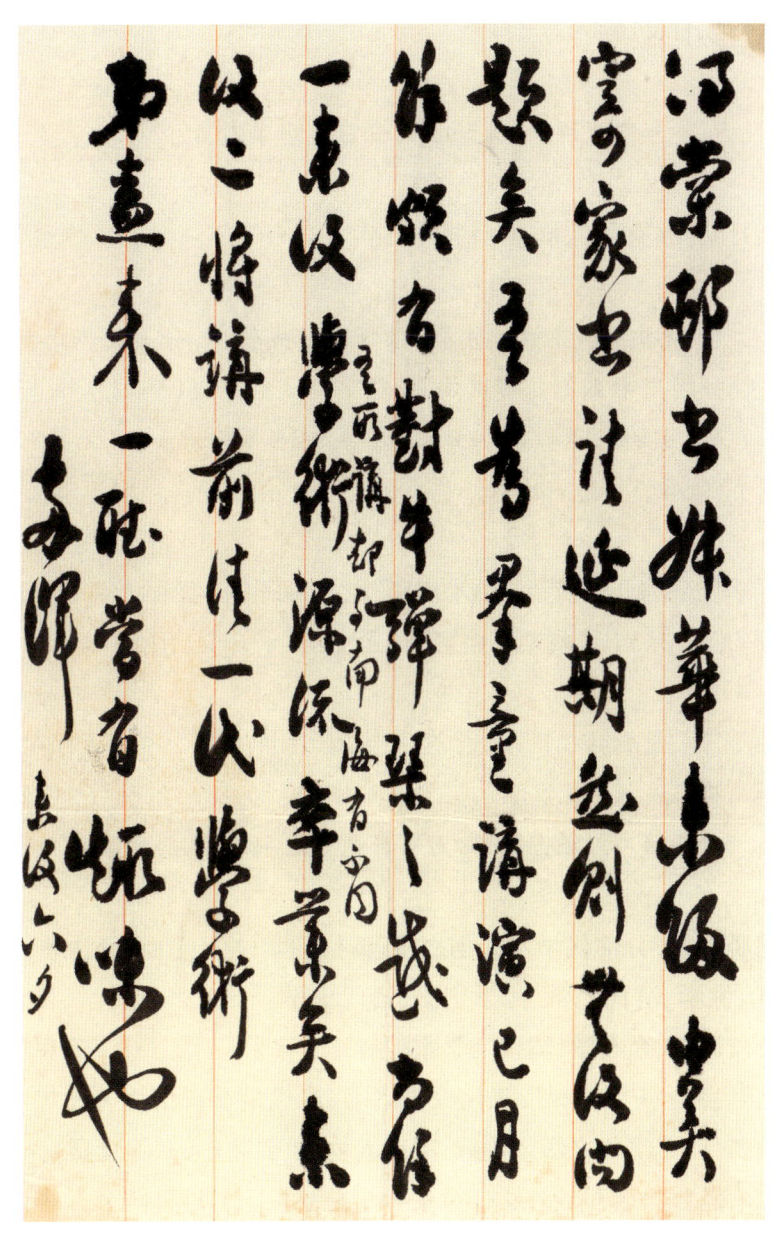

梁任公致仲弟函，一九一八年七月二十七日。载《南长街54号梁氏档案》

八月二日又曰：

> 为群儿讲"学术流别"，三日后当了。

七月间，亦有与陈叔通函曰：

> 《史稿》亦赓续无间，惟每日所成较少，一因炎热稍疲，一因上半日为儿曹讲学，操觚之晷刻益少也。（讲题为"国学流别"，小女录讲义已裒然成巨帙，为新学小生粗知崖略，殆甚有益，惜不堪问世耳。）

所幸任公为儿辈所讲"学术流别"之大纲手迹，犹存天壤。曾现身"南长街54号藏梁氏档案"拍卖专场，末有梁启勋跋曰：

> 此册共二十七纸，前廿六篇乃七年戊午之夏，伯兄在天津家居与儿曹讲学之备忘录。由今观之，实《清代学术概论》之胚胎矣。纸上涂鸦，乃当日儿曹之手笔。

此册内容，分清代学术开创之祖、清代理学（程朱派、陆王派、新派、别派）、佛学、清代经学、经学别派、清代史学、地理学、天算学、目录及校勘学、金石学、清代文学家（古文家、骈体文家、诗家、词家）、新思想之开发者、广东先辈、清代编撰诸书、清代最有价值之著述等十数名目，于清代之学术流派、关键人物、重要著作，基本囊括。

任公自己虽说"颇有对牛弹琴之感"，且"每日既分一半光阴与彼辈，亦致可惜"（八月二日与仲弟函），但宜有此前期之准备，方能为蒋百里《欧洲文艺复兴史》作序时,分章设置,前呼后应,下笔之际,文思泉涌,滔滔汩汩,浊浪排空!此远因之二也。

任公《三十自述》曰:

> (康有为)先生为讲中国数千年来学术源流,历史政治沿革得失,取万国以比例推断之,余与诸同学日札记其讲义,一生学问之得力,皆在此年。……日课则《宋元》、《明儒学案》、《二十四史》、《文献通考》等,而草堂颇有藏书,得恣涉猎,学稍进矣。

又《南海先生七十寿言》亦曰:

> 先生每逾午,则升坐讲古今学术源流,每讲辄历二三小时,讲者忘倦,听者亦忘倦。每听一度,则各各欢喜踊跃,自以为有所创获。退省则醰醰然有味,历久而弥永也。

梁启勋晚年回忆当年与任公在万木草堂听康有为讲课之情况,曰:"我们最感兴趣的是先生所讲的'学术源流'。'学术源流'是把儒、墨、法、道等所谓九流,以及汉代的考证学、宋代的理学,历举其源流派别,……皆源源本本,列举其纲要。每个月讲三四次不等,先期贴出通告:'今日讲学术源流。'先生对讲'学术源流'颇有兴趣,一讲就四五个钟头。"(《万木草堂回忆》)上所引任公七月二十七日与仲弟函,所谓"吾所讲却与南海有不同",则亦是远绍当年万木草堂旧事,故任公之好言学术史,实是受康氏之影响。此远因之三也。

有三远因之积累，而遇一近因之激发，始得此百年之经典。任公之爱吾国民也厚矣，"献身甘作万矢的，著论求为百世师"，良有以也。

二、初稿与定稿

任公曾说："旧历中秋前十日在京师省胡适之病，适之曰：'晚清"今文学运动"，于思想界影响至大；吾子实躬与其役者，宜有以纪之。'"（稿本《自序》）"旧历中秋前十日"是一九二〇年九月十六日，然二十六日任公复胡适函，有"昨谭快慰。……晚清今文学运动拟即草一篇，草成当麈教"云，则任公访胡适当在九月二十五日（据夏晓虹先生考证，"前十日"应为"前一日"之误）。

与此同时，蒋百里《欧洲文艺复兴史》完成，即向任公索序。任公《自序》说道：

> 吾觉泛泛为一序，无以益其善美，计不如取吾史中类似之时代相印证焉，庶可以校彼我之短长而自淬厉也。乃与约，作此文以代序。既而下笔不能自休，遂成数万言，篇幅几与原书埒。天下古今，固无此等序文。脱稿后，只得对于蒋书，宣告独立矣。

《自序》第六条曰：

> 自属稿至脱稿，费十五日。稿成即以寄《改造》杂志应期出版，更无馀裕覆勘，舛漏当甚多，惟读者教之。

《自序》落款时间为"民国九年十月十四日",写好即寄《改造》杂志,于第三卷第三号(十一月十五日)、第四号(十二月十五日)、第五号(一九二一年一月十五日)连载。

《改造》连载之文,名曰《前清一代中国思想界之蜕变》;连载未竟,商务印书馆即着手单行本之排版矣。任公一九二〇年十一月二十九日作《第二自序》,曰:

> 本书属稿之始,本为他书作序,非独立著一书也,故其体例不自惬者甚多。既已成编,即复亟于改作;故不名曰"清代学术史",而名曰"清代学术概论"。

其实早在成稿之际,任公即请友朋校正。十月十八日有与胡适函曰:

> 公前责以宜为今文学运动之记述,归即属稿,通论清代学术,正再钞一副本,专乞公评骘。得百里书,知公已见矣。关于此问题资料,公所知当比我尤多,见解亦必多独到处,极欲得公一长函为之批评(亦以此要求百里),既以裨益我,且使读者增一层兴味。若公病体未平复,则不敢请。倘可以从事笔墨,望弗吝教。

任公非常希望得到胡适的意见,知胡适"已见"书稿,极欲得其"一长函为之批评"。后果得胡适长函,任公十二月十八日又与胡适函曰:

> 前得病中复我长笺,感谢之至。……清代思想一文已如公所教,悉为改正,所以惠我者良多矣。……第二书所示各节恐不及改正,因原书久已付印,将成也。

由于胡适长笺迄今未有发现,且任公《第二自序》所谓"蒋方震、林志钧、胡适三君,各有所是正;乃采其说增加三节,改正数十处。三君之说,不复具引,非敢掠美,为行文避枝蔓而已",则具体吸取了哪些意见,确实难以详按。

《清代学术概论》单行本于一九二一年二月正式出版,胡适五月二日日记写道:

> 车中读梁任公先生的《清代学术概论》。此书的原稿,我先见过,当时曾把我的意见写给任公,后来任公略有所补正。《改造》登出之稿之后半已与原稿不同。此次付印,另加惠栋一章,戴氏后学一章,章炳麟一章,皆原稿所无。此外,如毛西河一节,略有褒词;袁枚一节全删;姚际恒与崔适的加入,皆是我的意见。

这个说明反映了长笺内所言意见为任公所采纳者数处,而惠栋、戴氏后学、章炳麟三章,实关大体。玩味此段文辞,则"此次付印"后所列诸项之增删改写,"皆是"胡适的"意见"——建议。

我们知道,胡适的学生顾颉刚先生曾于一九一六年休学家居期间,作《清代著述考》(又名《清籍考》),编列五百馀人。顾先生说:

用时代分目录的计划到这时很想把它实现，就先从材料最丰富的清代做起。《书目答问》的《国朝著述诸家姓名略》是一个很好的底子，又补加了若干家，依学术的派别分作者，在作者的名下列著述，按著述的版本见存佚，并集录作者的自序及他人的批评，名为《清代著述考》。(《古史辨第一册自序》)

也就在一九二〇年秋，胡适向顾先生借观此书。十一月间，胡适有与顾先生函曰："你的《清籍考》内没有姚际恒。此人亦是一个狠大胆的人。我想寻求他的《九经通论》，不知此书有何版本？你若知道，请你告我。"同月二十三日又曰："你在《浙江通志》钞出的一条确是非常重要，因为我们可以知道《九经通论》是多大一部书。"按，胡适至少到一九二一年二月初还未看到姚氏书（二月三日与青木正儿函，有"姚际恒的《诗经通论》，我也访着一部，尚未寄到北京"云）。

任公十月十八日与胡适函谓"正再钞一副本"——既曰"再钞"，则外间已有"一副本"也；又谓"得百里书，知公已见"，则胡适其时当已得见此"一副本"矣。百里书作于何时，虽不可考。但是，十月十六日，顾先生访胡适，胡适定是将此"一副本"付顾先生阅读矣。次日，顾先生致函胡适曰：

昨归后读梁先生文，其符号有误处缺处，稍为补正。至句读间则误处甚多，未能尽改。又文字间有误处及疑难处，未敢径改，谨签出。

梁先生此文，说启蒙期及蜕分期甚好，但说全盛期除了戴震一传之外，不过钞些《书目答问》及《訄书·清儒篇》语，不能拿精要处纲举目张。这实在因为全盛时的著作太

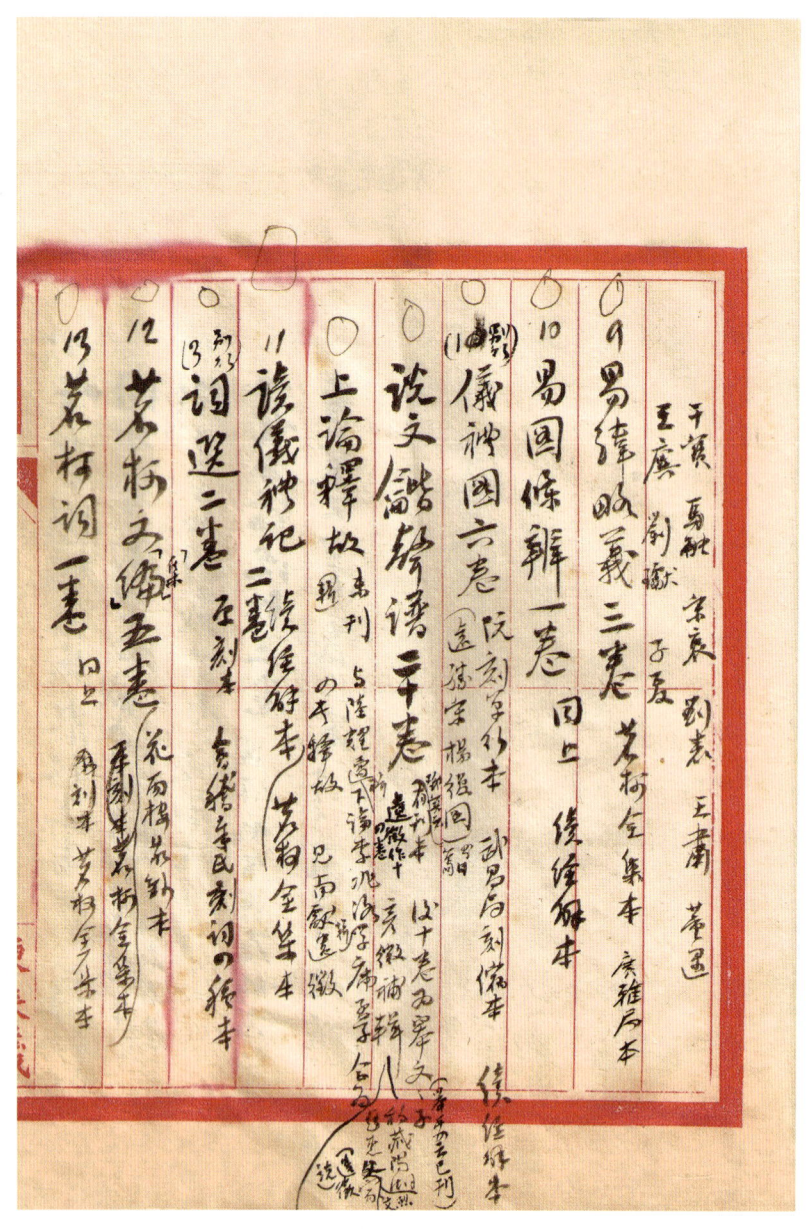

顾颉刚《清代著述考》，稿本。顾潮供图。载《顾颉刚全集》第五十六册

精密广大了,必不是短时间像两个礼拜所能做的。

从"文字间有误处及疑难处,未敢径改,谨签出"来看,顾先生看到的应该就是这"一副本"(因《改造》杂志十月十五日刊出第一期,内容仅启蒙期耳,这里却讲到了全盛期、蜕分期)。

十月二十八日,顾先生又与胡适函曰:

先生说清学极盛时期,为汉学家专断,思想锢蔽,无甚可记。这在经学上固然如此,在史学上则极盛期实在有进步。……那时汪中的《述学》,想做一部学术史;章学诚的《文史通义》,又是很好的一部史学研究法,这都是可记的。梁先生的文里,只说章学诚可比刘知几,其实刘确比不上章。刘的《史通》,只是讲了作史的方法,依据了这一部书去做史,做出来只是一部老式史。章的《文史通义》,更讲到史学所由成之故,与研究之道何从,很可称为科学的史学,这才是真史学。从前的时候,看学术的分类,便是书籍的分类;书籍的分类是经史子集,所以学术的分类也是如此;都看作很固定的。自从章氏出来,说"六经皆史","诸子与六经相表里","文集为诸子之衰",拿隔人眼目的藩篱都打破了,教学者从他们的学术思想的异同上去求分类,不要在书籍形式上去求分类,这在当时实在是可惊的见解。这不能不看做清代史学特别发达的结果。可惜那时学者为琐碎的考证束缚住了,不能懂得他的意思,所以那书虽是刻了,竟无声无息了近一百年。直到欧化进来,大家受了些科学的影响,又是对于外国学术的条理明晰,自看有愧,发生了"整理国故"的心思,始由章太炎先生等大昌其学。

　　章太炎先生的学术思想,在社会上也很有势力。梁先生文中叙得极略,我疑心他是门户之见。章先生与学风的关系有几项:(1)明白标出"整理国故"的旗帜;(2)集音韵学之大成,促注音字母的进行;(3)对于今文学派的狂妄加以攻击:这里边固然也有门户之见,但若不经他这么一来,孔教真要定做国教,流行的程度也必然比现在利害;康有为、廖平的著作,未始不是汉代的谶纬了。

　　我前五年写《清代著述考》时,对于清代学术的统系关系,颇有见及。可惜那时没有记出,到现在荒疏了几年,大都遗忘。将来续撰时当另立一册记出,豫备将来作此书序言之用。

顾先生之所以能一气说出这么多关系与认识来,一则源自编撰《清代著述考》时的资料准备,再则顾先生于一九一九年一月亦曾作《中国近来学术思想界的变迁观》长文,做过一番梳理。

　　胡适与顾先生此两月内之往还书信,除了探讨姚际恒《九经通论》外,还涉及姚氏《古今伪书考》与林春溥《竹柏山房丛书》。这两书信息,定稿本内任公是以朱笔补入的。其间,胡适先后写两通长笺,将疑问提出,供任公参酌。

　　从胡适日记反推可知,任公得第一长笺时,《改造》本已经连载两期,无法改正(第四号内无惠栋一节可知),而后《改造》本第五号文字(第二十章起)已据第一长笺修改矣。任公十二月十八日复胡适函,谓"第二书所示各节恐不及改正,因原书久已付印,将成也",而这个"久已付印"的当是《改造》本第五号文字;待商务印书馆改排为专著单行的时候,任公又吸收了胡适第二长笺之"意见"。

《清代学术概论》稿本今存中国国家图书馆,金镶玉线装四册,足见任公对该稿本之重视。稿内朱墨灿然,触手如新。且与《改造》本文字对勘(包括增插篇章带来的序号变化),基本可以梳理出从《前清一代中国思想界之蜕变》到《清代学术概论》之间的增删改写。而此稿本,即任公之最终定稿也。

但是,从修订后的定稿本,再到商务印书馆一九二一年二月印行的《共学社史学丛书》本,除了手民之讹外,犹有几处明显改动,似也有探求之必要。兹举一例为说。

第二章讲清代思潮:

> 正统派之中坚,在皖与吴;开吴者惠,开皖者戴。……震之在乡里,衍其学者,有金榜、程瑶田、凌廷堪、三胡——匡衷、培翚、承珙——等。

这里三胡内之"承珙",稿本、《改造》本与之同,但《共学社史学丛书》本却改作了"春乔"。按,章太炎《訄书·清儒》:"三胡者,匡衷、承珙、培翚也,皆善治《礼》。"而"春乔"为胡秉虔字,亦是绩溪人,为匡衷之侄、培翚之堂叔。任公早年作《论中国学术思想变迁之大势》:"乾嘉间学者以识字为求学第一义,自戴氏始也。其乡里同学……后有凌次仲(廷堪)及三胡(匡衷、承珙、培翚),咸善治《礼》。"一九二四年作《近代学风之地理的分布》八安徽:"绩溪胡朴斋(匡衷)生雍乾之交,其学大端与双池、慎修相近。以传其孙竹村(培翚)、子继(培系)。竹村与泾县胡墨庄(承珙)同时齐名,墨庄亦自绩迁泾也,时称'绩溪三胡'。……绩溪诸胡多才,最近更有胡适之(适)云。"看来,任公对绩溪三胡原本似未曾错乱,但其一九二〇年十月十八日与胡适函,却问道:"朴斋、竹村、春乔三先生,于公为何辈行。乞见告。"《共学社史学丛书》本以"春乔"替"承珙",任公这一改动,或即出胡适长笺之意。

蔡元培于一九一八年给胡适《中国古代哲学史》作序时,写到:"胡适先生生于世传汉学的绩溪胡氏,禀有汉学的遗传性。"胡适一九一九年八月二十三日日记:

> 胡匡衷,字朴斋。为胡培翚之祖。
> 胡秉虔,字春乔。
> 胡培翚,字竹村。

胡适晚年亦曾有手书一纸曰:"经解三胡:胡秉虔,胡匡衷,胡培翚。"当然,绩溪胡氏有三支(尚书胡,明经胡,金紫胡),胡适为明经胡,与金紫胡之胡匡衷并非一支。《胡适口述自传》:"蔡先生指出绩溪胡氏是有家学渊源的,尤其是十八九世纪之间清乾嘉之际,学者如胡培翚及其先人们,都是知名的学者。……但是这个世居绩溪城内的胡家,与我家并非同宗。"

此章说到胡适时,稿本原作:"而绩溪三胡之裔有胡适者,守家法至笃,俨然正统派之硕果焉。"《改造》本刊出时,改作"而绩溪诸胡而后有胡适者,颇能守清儒治学方法,俨然正统派之硕果焉"。上述两条,一则未用"三胡";二则前谓"守家法至笃",后谓"守清儒治学方法"。"守家法"云云,更为胡适所不敢当。故至商务印书馆单行本,则又改作"而绩溪诸胡之后有胡适者,亦用清儒方法治学,有正统派遗风"云。关于胡适的三句话,稿本、

《改造》本、《共学社史学丛书》本居然出现了三种不同的表述。而这些措辞之改易,或是采用了胡适长笺的建议,亦或是任公对胡适治学方法不断增进认识之后而作出的,所以颇值得玩味。

三、附书与附录

任公《第二自序》说,"久抱著《中国学术史》之志",拟分五部分,一先秦学术,二两汉六朝经学及魏晋玄学,三隋唐佛学,四宋明理学,五清代学术,现在清学脱稿,且蒙"诸朋好益相督责",所以"欲以一年内成此五部","今所从事者则佛学之部,名曰《中国佛学史》,草创正半"。

在《清代学术概论》之商务印书馆《共学社史学丛书》本的版权页上,即已登出《中国佛学史》上卷的广告:

> 梁任公先生所著《中国学术史》凡五种,《清代学术概论》其第五种也。馀四种拟于本年内完成,现已脱稿付印者为第三种《中国佛学史》之上卷,凡十万言,分五大章。

旁注:"在印刷中,不日出版。"可惜,实际并没有正式完成。当然,关于佛学的文章,后乙丑重编《饮冰室文集》收入多篇,并还有一些遗稿留存。不过,从任公后来为《梁任公近著第一辑》所作叙来看,他欧游回国后的着力点除佛学之外,还有《孔子学案》、《老子哲学》、《墨子学案》、《墨经校释》等。

据《梁任公先生年谱长编》,自一九二〇年下半年至一九二二年底,任公先后在清华、南开、东南诸学校开《国学小史》、《中国文化史》《中国政治思想史》诸课；同时进行全国式的巡回讲演，终至累出"心脏病"。一九二三年一月二十日在《晨报》刊登《启事》，谓"遵医命，闭门养疴，三个月内不能见客。无论何界人士枉顾者，恕不会面"云。四五月间，又至北京翠微山养病。

一九二三年四月三日，任公与张菊生函曰：

> 顷欲辑"清儒学案"，先成数家以问世。其第一家即戴东原，现将脱稿，故欲知此书来历也。高邮王氏父子文集，闻有刻本，尊处有之否？又李先生(因笃)《受祺堂集》、潘稼堂(耒)《遂初堂集》、王山史(宏撰)《山志》、傅青主《霜红龛集》(以上四书能代觅购尤感)皆有否？

今中国国家图书馆藏有任公《备忘目录》稿本，署"癸亥"，即一九二三年。以人为目，列字号、著述、学术、交友等极简单材料；另有《清儒学案未定稿》《清儒学案年表》稿本两册。《未定稿》内戴东原一篇，前后完整，即任公自谓的"现将脱稿"者也；馀若顾亭林、黄梨洲，皆仅存零碎之稿耳。

即自一九二三年起，任公的学术重心，又重回清代。一月有《戴东原先生传》，三月有《黄梨洲朱舜水乞师日本辩》；及至七月，应南开暑期学校之邀，作《中国近三百年学术概略》一书，可惜未正式出版。九月，以国学讲师身份在清华学校讲授一门一学年的课程——《中国近三百年学术史》。《中国近三百年学术概略》的内容则以不同的形式，化入了《中国近三百年学术史》(详参中华书局二○二○年版该书《校订说明》)。

与此前后，任公或演讲或刊发了《清初五大师学术梗概》、

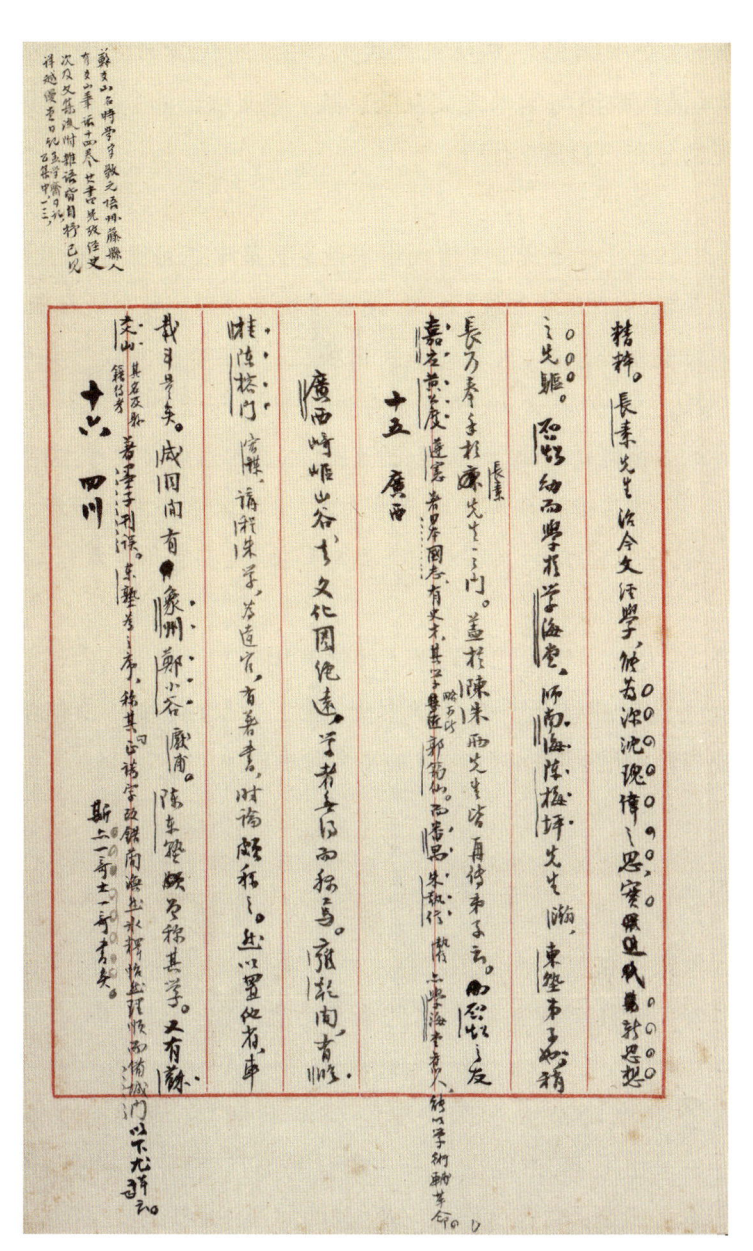

梁任公《近代学风之地理分布》,稿本。国家图书馆藏

《明清之交中国思想界及其代表人物》《近代学风之地理的分布》《清代政治与学术之交互的影响》等文章。如《近代学风之地理的分布·自序》有曰：

> 吾于三年前作《清代学术概论》，篇末述对于将来学界之希望，有"分地发展"一语，朋辈多疑其所谓。彼书既极简陋，未能发吾旨趣，久思为一文以畅之，顾卒卒未有暇。癸甲冬春之交，校课休沐，偶与儿曹谈皖南北、浙东西学风之异同，乘兴搜资料作斯篇，阅十日而成，亦屠苏酒中一绝好点缀也。本篇专以研究学者产地为主，于各家学术内容不能多论列，文体宜尔也。欲知其概，则有拙著《近三百年学术史》在。

另外，一九二三年十二月一日《晨报五周年纪念增刊》向任公徵文，任公以《中国近三百年学术史》第二、三、四讲即《清代学术变迁与政治的影响》塞责，但是又为题识曰：

> 本文为今秋在清华学校所讲《中国近三百年学术史》之第二章。《晨报纪念号》徵文，因校课罕暇，辄录副塞责。但近顷在师范大学国文学会续讲此题，颇有所增订，未及校改。或将来该会有笔记，可资参考也。

任公在北京师范大学国文学会讲演共四次，演讲时必有所据，——所据者，讲稿也。——即《中国近三百年学术史》讲义排印本。所谓"颇有所增订"者，盖即演讲中临时之发挥也。后经汪震、姜师肱、李宏毅、董淮笔记，题《清代政治与学术之交互的影响》，连载于《北京师大周刊》（一九二三年十一月十八日、十二月九日、十二月十六日及一九二四年一月十三日四期）。后又作为王桐龄《中国史》第四编之代序，冠于该书卷首，文末且有王氏《题识》曰：

> 右系民国十二年十一月梁任公先生在北京师范大学公开讲演之短篇论文，原题为"清代学术与政治之交互的影响"，以其文简单明了，可以通观清代大势，刊之卷首以代序文。

任公此文简洁畅达，将清代政治与学术之关系，讲得透彻，说得明白，且融个人情感于其中，颇能动人。

我们若将《清代学术概论》《中国近三百年学术概略》《中国近三百年学术史》与这五篇文章，汇齐并观，可见前三者是一脉相承的；而所附的五篇文章，则又是与之互为补充与发明者也。

前"近因与远因"一节言及任公一九一八年家居，为儿辈讲"学术流别"之"备忘录"，梁启勋谓"实《清代学术概论》之胚胎"，良有以也。兹亦将此备忘录拟题作"清代学术流别纲目"，一并附后云尔。

四、版本与校本

《共学社史学丛书》本《清代学术概论》，自一九二一年二月由商务印书馆印行第一版之后，畅销海内外。一九三〇年三月印至第八版；同年四月，改版纳入《万有文库》（内封页又冠《国学基本丛书》名），称第一版。一九三四年九月，以原《共学社史学丛书》本改列《大学丛书》，称第一版；至一九四〇年十月第四版。

陆稼书 辑其 　
陆桴亭 世仪 　鹦鹉洲陆王 江苏太仓
李文贞 光地 （贲卯） 福建安溪
张清恪 伯行 江苏仪封
杨文定 名时 江苏江阴
朱文端 轼 山东高安
陈文恭 宏谋 广西吟桂
方建溪 苞 安徽桐城
曾游生 国藩 湖南湘乡

梁任公《清代学术流别纲目》，稿本。载《南长街 54 号梁氏档案》

清代學術開創之祖
顧亭林　炎武　江蘇崑山
黃梨洲　宗羲　浙江餘姚
王船山　夫之　湖南衡陽
清代理學
程朱派
張楊園　履祥　浙江桐鄉

一九四四年七月，商务印书馆重庆重排《大学丛书》本，称渝第一版；一九四五年四月，渝第三版。一九四七年二月又以原《共学社史学丛书》本改列《新中学文库》本第五版。仅就此为止，商务印书馆分别将该书纳入《共学社史学丛书》、《万有文库》、《国学基本丛书》、《大学丛书》(沪版、渝版)、《新中学文库》等丛书，至少印行了二十一版。

一九三六年中华书局编辑《饮冰室合集》，《清代学术概论》据商务印书馆本收入，作为专集之一种出版(与《盾鼻集》合一册)；此本未曾单行。直到一九五四年十月，中华书局始将《清代学术概论》部分以《合集》本旧纸型印行三千一百册(定价叁仟柒佰元)；一九五七年一月，重印两千册(定价三角四分)。

香港方面，有一九六三年一月香港中华书局初版。台湾方面，有台湾商务印书馆一九六六年八月《人人文库》本，一九六八年三月《国学基本丛书》本(与《清学案小识》合一册)，一九七七年《大学丛书》本；台北水牛出版社一九七一年五月《水牛新刊》第十九号(系影印《共学社史学丛书》本)；台湾中华书局一九七一年八月单行本(台六版)；台湾启业书局一九七二年二月单行本(台一版)；等等。

大陆方面，直到一九八五年九月，始有复旦大学出版社出版了朱维铮先生校注的《梁启超论清学史二种》，内收《清代学术概论》与《中国近三百年学术史》。《清代学术概论》，朱先生以《大学丛书》本作底本，校注着力于对任公原书内史实、引文等的矛盾与讹误，并详加考案。后朱先生另加长文之《导读》，于一九九八年一月由上海古籍出版社纳入《蓬莱阁丛书》出版，此本为当今诸本中影响最为广大者也。

早在一九二三年一月三十日,任公与张菊生、高梦旦函曰:"《清代学术概论》日本有两译本,一售壹元八角,一售二元五角。"其实,就在《清代学术概论》出版当年的七月,日本《史林》第六卷第三号就刊出了那波利贞所写的书讯:

> 梁启超曾受胡适劝诱,云晚清今文学运动于思想界影响至大,既经历此役,不可无一书纪之;又兼受蒋方震所著《欧洲文艺复兴时代史》之刺激,乃有此著述。自清代思潮大势说起,讨论清朝学问之来由,如黎明运动者之顾炎武,科学者之梅文鼎,戴震、惠栋之学风,段玉裁、高邮王氏父子之学派,又如经学之隆盛,王夫之、黄宗羲、万斯同以下钱大昕、何秋涛等人之史学,阮元、谢启昆等人之地志,其他如地理学、金石学、清学分裂导火索之经学今古文之争等事,叙述今文学运动中心人物康有为等人,论述中国人因富于学问之本能,而有清代学术之隆盛。

一九二二年即出现三个日译本矣:一橘仁太郎译本(《日本读书协会甲种会报》第十九号),二渡边秀方译本(读画书院),三桥川时雄译本(东华社)。后一九三八年三月,东京文求堂书店据商务印书馆《大学丛书》本进行重排,印行了中文版,而且还做了校勘。书末附记曰:"本书内容皆从原书,仅订正明显的书名误植,如孙星衍《尚书今古文注疏》误作《尚书古今文注疏》,简朝亮《论语集注补正述疏》误作《论语集注补正迷疏》,章学诚《亳州志》误作《毫州志》,孙诒让《名原》误作《原名》,《经训堂丛书》本《墨子》误作《平津馆丛书》本《墨子》等处。"后文求堂版又由东京龙文书局于一九四六年出版第三印。按,"论语集注补正迷疏"当作"尚书集注迷疏"。又按,此后犹有山田胜美译注本(大东文化大学东洋研究所一九七三年)、小野和子译注本(平凡社一九七四年初版,一九八二年、二〇〇三年两次重印)出版。

《清代学术概论》各种版本,大体如上所述。其公开出版之文本,诚以商务印书馆《共学社史学丛书》本为最佳,盖后出之本,皆据此本翻印或影印。但也如前"初稿与定稿"一节所梳理,揭橥该书从初稿本到《改造》本、再到定稿本之间些微之变化;而对这些变化痕迹之考察,原因之探求,亦具有神奇般的魔力。

所以,此番整理,选择最为通行的商务印书馆《共学社史学丛书》本一九二四年第五版为底本;以中国国家图书馆藏《清代学术概论》稿本(简称"稿本")、《改造》杂志排印本(简称"《改造》本")、商务印书馆《国学基本丛书》本一九三〇年第一版(简称"《国学》本")、中华书局一九三六年《饮冰室合集》本(简称"《合集》本")为校本。《自序》、《第二自序》曾收入乙丑重编《饮冰室文集》(简称"《文集》本"),亦以之参校。朱维铮校注本,引述时简称"朱校"。具体原则如下:

(一)底本无讹,但凡其文字与稿本、《改造》本有异者,俱出校说明。

(二)从初稿本到定稿本之间的修改,凡属于局部之增删、改写,今稿本中或墨笔、或朱笔之旁批与眉批之痕迹,是比较清晰的;凡属于整章之改写与增补,通过胡适日记或与《改造》本之对勘,即可梳理得出。这些变化,悉数以校记形式,予以揭示。

（三）任公稿本，原即施以新式标点(含专名线)；而其时之新式标点无顿号，语词(含人名、书名等)并列，俱用逗号；且任公好用分号。今兹标点符号，大体依从稿本，可用顿号者(原为逗号)改为顿号，多数分号改作句号，以合当下之标点符号使用习惯。

（四）底本、稿本、《改造》本三本字旁之单圈"○"，互有出入，兹汇此三本内字旁之有圈者于一本。

（五）任公徵引前人文字，明引暗引，或凭记忆，或述大意，复核原书，颇有差异。今凡脱讹衍倒致文义稍有错乱或文气不甚连贯者，则为校改(补)，并出校说明；或备录原文，以资参考。馀则一仍其旧。

（六）凡属于任公本人或时代习用之字，如"箇"、"狠"、"纔"、"那"等，不作校改；避讳字回改，不出校。按，所附文章，或为杂志刊出本、或为演讲记录本，其用字为与全书一致，也做了相应改动，此类情况不出校。

（七）附录之《中国近三百年学术概略》，据稿本收入，并校以南开学校讲义铅排本(简称"南开本")、《中国近三百年学术史》(简称"《学术史》")两本。此书正文内小字无括号，与《清代学术概论》异，未作统一。

（八）附录之《清代学术流别纲目》、《清初五大师学术梗概》、《明清之交中国思想界及其代表人物》、《近代学风之地理的分布》、《清代政治与学术之交互的影响》诸文，皆以杂志刊发者为底本，校对情况，参见每篇题下之说明。而《明清之交中国思想界及其代表人物》、《近代学风之地理的分布》两篇，稿本今存，颇能解决问题。

至于《清代政治与学术之交互的影响》一文，为据记录稿而刊发者，情况特殊，兹以三本互勘，凡异即出校，此亦尝试之法也。

今者校勘之业，多被视作末屑之学，才大者不愿为，而才小者实亦不能为也。盖其于原书一字之校正，或即可得豁然明了之本意。如第三章：

学派上之"主智"与"主意"、"唯物"与"唯心"、"实验"与"实证"，每迭为循环。

"实证"，诸本皆作"冥证"。按，"实验"与"冥证"，与前两对举之词语法不同；核诸稿本、《改造》本，即作"实证"，是也。今学界亦有以任公"冥证"为治学之法者，详加考述，若非校勘得正，则此问题犹或将引起更多无必要之讨论也欤？

又如第二十六章"然持论既屡与其师不合，康梁学派遂分"之后，稿本原有以下一段：

启超之学，浅薄其一病也，游移其二病也，而归根于不彻底。启超性流动，富于感情，盛情也。

被墨笔画去。又原书于"梁启超可谓新思想界之陈涉"后，曰：

若此人而长此以自终，则在中国文化史上，不能不谓为一大损失也。

"若此人而长此以自终"一句,读起来语感颇为怪异,《国学》本、《合集》本也是如此;核诸稿本,此处作"若此人而长此以'流寇的学者'自终",但用朱笔画去了"流寇的学者",估计是觉得这五个字下得太重了些,可惜文旁却又未写拟改之字。再来看《改造》本,则作"若此人而仅以'破坏的功业'自终",当然也是出于任公自己的修改。这两处,正好看出当时任公对自己性格与历史地位之评价矣。

再如第十三章最末一段,论学问之有用与无用,稿本初有任公自述治学经历数句,曰:

> 近世人士多诮此学为无用,吾亦尝附和之。吾年十二三即治此学,嗜之綦笃;十八以后,觉其无用也,弃去,大肆抨击焉。近十年来,始渐悔其所为。

《改造》本刊发时还是初稿本,保留有这几句。后经修改,便删去了,且连着后文也作了较大改动。之所以改动得如此大,估计是听取了三位朋友的意见,且很可能是林宰平或蒋百里。

稿本第二十七章最后所写即章炳麟(附于谭嗣同章之末),今存三行,但又为墨笔勾去,换页重作。仅存之三行文字录如下:

> 此外犹有一人当记述者,曰馀杭章炳麟。炳麟清学正统派最后之健将也,其学博赡淹贯,综理密微。以言论倡革命,备极劳勚。

可见任公初时对章氏之评述。只可惜后面被换页之文字,不得

报国家之雠,憩其死友焉。阚国遇害,年仅三十三,使假以年,则其学将不能测其所至。僭留此区区一卷,吐弃文苑芑一瞥而逝,而扫荡廓清之劳,莫与京焉,吾坂此诸彗星。

二十八

紫稻者一人焉记述者,曰余杭章炳麟。

炳麟白少,薄辣临清学正统派最後之健将也,其学博赜淹贯,综理密微。以言论倡革命,备极赞勤,

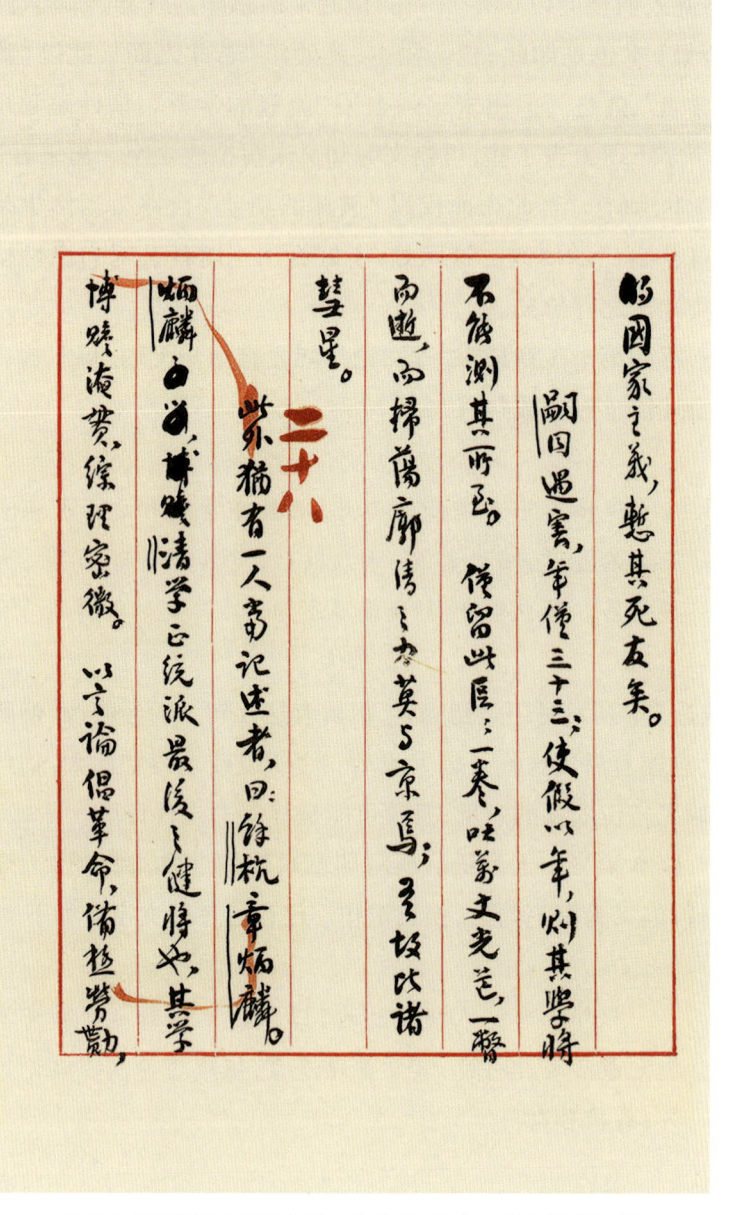

而知矣(据下一章初稿序号"二十六"三字所在位置可知,还有七行文字)。据前引顾先生与胡适函"章太炎先生的学术思想,在社会上也很有势力。梁先生文中叙得极略,我疑心他是门户之见"——"极略"二字,正可说明任公初稿内章氏并未单独设章。顾先生推测章氏"固然也有门户之见","对于今文学派的狂妄加以攻击",所以任公文内将之"叙得极略",很可能也是出于"门户之见"。

今稿本第十四章朱笔所补"章炳麟之《小学答问》,益多新理解"、"章炳麟《国故论衡》中论音韵诸篇,皆精绝"两处,《改造》杂志第四号(十二月十五日)刊出时还没有;待第五号(一九二一年一月十五日)连载最后一部分时,章氏即已单独一章矣。虽则独立成章,实也较为简略,且如"应用正统派之研究法,而廓大其内容延辟其新径","其影响于近年来学界者亦至巨"云,反映出任公对章氏学术认识前后态度之变化也。该章末了,任公评述道:

> 虽然,炳麟谨守家法之结习甚深,故门户之见,时不能免。如治小学排斥钟鼎文、龟甲文,治经学排斥"今文派",其言常不免过当。而对于思想解放之勇决,炳麟或不逮今文家也。

任公谓章氏"门户之见,时不能免",与顾先生所说的"我疑心"任公"是门户之见"对看,可视作最佳之互文解读也。

《清代政治与学术之交互的影响》一篇,较《中国近三百年学术史》之第二、三、四章《清代学术变迁与政治的影响》而言,确实是"颇有所增订"的。如关于康熙二十年之后学风转变的原因，归纳出四条；至于"康熙中年以后，学术上重要的潮流有五支"，而在《中国近三百年学术史》里则是"其时学术重要潮流，约有四支"。又如讲到晚清思想界之变化，任公演讲时，以亲历者的身份，叙述起当年故事来，更能吸引听众，故所言内容远较《中国近三百年学术史》本为丰富。且讲演之际，多有加入对时局之评点，如讲到顾亭林"行己有耻"、"博学于文"两句，谓是做人与做学问之标准。——亭林说："士大夫之无耻，谓之国耻！"——不意任公话锋突然一转，说道：

　　据我说，我们五月七日，因为别人强暴，我们不能抵抗，实在算不得国耻；惟独今年十月七日，那般士大夫昧良丧心，堕行无耻，才算国耻！不知他先生若看着这种现象，将作何种感想哩？

一九一五年五月七日日本公使日置益将最后通牒一件附解释七条送中国外交部，限四十八小时内"照四月二十六日提出之修正案所记载者，不加以何等之更改，速行应诺"，此即日本逼迫袁世凯签署之丧权辱国之"二十一条"也。时北京商务总会致电各省商会，谓"日本利用欧洲战事，乘我新造国家，提出吞并朝鲜同一之条件，逼我承认。五月七日竟以武力为最后之要求，四十八钟内，倘不承认，立即进兵。……自本年五月七日始，我四万万人立此大誓……永存此志，勿忘国耻"。所谓"五月七日"，当指此也。按，中日交涉期间，任公撰有《中日交涉平议》与《中日时局与鄙人之言论》、《解决悬案耶？新要求耶？》、《外交轨道外之外交》、《交涉乎？命令乎？》、《中国地位之动摇与外交当局之责任》、《再警告外交当局》、《示威耶？挑战耶？》诸文（后七篇先译成英文刊发，后辑作《中日交涉汇评》，刊于《大中华》第一卷第四、五期）。至所言"今年十月七日"，当指一九二三年曹锟以五千元一张选票收买议员，又以四十万元高价收买国会议长，成功当选总统事，史称曹氏为"贿选总统"。按，任公曾于一九二三年七月四日致函曹氏，反对以武力、金钱及其他卑劣手段，争取总统职位，有曰："最近中央政局之扰攘，其祸根全在公之欲为总统，此天下所共见，毋庸为讳也。……公自视威望才略，孰与项城？项城自命一世之雄，卒于千夫所指，无病而死。须知亡项城者乃全国人，非与项城争长之人也。弟不避忌讳，敢以极不祥之预言相告白：我公足履白宫之日，即君家一败涂地之时。"八日，孙中山即下令讨伐曹锟，并通缉惩办附贼国会议员，令曰："伪巡阅使曹锟，贿诱议员，迫以非法，僭窃中华民国大总统，其背叛民国，罪迹昭著。……悍然不顾天下之是非，其怙恶不悛，自绝于吾民，已可概见。……我同胞将士护国、护法，已历年所，岂能容庇国贼，妄干大位？兹特宜布罪状，申命讨伐，我全国爱国将士无问南北，凡能一致讨贼者，悉以友军相视，共赴国难，以挽垂危之局。"（《陆海军大元帅大本营公报》第三十三号《大元帅令》）这就使得历史之研究，有了现实的关怀。

为任公文字作校勘，洵非易事。盖任公所论述者，时代之升降，思想之蜕变，国之大势也。区区之志，并不拟与任公作讼人，然凡事都问个来处，固是读书之道。是耶非耶，其在读者诸君。

五、馀论与馀音

钱穆与弟子余英时函曰：

梁任公于论学内容固多疏忽，然其文字则长江大河，一气而下,有生意、有浩气,似较太炎各有胜场。即如《清代学术概论》,不论内容,专就其书体制言,实大可取法。近人对梁氏书,似多失持平之论,实则在"五四"运动后,梁氏论学各书各文均有一读之价值也。(《素书楼馀渖》)

钱氏于清代学术、思想史、政治史之研究,盖亦受任公之影响,于同名之《中国近三百年学术史》一书可知也。但钱氏也指出了任公"论学内容固多疏忽"这一现实,所以朱维铮先生在校注时,针对任公叙述自己之历史——"纯以超然客观之精神论列之,即以现在执笔之另一梁启超,批评三十年来史料上之梁启超也"(任公《自序》),朱先生反问道:"他是否做到了对于'史料上的梁启超力求忠实'?"于是,对任公行文内存在的史实、时间、人物关系、引文脱讹诸多问题,都一一进行了严格的考辨、引证与评述。

如任公《自序》谓"余于十八年前,尝著《中国学术思想变迁之大势》,刊于《新民丛报》,其第八章论清代学术"云,朱维铮先生指出:

> 据《新民丛报》,《中国学术思想变迁之大势》第八、九二章,即题作《近世之学术》(起明亡以迄今日)的三节,刊出时间为一九〇四年。以下引文三段,均见于此二章,故"十八年前"说不确,当作"十六年前"。

朱先生于该书校注本之《导读》内,亦曾详考此时间问题,可以参看。按,任公《论中国学术思想变迁之大势》原计划写八章,前六章连载于《新民丛报》一九〇二年第三、四、五、七、九、十二、十六、十八、二十一、二十二号;第八章即《近世之学术》,连载于一九〇四年第五十三、五十四、五十五、五十八号,卷首曰:

> 本论自壬寅秋阁笔,馀稿久未续成,深用歉然。顷排积冗,重理旧业,以三百年来变迁最繁,而关系最切,故先论之。其第六章未完之稿及第七章之稿,俟本章撰成,乃续补焉。

该篇第七章后竟未作。又曰:

> 原稿本拟区此章为二:一曰衰落时代,一曰复兴时代。以其界说不甚分明,故改今题。

任公所言,盖指撰《论中国学术思想变迁之大势》之时间,早已拟目,后文且曰:"余今日之根本观念,与十八年前无大异同;惟局部的观察,今视昔似较为精密。"故谓"十八年前",实无不宜。

再者,朱维铮先生校注《清代学术概论》依据的底本是《大学丛书》本,其第十章有一段曰:

> 栋固以尊汉为标帜者也,其释"箕子明夷"之义,因欲扬孟喜说而抑施雠、梁丘贺说,乃云:"谬种流传,肇于西汉。"(《周易述》卷五)

朱校曰:"谬种,《周易述》原作'谬说',《汉学师承记》引作'谬种',此当据江书转引。"按,朱校所谓之"江书"即江藩《国朝汉学师承记》。由于惠栋《周易述》原作"谬说",而江藩《国朝汉学师承记》叙述时作"谬种",所以朱校论定任公作"谬种"必是转引自江书。然则,是江藩《国朝汉学师承记》将"谬说"改作了"谬种"耶?亦非也。钱大昕《潜研堂文集》卷三十九《惠先生栋传》作"谬种",李元度《国朝先正事略》、方东树《汉学商兑》、徐世昌《清儒学案》诸书因之,故谓任公"当据江书转引",似亦不确。再者,核诸任公稿本,此处实作"谬传",商务印书馆诸本(包括所见之沪四版、渝二版之《大学丛书》本)与中华书局《饮冰室合集》本皆同,未详朱先生所据。"传"字显系笔误(与"说"、"种"二字,既不同音,亦不形近),则益不能推定其源自何书矣。

又如第十一章,钞录《孟子字义疏证》之精语,有一条曰:

> 君子之治天下也,使人各得其情,各遂其欲,勿悖于道义。君子之自治也,情与欲使一于道义。夫遏欲之害,甚于防川,绝情去智,充塞仁义。

朱校曰:

> 此段引文不见于《孟子字义疏证》,而见于《汉学师承记》卷五《戴震传》。所述大意,略见于《原善》卷中,现录以资参照:"禹之行水也,使水由地中行。君子之于欲也,使一于道义。治水者徒恃防遏,将塞于东而逆行于西,其甚也

> 决防四出,泛滥不可救。自治治人,徒恃遏御其欲,亦然。能苟焉以求静,而欲之剪抑窜绝,君子不取也。君子一于道义,使人勿悖于道义,如斯而已矣。"

两段文字,相异甚多。按,上述文字,朱校虽谓"见于《汉学师承记》卷五《戴震传》",但亦未细考江氏从何处转引来。其实,该段文字出洪榜《初堂遗稿》卷一《戴先生行状》。

其他如第六章关于《明夷待访录》,说道:

> 其最有影响于近代思想者,则《明夷待访录》也。……后此梁启超、谭嗣同辈倡民权共和之说,则将其书节钞,印数万本,秘密散布,于晚清思想之骤变,极有力焉。

按,节录《明夷待访录》之《原君》《原臣》两篇,印成小册宣传者,实为杞忧公子(据方祖猷先生考证,杞忧公子为孙中山先生之化名),该书卷首序末署"乙未立夏,杞忧公子小引",乙未即光绪二十一年(一八九五)。冯自由《革命逸史初集·自序》谓光绪甲午(一八九四)孙中山于日本横滨创立兴中会,"时兴中会之宣传品仅有二种:一为《扬州十日记》……二为黄梨洲《明夷待访录》选本之《原君》《原臣》篇",是知此节本实为革命派之宣传工具也。而任公东渡日本后,曾选编《明儒学案》,于光绪三十一年十一月由新民社发行《节本明儒学案》,封面署"黄梨洲先生元著、饮冰室主人节钞"。据该书例言:

> 良以今日学绝道丧之馀,非有鞭辟近里之学以药之,万

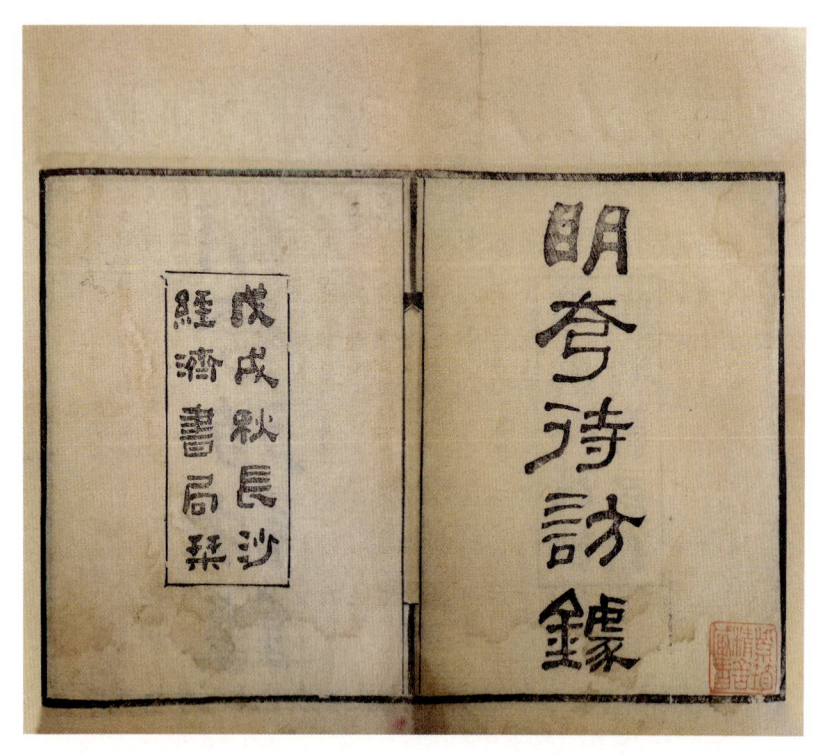

黄宗羲《明夷待访录》扉页与版铭页,清光绪二十四年长沙经济书局刻本。湖南图书馆藏

不能矫学风而起国衰。求诸古籍,惟此书最良。而原本浩瀚,读者或望洋而畏,不能卒业;又或泛泛一读,迷于蔓枝,仍无心得。……故公此本于世,亦为同志略节精力云尔。

并未及"民权共和"之说。而任公后在一九二三年作《清初五大师学术梗概》演讲时,却说:

> 我少年时代,受这本书的刺激狠深。当我二十几岁的

时候,在长沙时务学堂教书,同事诸人差不多每天要谈到这本书。其时这书是禁书,外间无从得到,便集合了许多人,秘密印了几千部,到处送人。大家辗转翻刻,散布了不晓得几万本。中国的革命,与这本书实在大有关系。

至于是"将其书节钞,印数万本,秘密散布",还是"秘密印了几千部,到处送人",现在未能找到确切的证据。任公说"在长沙时务学堂教书,同事诸人差不多每天要谈到这本书",估计是实情。据《湘报》第一百零二号(一八九八年七月六日)登载广告:"本馆新到新刻各种时务书:《明夷待访录》,每部钱一百五十文。"后一百零六号且有附言曰:

　　院试匪遥,时务书急宜购阅,第恐距馆较远者,购取为难,现寄存南阳街经济书局分售。

第一百零九号又加入"南正街维新书局"分售处。直到第一百五十二号(一八九八年九月十二日)起,在售书目里就不再出现《明夷待访录》了。我们说,任公在长沙时务学堂教书期间,"醉心民权革命论"(《时务学堂札记残卷序》);后东渡日本,创办《清议报》《新民丛报》期间,则倡平等自由学说,鼓吹破坏主义,主张建立民主共和国。

《清代学术概论》虽为学术著作,但学术与政治实有深层次之交互的影响,所以,融入了著者生命体验的学术史,确实给我们带来了全新的阅读感受与无穷的想象空间。

任公《中国学术史》五部之撰写,最终稿就两端,一先秦,一清代。《清代学术概论》的写作,距今适值百年。而百年来学术之升降与思想之变迁,亦皆受时代与政治之左右,故今日再读任公著作,是重有感焉!

去岁校订《中国近三百年学术史》毕,即从事《清代学术概论》之董理。不意年初疫情忽起,人心恍惚,时多无聊,前途难卜。至二月十六,复工复产,案牍劳形,平时之思绪,腾跃而复杂。校订工作,直陷捉襟见肘之境地。任公曰"无负今日",予之爬梳,锱铢必较,一则求其"无负"之心,再者实亦觅静之良方也。其间复得谭苦盦、李成晴、郑凌峰、郭惠灵、辜艳红、陈翔、李碧玉、刘景云、苏枕书、张伟、许庆江、鲁明、姚文昌诸学友之助,或代为校对,或代觅资料;苦盦兄尝为考覆,审核匡正,高论迭出,惠我良多,每曰"相见以诚",令人感动!昔人曰:"中年以往,朋友难求。"诚哉斯言!岁月如驰,识此以志不忘云。

庚子初秋,个厂于仰顾山房。

(原载澎湃新闻 2020 年 10 月 14 日,后作为"校订说明"冠诸中华书局 2020 年版该书卷首)

癸卯夏至,刘玉才兄转示张淑君《新见桥川时雄译梁启超〈清代学术概论〉考述》文(后刊《国际汉学研究通讯》第二十七期),知该书另有英译本一种:*Intellectual Trends in the Ch'ing Period*, by Liang Ch'i-ch'ao, Translated by Immanuel C. Y. Hsü with an Introduction and Notes, Foreword by

Benjamin I. Schwartz, Harvard University Press,一九五九年。（梁启超著,徐中约译,本杰明·史华慈作序,哈佛大学出版社。）韩译本两种：一《清代学术概论》,李基东、崔一凡译,骊江出版社,一九八七年;一《중국근대의지식인:梁啓超의清代學術概論》,양계초지음,전인영옮김,图书出版慧眼,二〇〇五年。（《中国近代的知识分子：梁启超的〈清代学术概论〉》,梁启超著,Jeon In young 译。）甲辰正月十八,个厂补记。

政治立身　学术托命
——《先秦政治思想史》校订记

【按语】

　　一九一九年五月二日，林徽因的父亲林长民在《申报》刊布了时在巴黎的梁任公发给国民外交协会的电报，并同时发表《外交警报敬告国民》一文。两天后，高呼着"外争国权，内惩国贼"口号之北京学生，涌上街头，火烧了赵家楼。

　　次年，任公作《"五四纪念日"感言》，谓"去年五月四日，为国史上最有价值之一纪念日"，实"国人自觉自动之一表徵"，盖"一年来文化运动盘礴于国中，什九皆'五四'之赐也"。作为不在场的在场者，任公对于"五四"饱含有某种特殊的情感。

　　一百年前的五月四日，即"五四"三周年纪念日，任公受北京法政专门学校之邀，做《先秦政治思想》讲演。其秋，复应东南大学郭秉文校长之请，移席金陵，开讲《中国政治思想史》一学期。因"中途婴小疾"，汉以后未成，故书名作《先秦政治思想史》。

　　其时也多新旧之论，亦多中西之争，任公之讲述先秦之政治思想，似与时代稍左，然则至百年后反观其政治之追求，文化之坚守，或不失为一种符合吾国民之选择。此学问家之为学问家，政治家之为政治家，而思想家之为思想家之别也欤？

　　又值一年五四，感谢上海澎湃允为转发《先秦政治思想史》之"校订说明"，作为对任公开讲先秦政治思想百周年之崇高纪念。

　　　　　　　　　　　　　　　　　　　壬寅初夏，个厂。

弁 言

一九二〇年三月,梁任公游欧归来,即应上海中国公学之请,前往演讲。在演说中,任公将欧游所得与中国政治、社会、经济各问题之感想与发现作一比较,指出:

> 唯有一件可使精神大受影响者,即悲观之观念完全扫清是已。因此精神得以振作,换言之,即将暮气一扫而空。……吾人当将固有国民性发挥光大之,即当以消极变为积极是已。……诸君当知中国前途绝对无悲观,中国固有之基础亦最合世界新潮,但求各人自高尚其人格,励进前往可也。(《梁任公在中国公学演说》,一九二〇年三月十四、十五日《申报》连载)

二十五日与长女梁思顺函曰:"吾自欧游后神气益发皇,决意在言论界有所积极主张。"即对于国家问题和个人事业,完全改变其旧日之方针与态度,放弃上层之政治活动,转而用全力从事于培植国民基础的教育事业——承办中国公学、组织共学社、发起讲学社、整顿《改造》杂志、发起中比贸易公司和国民动议制宪运动等事,即为此也。任公自谓目的曰:"培养新人才,宣传新文化,开拓新政治,既为吾辈今后所公共祈向,现在即当实行着手。"(五月十二日与梁伯强、籍亮侪等函)同时作《欧游心影录》,希望青年们"人人存一个尊重爱护本国文化的诚意","用那西洋人研究学问的方法去研究他","拿别人的补助他,叫他起一种化合作用,成了一个新文化系统",并"把这新系统往外扩充,叫人类全体都得着他好处"。

任公与梁思顺函又提出"吾欲在上海办一大学"者,即其欧游归途中与众人所商归国五事之一也。张君劢与黄溯初函曰:

> 弟意,与其自办大学,不如运动各省筹办而自居于教授,只求灌输精神,何必负办学之责任乎?任公于编纂杂志之外,在北方学校中居一教习地位,亦计之得者也。(《梁任公先生年谱长编》一九二〇年条)

蒋百里实亦希望梁氏多作讲学,以为可与在上海改造中国公学事合并考虑。其与张东荪函曰:

> 弟以为今日第一要事,在促任公于今冬或明春即在中国公学设一中国历史讲座。……任公惟做讲师,才把他的活泼泼地人格精神一发痛快表现出来。(《梁任公先生年谱长编》一九二〇年条)

张东荪复函则谓需"大家提起兴会,以助长任公之兴会"(同前)。所以说,任公到大学授课或作各种讲演,既是本人之意愿,更是同侪之共识。

其时,借著作、文章之刊布以浚发民族之精神,取中国历史中类欧洲文艺复兴时代者,与相印证,作《清代学术概论》;求古籍中与今世所谓科学精神相悬契者,凭新知以商量旧学,作《墨经校释》;在清华学校开授国学课,涵盖哲学、政治学、经济学、伦理学等,于先秦诸子而外,专讲老子、孔子、墨子三圣之学术,作

《中国学术小史》；后改名《国学小史》，任公自谓"讲义草稿盈尺"，但未单独刊印。今删存稿内有《中国学术小史》草稿若干，其第一讲开篇数句曰："学术何以可贵，我们为甚么要讲求学术？因为学术是有益于人类的，我们要靠学术来把我们人类的地位提高的。就这样说来，学术的范围却极广了。"后以单篇刊发者有《老子哲学》《孔子》《老孔墨以后学派概观》《墨子学案》等，盖先秦为我国思想学术发轫形成期，颇为任公所重视。此时犹多注意学术之哲学层面，如一九二〇年十二月十八日与胡适之函曰："对于大著《哲学史》之批评若作出，恐非简短可了。顷在清华讲《国学小史》，拟于先秦讲毕时，专以一课批评大作，届时当奉寄耳。"（函文转引自夏晓虹《梁启超：在政治与学术之间》）又因南开大学讲授，为使读者领会社会团体生活之意义，以助成其为一国民进而为一世界人之资格，作《中国历史研究法》。

且一九二一、一九二二两年内，任公又先后在北京、天津、济南、上海、武汉、长沙、南京、南通、苏州等地，作各类演讲三四十次。因感于当时政治之混乱，主义之横行，"无论什么立宪共和，什么总统制内阁制，什么中央集权联省自治，什么国家主义社会主义，任凭换上一百面招牌，结果只换得一个零号"（《教育与政治》），任公意识到对于青年之政治教育尤为重要，其一九二二年七月三日在济南中华教育改进社年会上作《教育与政治》的讲演，提到：

> 今日所最需要的：一、如何才能养成青年的政治意识，二、如何才能养成青年的政治习惯，三、如何才能养成青年的判断政治能力。……这三件事无论将来以政治为职业之人或是完全立身于政治以外的人都是必要的。
>
> 我确信这不但是政治上大问题，实在是教育上大问题。

我确信这问题不是政治家所能解决,独有教育家才能解决。

即"养成国民人格为政治上第一义"。任公称道《孟子》所引《逸书》谓"天相下民,作之君,作之师",即以在上位者之人格教育普天下一般之民众,使全人类之普遍人格循所期之目的以向上,则政治家性质与教育家性质等同,故曰:"政治即教育,教育即政治。"

融汇中西,取长补短。借彼西方美人"为我家育宁馨儿,以亢我宗"。然任公以为,近数年来只有"德谟克拉西的信仰渐渐注入青年脑中","是我们教育界唯一好现象"(《教育与政治》),然反观吾国之政治思想,益使他发出"吾先哲之教之所以极高明而道中庸者,其气象为不可及也"的感叹。任公呼唤新文化,呼唤群众运动,呼唤青年人格,为的就是唤起中国人之国民意识。盖国民意识者,实为德谟克拉西国家根本精神之所系。

任公指出:"政治是国民心理的写照。"故政治之目的是造福全人类。"如何而能使吾中国人免蹈近百馀年来欧美生计组织之覆辙,不至以物质生活问题之纠纷,妨害精神生活之向上",此即任公自我承担的"对于本国乃至对于全人类之一大责任也"。故曰:欲改造政治,先改造国民之心理;欲改造国民之心理,先改造人格;欲改造人格,请从教育始。此犹是二十年前中国之新民所呼吁的"新民为今日中国第一急务"(《新民说》第二节篇名)之遗音也。

二十年后,任公仍然期此一编得"以药现代时敝于万一",虽千万人吾往矣!《先秦政治思想史》之所由作也,意其在此乎!

一、讲义与讲授

一九二〇年四月,任公组织共学社,即与张菊生函,商请法国哲学家柏格森来华讲学事,未果;七月,又与梁伯强、黄溯初函,商聘英国哲学家罗素来华之名义;九月,创办讲学社,为"一永久团体","定每年聘名哲一人来华讲演"(与张东荪函)。《讲学社简章》规定:

> 一、本社因欲将现代高尚精粹之学说,随时介绍于国中,使国民思想发扬健实,拟递年延聘各国最著名之专门学者巡回讲演。
> 二、每年聘请一人,基金充裕时,再图扩充。
> 三、所聘请者,先注重于当代大思想家,其各分科之专门学者,俟扩充后以次续聘。

是年十月十二日,罗素应邀抵沪,开始访华之旅,直至次年七月离去。在此期间,任公曾与之往还。

其后的一九二一年春,任公学生徐志摩得英国学者狄更生荐,到剑桥大学皇家学院作特别生。复经欧格敦(Ogden)绍介,得拜识罗素。十一月七日,徐志摩与罗素函曰:

> 欧格敦先生谈及他的计划,拟先出版"世界哲学丛书"。他也提到你推荐胡适先生的《中国哲学大纲》,说可以翻译了加进去。……关于这件事,我个人想提个建议。我想起梁启超先生,就是送给你一幅画的那位;他是这个出版计划

梁任公《讲学社简章》，稿本。载《南长街 54 号梁氏档案》

讲学社简章

一、本团体因近世现代高尚精粹之学说随时介绍于国中，使国民思想发扬健实，拟逐年延聘各国最著名之专门学者巡回讲演。

二、以每年聘请一人为原则，惟基金充裕时再图扩充。

三、所聘请者先注重于大思想家，其次分科之专门学者，俟扩充后以次续聘。

的最适当人选。你大概也知道,他是中国最渊博学者中之一,也很可能是具有最雄健流畅文笔的作家。他在解放中国思想,以及介绍并普及西学方面所作的不懈努力,值得我们万分钦仰。他在学问上吸收与区别的能力是别人永不能望其项背的。所以我们如果能找到他承担此事,那就最好不过了,我想他是肯答应的。只要你挥函一通,劝他写一本标准的有关中国思想的书,并将丛书的总纲向他说明,我相信这会大大推动他本来就惊人的创作力,他就必然会十分乐意把书写出来。(梁锡华译,据韩石山编《徐志摩全集》第七卷)

罗素应该是接受了徐志摩的建议。因为一九二二年十月徐志摩与张东荪函,有"英国学者近来至愿与中国学者直接为学问的合作。此君(按,指欧格敦)为罗素至友,康桥异端社主席,最慕中国文化。……今编辑《哲学心理科学方法国际丛书》,梁任公先生允著之《中国思想史》即应此君与罗素之请"云(刊同月二十五日《学灯》,据韩石山编《徐志摩全集》第七卷)。如此看来,任公为《中国政治思想史》,源头可以说是出自徐志摩请罗素发出之邀请。

成立于一九二一年九月的国立东南大学,由南京高等师范学校校长郭秉文兼任校长。郭氏一九一四年获哥伦比亚大学教育学博士学位,其有言曰:"不发扬民族精神,无以救亡图存;非振兴科学,不足以立国兴国。"(《东南大学史》第一卷引)他主持下的东南大学,后被称为"中国最有希望之大学"。郭氏任职期间,积极擘画,延揽名师。此前于南京高师时,曾邀请在中国讲学的杜威、罗素、孟禄到校作演讲。一九二二年更是延请章太炎(《申报》五月九日《南京快信》:"东南大学定下学期请章太炎来宁讲学。")、王国维(郭秉文六月八日与沈恩孚函："敝校下学年须添请国文教授一人,教授词曲诗赋等各项学程,拟延王君静庵来宁担任,每月敬送薪金二百元。请烦先生就近代为浃洽。")任教席,惜皆未请得。同年九月二十五日,郭秉文在新学年《校长开学报告辞》中宣布:

> 教授除了原有的以外,还添了许多专家。除了新教授以外,还有两位讲师要报告的:一位便是梁任公先生,梁先生暑中曾在本校作短期演讲,十月内预备到本校来,长期演讲中国古代政治思想;还有一位是江亢虎先生,江先生是中国提倡社会主义的远祖……现在因为国内提倡社会主义的声浪甚高,社会主义究竟是个什么东西,实施起来究竟行不行,也不可以不知道,所以请江先生来讲一讲,十月初便可以来校开讲了。
>
> 本校不但是请国内名流演讲而已,还要请国外学者来演讲。国际教育会派来的两位学者:一位是麦柯尔先生,本校请他讲教育的测验编造与应用;一位是推士博士,本校请他讲科学。此外还有用洛氏基金聘请了来的一位物理专家斯密士先生,是美国康纳耳大学教授,十月中可抵此间担任物理教授;讲学社聘请的一位德国生物学兼哲学专家费斯脱先生,十月内到上海,首先便到本校演讲四个月。(十月二日《国立东南大学南京高师日刊》)

按,所谓的"费斯脱"当即汉斯·杜里舒(Hans Driesch)之讹,于此可知他的到来,也是以讲学社名义聘请的。

东南大学成立之初,即名师荟萃,俊彦云集,蜚声海内,有"孔雀东南飞"之誉。以至于《申报》对该校的一举一动,也都颇为关注,一九二二年十月一日刊谢守恒《东南大学之新气象》:"惟梁任公来该校担任教授《中国政治思想》一学程。"十月二十八日有《江亢虎衣物书籍被窃》:"江亢虎博士前应东大校长郭氏之请,担任该校社会学演讲,江氏于前月由京莅宁,寓于东大校内。"《国立东南大学南京高师日刊》十月四日《教育科甲子级会常会纪事》:"九月卅日晚七时,本校教育科甲子级会在梅庵开第七次常会。……江亢虎先生适于是晚到校,暂憩梅庵。"特别是杜里舒的到来,自当年十月十五日抵沪起,一直予以跟踪报道。如十六日:"杜里舒博士夫妇今日将先作杭州西湖之游,本星期四(十九日)返沪,将在商科大学及同济医工大学演讲,星期六赴宁,在东南大学作四月馀之长期讲学。"十八日报道游杭陪同人员有张君劢、蒋百里云。二十日《南京快信》曰:"德国哲学博士杜里舒偕其夫人,昨由东南大学校长郭秉文招待来宁,预备作长期演讲。"二十二日刊《杜里舒博士今午赴宁》:"今日乘午刻十二时半火车赴宁,同行者有张君劢诸君,郭秉文君则于昨晚十一时半先行乘车返宁,以便布置招待,因本星期一二杜里舒博士即可开始讲学也。"二十四、二十五皆有报道。二十六日刊谢守恒《杜里舒博士东大演讲纪》:

东南大学校长郭秉文君于十月二十二日偕德国大哲学家杜里舒博士、杜氏夫人、德国公使馆参赞韦理士博士,与梁任公、张君劢诸氏来宁。二十三日下午七时在该校大礼堂演讲,全校男女学生听者约千馀人,大礼堂几无容足之地。

郭校长主席略谓本校今年开学典礼时，报告除新聘教员外，并敦请中外学者作长期之演讲，今杜里舒博士、梁任公先生等已先后来宁。本校今日特开欢迎大会，并请赐教。

旋请杜里舒博士演讲：……

次梁任公演讲，谓："兄弟今年暑假在此演讲，诸君恐已回去。此次来宁出游，觉有一种感想，为诸君述一下。我今年五十岁，在暑假未到南京以前，始往曲阜一游，仰观曲阜之树，发生一种奇异感想。此树树干呈古铜色，十馀人始能环抱，高数十丈，树顶发生枝叶甚嫩，呈苍绿色。至子贡手植之楷柏，由死干旁发生嫩枝，其根蒂深固，吸收养料，以助其发荣滋长，而另生新叶。此实可为代表中国旧文化胎生新文化之现象。迨仰见巍巍孔子之墓，历经兵燹，而仍然无恙，我想掘其墓而探其宝，可发见二千年以前之珍藏古物，既而想中国人珍藏脑海中之宝，不能发现出来甚多，如智、勇、仁三者，珍藏脑海中，不亚于孔墓中之珍品。诸君肄业高师与东大，犹孔林大树然，由一干而透出两干，受雨露滋养与肥料之培植，发育愈为迅速。在诸位青年之心理上，如掘孔墓然，能开辟一光明之径涂，则中国之光明赖乎此，世界之光明亦赖乎此。老实说，孔子之道，《论语》有'人能宏道，非道宏人'两句可以括之。孔子之道，无论时代如何变迁，均可为人类开辟学问与发挥天道人道者之指导。中国当此困厄之秋，而能发展新文化，是为人能宏道。诸君志气高超，若能抱定宏道精神做去，充分发展自己之学问，以培养自己之人格，此则深有厚望于诸君者也。"

后由该校校长致谢而散。

按，此文一则谓郭秉文校长于十月二十二日偕杜里舒与梁任公、张君劢回宁，再则曰杜里舒、梁任公等"先后来宁"。而据《申报》二十二日谓陪同杜里舒赴宁者有张君劢"诸君"，若任公在陪同之列，其名则必当出现在"张君劢"三字之前。又按，任公十月八日与张菊生、高梦旦函曰："弟于阳历本月二十前到南京，复书请寄东南大学。"那么，任公是何时抵达金陵的呢？

十月十七日为天津南开大学十八周年庆典，据《十八周年纪念志盛》（《南开周刊》十八周年纪念号）记载，庆祝大会第四项为梁任公演说，题曰《母校观念及祖国观念》，所论"同类意识"与"团体"概念，后皆援入《先秦政治思想史》，并作生发。

又《新闻报》十月二十四日《国内专电》栏内有十月二十三日发自天津者四条，其一曰："梁启超、钱锦荪二十二日均由津赴沪。"当时乘火车从天津赴南京，先走津浦铁路抵达浦口，按，《申报》一九二二年六月六日刊《津浦铁路行车时刻表》：特别快车需二十四个小时又三十分钟，当天下午二时自天津东站出发，至次日下午二时三十分抵达浦口；三次车需三十个小时又四十分钟，当天上午九点三十五分出发，至次日下午四时十五分抵达。再从浦口渡长江进入南京城，赶在二十三日晚七时参加演讲，此行日程颇为促迫。因杜里舒已于前一日到校，故只待任公到场，中西两位大哲学家即同台讲演，宜乎其盛况之空前也！按，据二十七日《国立东南大学南京高师日刊》载二十三日《中外名流讲演》条记，当晚实有杜里舒与韦理士、麦柯尔、梁任公、张君劢五人分别演讲，"到会者几及千人，颇极一时之盛云"。

自此之后，任公即投入到每日的讲学、四处的演讲之中，忙碌异常。据十一月二十八日与梁思顺函可知，每周一至六下午二时至三时在东南大学讲《中国政治思想史》，每周一、三、五早七点半至九点半到支那内学院听欧阳竟无讲佛学,每周二上午为第一中学讲演(两小时),每周四在法政专门学校讲演(两小时),每周五晚为校中各种学术团体讲演(每次两小时以上),每周六上午为第一女子师范学校讲演(两小时),此外各学校或团体之欢迎会等每周至少也有一次。

为讲《中国政治思想史》,"讲义都是临时自编,自到南京以来,一个月。所撰约十万字"。任公的写作状态,据当年在校且与任公交往较为密切的学生黄伯易后来回忆:

> 他精神饱满到令人吃惊的程度——右手在写文章,左手却扇不停挥。有时一面在写,一面又在答覆同学的问题。当他写完一张,敲一下床面,让他的助手取到另室;一篇华文打字机印稿还未打完,第二篇稿又摆在桌面了。(黄伯易《忆东南大学讲学时期的梁启超》)

《中国政治思想史》稿本,今存,装订五册(有废弃稿若干页,装入另册),文字书写流畅,勾勒删改极少。谋篇布局,条分缕析,引证考述,中西比较,互为发明,一气而成者也。任公广额深目,精力充沛,文笔雄健,语音清晰,或授课,或讲演,声情并茂,给同学们留下较好印象,且态度谦和,"不似胡适等人讲话那样目空一切"(黄伯易文);所述先秦政治思想,"能洞悉其背景,故语语道出一时代与一学说之真谛,令读者发生一种设身处地之感想"(谢守恒《梁任公先生抱病讲学》),更能"令人兴起苍茫万古之感"(黄伯易文)。《易》曰"鼓天下之动者存乎辞",其此之谓欤!

书成之后,任公作《自序》。关于该讲义之撰著时间,今排印

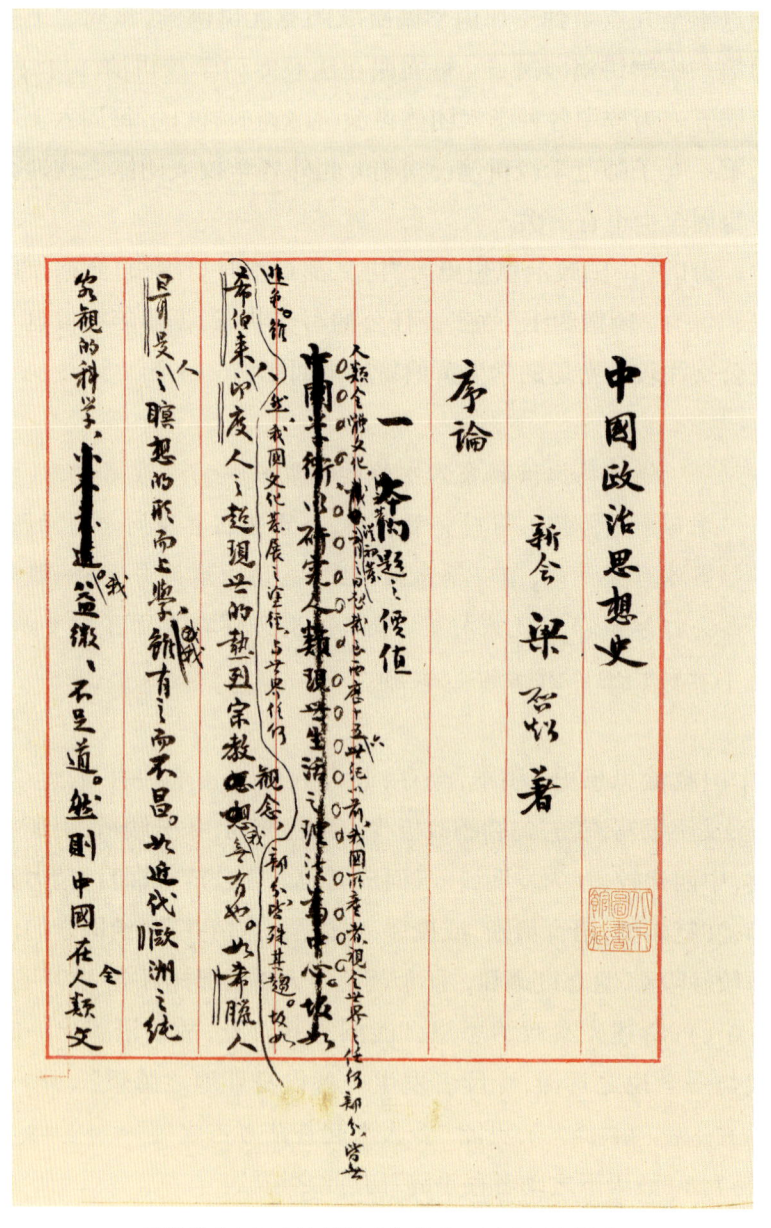

梁任公《中国政治思想史》，稿本。国家图书馆藏

本皆谓"起十月二十三日,讫十二月二十日"。然稿本第二十二节《民权问题》篇之末,自注曰:

> 民国十一年十二月十九日脱稿。时讲学东南大学,寓南京成贤街成贤学舍。启超记。

又第二十三节《结论》篇之末,自注曰:

> 全书成后,君劢谓宜有结论。越三日乃续作此节,盖两易稿矣。十一年十二月二十三日,启超记。

据此注内"越三日"推断,除《结论》一章为二十三日定稿外,其馀脱稿于十九日,当无疑也。然细审《自序》手稿,于"十月二十三日"之"三"上施一点,则"三"字当删去,是此讲义之编写实起十月二十日也。另据《结论》篇末之自注,"十二月二十日"内当补一"三"字,实全书定稿讫于十二月二十三日也。再从《新闻报》所记,任公十月二十二日始自天津南下,则今讲义开首部分,其作于饮冰室欤?

前任公与梁思顺函曰:"阳历十二月三十一日以前,截止功课,回家休息。"十二月二日函又曰:"决意阳历年内讲完,新年往上海顽几天。"一九二三年一月七日与梁思顺函曰:"只有五次讲义,每次一点钟。讲完就走。"十日与蹇季常函曰:"明日校课完全告竣,尚有一两次告别讲演。决十五日北旋,相见不远矣。"明日即十一日,星期四,则是提前一天结束矣。

告别演讲共两次,十三日一次,即《东南大学课毕告别辞》。

任公讲道："二十年前的教育，全采用日、德的军队式，并且仅能袭取皮毛，以致造成今日一般无自动能力的人！现在哩，教育是完全换了路了，美国式代日式、德式而兴，不出数年，我敢说是全部要变成美国化，或许我们这里——东南大学——就是推行美化的大本营。"黄伯易《忆东南大学讲学时期的梁启超》："南京的'自由讲学'，实际上是中国从摹仿日本学制改变到美国学制的一道分界线。"任公讲此话之目的，是为避免青年沉沦为"消耗面包的机器"而发者也。又指出，"东方的学问，以精神为出发点；西方的学问，以物质为出发点"，而东方的人生观，"认物质生活为第二位，第一就是精神生活"，盖"精神生活，贵能对物质界宣告独立"。这其实也就是任公在《先秦政治思想史》内所分析的中国政治与欧美政治比较后所作出的一种价值判断，亦即该书出版时，任公在书名旁复冠以"一名《中国圣哲之人生观及其政治哲学》"之深意也。

十四日一次，实为中午、晚上两场告别演讲并作宴请。蒋维乔日记："十二时至科学社，赴梁任公之约。督军、省长、王处长、傅严张三厅长及任叔永、丁文江二君均在座。午后三时赴讲演厅，金陵道属农业改进会，六时方毕。晚，各厅、处长合饯梁任公于财政厅，并演警察厅新制活动影片。十一时归。"蒋时任江苏教育厅厅长。至此，任公在东南大学的讲学及周边各学校、团体的讲演，告一段落。十五日乘车北返，次日晚抵饮冰室。

由于撰著劳心，演讲劳力，且又大醉一场劳身，十一月二十一日，散原老人于寓所宴请任公。任公曾在湖南与共事，不见者二十五年矣。散原老人开五十年陈酒相与痛饮，席间语及蔡松坡，任公凄怆伤怀，竟至大醉而归。最终任公是得了个心脏病而回。十一月三十日《国立东南大学南京高师日刊》有任公与演说会、国学研究会、文哲学会、史地学会、西洋文学会、马克思学说研究会、教育科、农科暂停课外演讲之《梁启超启事》，同日谢守恒《梁任公先生抱病讲学》之报道，有"梁任公先生担任本校讲师，教授《中国政治思想史》一课，听者有数百人。……忽于上星期染有微恙，延医诊治，尚未痊愈，而本星期一下午二时之《中国政治思想史》，任公因青年求知如渴，仍抱病讲学。……任公诲人不倦之精神，于此可见一斑"云。所幸还在初起阶段，"只须静养，几个月便好"（一九二三年一月七日与梁思顺函）。归家后即在《晨报》刊出《启事》，谓"遵医命，闭门养疴，三个月内不能见客"云。四五月间，移居北京翠微山。然六月底复匆遽返津，为南开大学第二届暑期学校讲学事，作《中国近三百年学术概略》，研究重心又重回清代。此是后话，详参《中国近三百年学术史》之《校订说明》。

二、初版与三版

近代以降之学者，多有自办或参与出版之活动，其中尤以任公为最突出，成就及影响也最巨。且又勤于著述，"其文条理明晰，笔锋常带情感，对于读者，别有一种魔力焉"，号新文体（《清代学术概论》第二十五节）；凡有新作面世，即行销宇内，再版不断，今所谓学术畅销书作者是也。且单行之本，亦大都是经由商务印书馆印刷并发行者也。

关于《先秦政治思想史》之印、发，任公一九二三年一月三十日与张菊生、高梦旦函曰：

> 在南京所讲《先秦政治思想史》，因校勘之便，故在当地

付印,所印凡三千部。除南京各校购取外,已属东大事务主任将所馀者悉交南京本公司分馆,听总馆指定分配,计日内当交到矣。惟此书销路决当不恶,今计所馀者恐不过千馀部,或转瞬即罄,故此时便当排印再版。今将印成校过之本寄奉,请即饬印五千,何如?或另印布面者一千,何如?若尔,其价请代定。或铸纸版,先印三千亦得。请代酌。

本书之撰写完成于一九二二年的十二月二十三日,课业截止于一九二三年一月十一日。据前所引黄伯易文谓"当他写完一张,敲一下床面,让他的助手取到另室;一篇华文打字机印稿还未打完,第二篇稿又摆在桌面了"可知,印刷厂排版所根据的应该就是"打字机印稿"。否则,限于当时条件,正常情况下不可能于课业结束不到二十天之内,就将一部十馀万字的书稿排版、校对并印刷、装订完成三千部,且已售出去近两千部焉。

这部印刷于一九二三年一月的初版,即任公与张、高函内所谓的"在当地付印"者,其版权页印刷者署"常州新群书社印刷所",地址为"局前街西首",则确属于在常州完成印刷者。然而此书的著作者与发行者,皆署"新会梁启超",总发行所与分售处皆署"商务印书馆"。此前此后之《饮冰室丛著》《梁任公近著第一辑》,亦是如此;而《清代学术概论》《梁任公学术讲演集》两书之著作者署"新会梁启超",发行者、总发行所与分售处皆署"商务印书馆"。

据一九一四年颁布之《出版法》第二条规定:

出版之关系人如左:

一著作人,二发行人,三印刷人。著作人以著作者及有著作权者为限;发行人以贩卖文书图画为营业者为限,但著作人及著作权承继人得兼充之;印刷人以代表印刷所者为限。(张静庐《中国近代出版史料初编》卷五)

是任公自著图书可以兼作发行人。而著作者兼发行者,无非就是利益之最大化。任公一九一六年与陈叔通函曰:"《国民浅训》寄各处者续商发行者,即托商务,但版租欲稍优。"一九一八年函亦曰:"《通史》版权必欲自有,故不能与他方面生纠葛;而自行印、发,又所不欲。故拟托商务代印、发,而定一双方有利之公平条件。"所谓"版租欲稍优"、"双方有利",即是此意。

按,任公前与张菊生、高梦旦函所言"今将印成校过之本寄奉"者,即在初版本上作了修订之本是也。同年八月十一日,复与之函曰:"拙著似尚有未印出者,《先秦政治思想史》,《任公近著》中、下卷。请一催。"今之《先秦政治思想史》一九二三年八月出版之本,时间与版本署"中华民国十二年八月初版"。后一九二四年五月三版、一九二五年四月四版、一九二六年五月五版、一九二八年六月六版、一九三一年五月七版诸本,且皆以一九二三年八月本为初版。然则,二版何时所印?今又安在?尝遍检各大图书馆馆藏书目,及近十四年来孔夫子旧书网交易记录,皆未之见。

又按,结合函内"或铸纸版,先印三千亦得"句似可推知,任公是将修订样书及该书纸型一并寄沪上商务印书馆,建议有二:一、修版后印五千;二、直接铸版印三千。今沪之初版,如:

改常州初版之"第厶节"为"第厶章"(参见第一章校记。

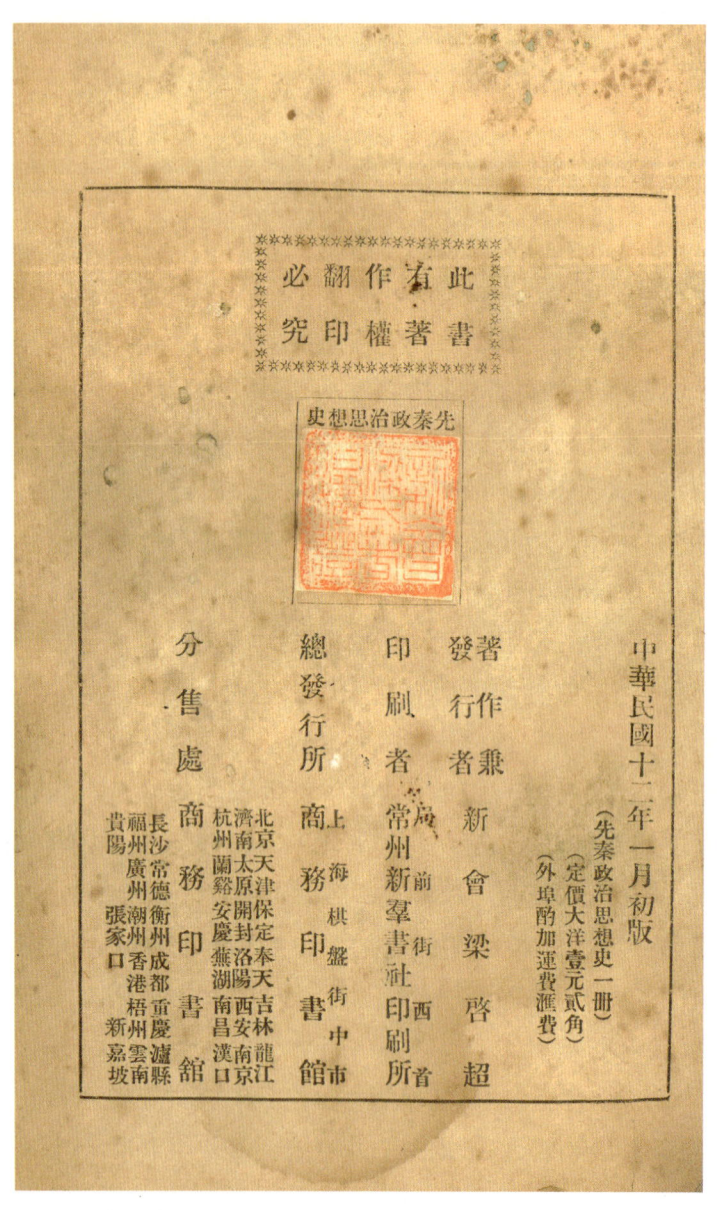

梁任公《先秦政治思想史》版权页，一九二三年一月常州
新群书社印刷所初版本。仰顾山房藏

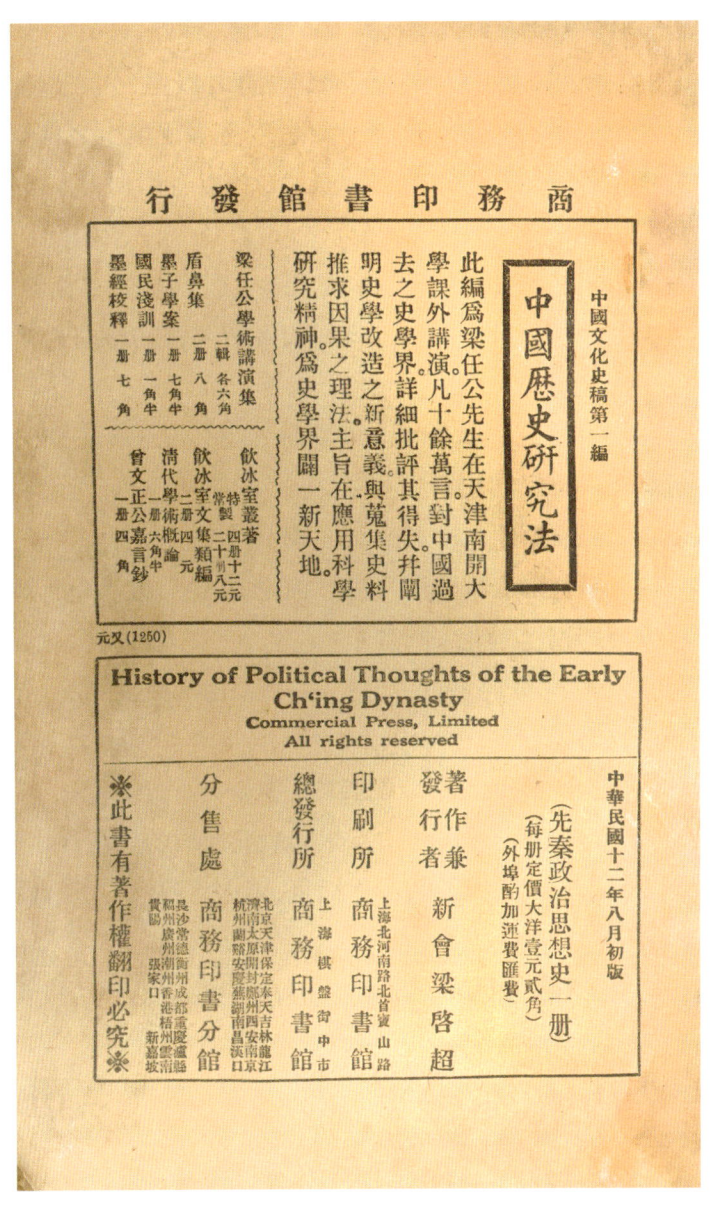

梁任公《先秦政治思想史》版权页，一九二三年八月商务印书馆初版本。仰顾山房藏

正文中有"次节"等漏改处）；

　　《本论》第五章《儒家思想》"道之以德，齐之以礼者，则专务以身作则，为人格的感化；专务提醒学生之自觉，养成良好之校风"句，常州初版无"专务以身作则为人格的感化"十二字；

　　《本论》第十五章《法家思想》引《商君书》"贤者以相出为务"后，常州初版无"案相出者谓才智临驾别人"十一字小字案语；

等等，不具列（详参文内诸校记）。可见商务印书馆最终还是据"印成校过之本"作了少许修订，如：

　　正文内原题作标宋体，改为黑体字；

　　原中缝单双页皆作"序论、前论、本论"，改为单页章名、双页为"序论、前论、本论"；

　　原中缝页码作"一、一二、一二三"，改为"一、十二、一百二十三"；

　　正文《序论》第一章倒版增一页；

　　《本论》第一章末《三百年间政况及政治思想界主要人物年代表》，原以手写石印作插页，不占页码，沪初版改排入正文，增加一页；

　　全书计增加两页（即如前所举两处分别增补十二字、十一字处，仅作段内推行）。

其他有些页面，也只是通过增加字间距或空格之方式，进行了局部倒版，挖改纸型，即铸版开印。

　　故曰：沪初版即常州初版之二版；沪三版即该书之三版，然商务印书馆后诸版皆以沪初版为该书之初版也。按，一九二三年

《清华周刊》第二期《书报介绍》曰："《先秦政治思想史》，梁启超著。三一六页，一册，一元二角。商务印书馆发行，十二年一月初版。"即将常州初版视作商务印书馆初版也。该书商务印书馆单行本最后一版为一九三一年五月的第七版，时任公已过世，林宰平负责《饮冰室合集》之编纂。期间，中华书局就任公著作版权一事，与商务印书馆多有交涉。陈叔通一九三一年十一月十日与陆费伯鸿函曰："商务所印零种，当由弟往商结束契约。"梁思成一九三二年十一月十七日与舒新城函："先严全集既经弟与贵局签订合同，由贵局出版，则其任何部分，不得由任何他人擅印。"

任公曾将常州初版签赠蒋百里一册，今存中国国家图书馆。有五条蒋氏批语，移录如下：

第二页，于"世界主义"、"民本主义"、"社会主义"旁各施墨点，批曰："径用此三名词未妥，拟改为：一、不专以国家为政治上之最高单位，而以人类全体为实行政治理想之目标；二、不仅以君主当爱民为原则，而以民心所推戴者为王，其理想不在君爱民，而在民爱君；三、不仅以生产为生计，要而尤注重于分配之平及均。"

第九页，对于"中国文明，产生于大平原。……许多表面上不相容之理论及制度，能巧于运用，调和焉以冶诸一炉"数句，批曰："调和之习惯，虽由平原之生活之气象，亦似由于'相对'哲学。《老子》首章即言有无相生，其义实出于《易》之乾坤。此其习惯之中于中国者甚深。即今日之对联、桌椅，亦取双数相对，益成为国民之天然趣味矣。国民之所以能容纳众流者，以万事俱看两面也。"

第二十六页，关于第二期周公、第三期封建制结果，批曰："孔子梦周公者，盖中国之政治规模至周公而始立也。悬想当时其规模之宏远,气魄之伟大,实令人惊绝。故我欲画中国政治事业史为三大段,即禹为第一期,周公为第二期,秦始皇为第三期也。周公之经营,似宜较为明晰的叙述。周公利用当时部落之形势,而变之为人为的封建。当时王畿千里,自可以控制天下。盖分封之国,所谓百里、五十里,仅指其开辟隶属言之,数传以后,渐至繁富,势不得不兼并而成大国(在汉初之封建犹且如此),故霸政之兴,自然之势也。况成周又遭夷狄之难乎!会盟征伐,益必有遗传,并非倡之自霸主。封建制度之成功有二大要素,其一则家族组织之精密,其一则筑城术之发明是也。盖当时名之曰封建,其实则屯垦而已,不(按,疑衍)故倡之自贵族,且自身共往耳。"

第二十六页,于"政令渐衰,诸侯不共,宗周卒为一异族名犬戎者所灭"一句旁各施墨点,批曰:"此说近俗。"

第三十二页,于标题"天道的思想",批曰:"似宜改为'天道思想之变迁'。"

批语虽少,意思实多,盖二人平时交流所及者乎?且读者遘睹不易,故录之以备参考。

三、译本与译者

任公之学术著作,译作日文者常有,一九二三年一月二十九日与梁思顺函有"日本人把我近年的著作翻译出好几部",次日与张菊生、高梦旦函有"《清代学术概论》日本有两译本"、"闻《历史研究法》译本亦将出"云。而同时有英、法文之译者,似惟有《先秦政治思想史》一种耳。兹分述之。

（一）英译本

一九二二年十二月二十八日，任公作《自序》，即谓"书成后，徐志摩拟译为英文，刘文岛及其夫人廖世劭女士拟译为法文"。陈从周《徐志摩年谱》："家书：'八月廿四日由欧抵沪。……今晚（重阳日）又因学事与父亲同去南京。'此为至南京成贤学舍参加欧阳竟无讲学事。"按，旧历八月廿四日即十月十四日，重阳日为十月二十八日。徐氏访任公，推荐英国艺术史家罗杰·弗莱（Roger Fry）来华演讲，希得以讲学社名义邀请。事具是年十二月十五日徐氏与傅来义函（梁锡华译，据韩石山编《徐志摩全集》第八卷）。次日，东南大学举行南京高师毕业同学会欢宴杜里舒、梁任公、张君劢，三人并有演讲；晚宴之际，任公语诸同人谓"所讲之《中国政治思想史》，已有人译成英、法文，不日即可告竣"云（《申报》一九二三年一月一日，另见《国立东南大学南京高师日刊》一九二三年一月九日谢守恒《南高毕业同学会欢宴中外名人志盛》）。

《自序》言"徐志摩拟译为英文"，盖该书之撰写实即出徐氏向罗素之建议，故译为英文介绍与西方，是题中应有之义。任公一九二三年五月二十六日与其师康有为函曰：

> 呈上纸三张。一款志摩者，即昨日造谒之少年，其人为弟子之弟子，极聪异，能诗及骈体文，英文学尤长，以英语作诗，为彼都人士所激赏。顷方将弟子之《先秦政治思想史》译为英文也。

就在任公写信给老师推荐这位"少年"的半个月前的五月十日，这位"少年"向欧格敦写去一信，说道：

关于梁先生论中国思想的书。这完全是我的错。这本书（中文本）不仅已经写就，而且两个月前已经出版。书名没有完全遵照你的建议，而是叫《中国政治思想史》。但这和思想通史大致是一码事。梁先生非常高兴知道你有这样的计划和建议，他想要我把它翻译成英文，我也答应了。但到目前为止，我只翻译了导言。书的篇幅极长，翻译成英文，我想起码有三百五十页。如果我下决心干，估计一夏天可以干出不少活。不管怎样，我个人认为这是东方极有价值的著作，我不会在意花几个月时间翻译它。（刘洪涛译，据韩石山编《徐志摩全集》第八卷）

这里有几层信息：一、欧格敦建议之书名可能是"中国思想通史"；二、徐志摩答应了任公要他承担英文翻译的工作，且已将导言译出；三、虽然篇幅较大，徐也愿意花几个月时间来翻译它。按，今英译本正文计一百九十九页。

孰料半年之后的十一月十五日，徐志摩再一次致信欧格敦曰：

至于梁先生的书，我真是惭愧极了，一方面对不起你，另一方面也对不起梁先生。我不是不愿意承担这一翻译工作，但这意味着要花三个月时间全身心投入，而我挤不出这么多时间。（同上）

徐直接打了退堂鼓。徐之所以不愿意承担，归根结底是不愿意拿出三个月全身心时间给"他人"，这在徐的其他书信里也有流露。

徐志摩与罗素函称作 International Philosophy Series（《世界哲学丛书》），与张东荪函则是《哲学心理科学方法国际丛书》，实际该丛书名为 International Library of Psychology Philosophy and Scientific Method。

《先秦政治思想史》之英译本书名作 History of Chinese Political Thought: During the Early Tsin Period。一九三〇年伦敦 Kegan Paul, Trench, Trubner & Co., Ltd. 出版。按，据该书书末所附《已出版书目》有萧公权的 Political Pluralism（《政治多元论》），《在进行书目》有胡适的 Development of Chinese Thought（《中国思想小史》）。前者出版于一九二七年，后者未觅得实物信息。

译者处署"L. T. CHEN"，介绍处写"General Secretary, Peking Y. M. C. A., Editor of International Understanding Series"。按，L. T. CHEN 即陈立廷，一八九五年生于北京。一九一三年毕业于清华学校；一九一七年耶鲁大学毕业后转入哈佛大学研究院，同年随华工赴法，从事青年会工作；欧战结束后回国。一九二八年任北京青年会总干事，兼北大史学讲师。次年赴沪，从事青年会工作，后兼任太平洋国际学会主任干事。一九三五年任国际问题研究会中英委员会主席。一九三九年受中国政府委派，参加国际劳工局农业委员会第二次会议，并往各国宣传中国抗战之意义，以期加强国际人士之同情与援助。著有《最近太平洋问题》《关税问题》等。一九三〇年四月二十一日《国闻周报》第七卷第十五期对陈立廷作介绍，曰"曾将梁启超氏所著《中国政治思想史》译成英文本"，即此书也。

英译本卷首有《译者注解》《作者简介》与《译者自序》三

篇,对该书著者与内容、学术成就及价值等作了介绍。书末附《汉语专有名词表》《索引》及《丛书》所收各书之推荐语。

(二)法译本

同样的,任公所谓"刘文岛及其夫人廖世劭女士拟译为法文"云者,也只是"拟"而已。按,刘文岛字尘苏,早年从事革命。一九一七年拜任公为师,次年充任公赴欧考察团随员,后得任公资助,入法国巴黎大学。一九二二年与廖世劭婚后再同赴巴黎,一九二五年获博士学位,归国任武昌中华大学教授。任公之所以如此说,盖一九二二年十月,商务印书馆出版刘、廖翻译的法国卓莱《新军论》,列为共学社《时代丛书》之一种。其时前后,二人正在国内,当有往还也。刘文岛后参加北伐战争,曾任湖北省财政厅厅长、武汉市市长及驻法国、奥地利、意大利公使等,一九四九年赴台湾。廖世劭,江苏嘉定人,一九二八年逝世于上海,归葬武汉东湖,年仅三十二岁。

今之法译本《先秦政治思想史》书名作 *La Conception de la loi et les Théories des Légistes à la veille des Ts'in*。一九二六年由北京 China Booksellers Ltd. 出版。封面署译者两位:Jean Escarra 与 Robert Germain。前者介绍处写"Professeur à la Faculté de droit de l'Université de Grenoble, conseiller juridique du gouvernement Chinois",后者写"Élève breveté de l'école des L. O. V., vice-consul de France"。按,Jean Escarra 汉译作约翰·爱斯嘉拉(一八八五——一九五五),法国人,法学家,曾任南京国民政府司法顾问。据《燕京学报》第二十一期容媛《国内学术界消息》,一九三六年北平法文图书馆(Éditious henri vetch)与巴黎西来书局

（Librairie du recueil sirey）联合出版约翰·爱斯嘉拉的《中国法》（*Le Droit Chinois*）一书，作者介绍处写道："约翰·爱斯嘉拉先生是位法学专家，在巴黎大学法科及比较法学研究所担任'著作法'讲座有年。他兼治中国法律，在巴黎大学中国学院讲授《汉律考》、《韩非子》等课。"文末对该书之不足也作了评述，曰："书中除现行的立法制度、司法组织及法律教育外，其馀关于中国法律思想及法制的沿革等部分，大都依据梁任公先生的《先秦政治思想史》、沈寄簃先生的《历代刑法考》等书，以及巴黎大学中国学院主任格拉南先生的著作。"这当是得了翻译该书之便。Robert Germain 汉译应是罗伯特·热尔曼，除法文介绍为法国驻中国副领事外，一时未能觅得其他更为详尽之履历。

法译本卷首有 Georges Padoux《序言》、译者《前言》。《序言》作者载名封面，并作介绍谓"全权公使、中国政府顾问"。按，Padoux 即宝道（一八六七——九六〇），自一九一四年起担任中国政府顾问，一战后参与巴黎和会中国代表团、中德复交、山东问题处理等重要涉外事件；南京国民政府建立后，续聘为立法院、司法院、交通部法律顾问，直至一九三一年退休。正文实则仅译了该书《前论》第七章《法律之起原及观念》与《本论》第十三至十六章《法家思想》，共计五章尔。书末附《索引》、《刊误》。

法译本流传较罕，因是节译，当年或仅在法律学界之小范围内作交流欤？

（三）日译本

重泽俊郎译，一九四一年一月创元社出版，列入《创元中国丛书》。按，重泽俊郎（一九〇六——九九〇），一九三二年毕业于京都帝国大学文学部哲学科，曾任东方文化学院京都研究所助手，一九四二年任京都帝国大学文学部助教授，一九五〇年升任教授。主要研究先秦至汉代之经学与诸子学，著有《左传贾服注攟逸》《原始儒家思想与经学》《中国的传统与现代》等。

日译本卷首有《译者序》，除介绍任公生平之外，对任公在现代中国之思想启蒙与学术推动上，予以客观评价曰："他在思想方面可以说是新中国先驱性的存在，在学问方面则是对现代中国学术界启蒙性的存在。如今看他的思想，未必十分卓绝；作为实践家，他的行动也未必没有可责备之处；但他对当时青年的刺激，成为新社会强力出发的原动力。……在理解新中国思想学术之时，必须要理解原著者梁启超在思想方面和学术方面是新中国诞生的动力。"在中日战争处于相持之际，如此评判，亦颇可玩味。又谓翻译时，曾向平冈武夫借阅若干书籍云。

上述三书暨资料之搜罗，多有不易。英译本、日译本请白爱虎代购自孔网。法译本孔网虽有见售，然索价颇昂，力不能胜，转请刘景云从中国国家图书馆藏本复制若干页；后经雷强之助，自海外旧书网觅得一册，并为作法语文字之校正。日译本之《译者序》请苏枕书为作翻译。对不谙外文如我者，于三书之绍介可谓是极艰难的，故只能简列版本信息，聊存其概而已。

四、底本与校本

此番整理，以商务印书馆一九二五年第五版为底本；以中国国家图书馆藏稿本（简称"稿本"）、常州新群书社印刷所一九二三年一月印刷之第一版（简称"初版本"）、中华书局一九三六年《饮冰室合集》本（简称"《合集》本"）为校本。大体原则如下：

（一）稿本文字凡可两存或优于底本者，出校说明。否则不出校，如《本论》第七章《儒家思想》引《荀子》"俄则屈安穷"句之杨倞注"犹言屈然穷"，稿本与初版本皆作"犹然屈然穷"；同章引《荀子》"禄天下而不自以为多"，稿本与初版本皆作"禄天下而不以自为多"；商务本皆已改正。按，如《本论》第十四章《法家思想》引《尹文子》"治乱续于贤愚"句，"续"字《尹文子》他本作"属"、"系"者，此类原书版本之异，文中未校，于此说明。

（二）任公稿本，原即施以新式标点（含专名线）；而其时之新式标点无顿号，语词（含人名、书名等）并列，俱用逗号；且任公好用分号。今兹标点符号，大体依从稿本，可用顿号者（原为逗号）改为顿号，多数分号改作句号，以合当下之标点符号使用习惯。按，多数并列单字如"儒、墨"、"孔、老"、"夏、商"、"秦、楚"等，中间施以顿号；然如"尧舜"、"孔孟"、"老庄"、"秦汉"、"汉唐"、"唐宋"、"欧美"等具有成词性质之并列字，两字连用时，则中间未施顿号。

（三）底本、稿本、初版本三本字旁之单圈"○"，互有出入，兹汇此三本内字旁之有圈者于一本。

（四）任公徵引前人文字，明引暗引，或凭记忆，或述大意，覆核原书，颇有差异。今凡脱讹衍倒致文义稍有错乱或文气不甚连贯者，则为校改，并出校说明。馀则一仍其旧。

（五）凡属于任公本人或时代习用之字，如"个"、"狠"、"才"、"那"、"奖厉"、"丝豪"、"轻养（氢氧）"以及"起源"与"起原"、"勃兴"与"浡兴"、"部分"与"部门"（有部分意）并用等，不作校改。

（六）附录之《中国政治思想史序论纲要》、《先秦政治思想史删存稿》《先秦政治思想》《先秦思想家小传》四篇，皆据稿本收入；谢守恒据课堂讲授记录并整理之《中国政治思想中的三大特色与四大潮流》一篇，据《国立东南大学南京高师日刊》收入。其中在北京法政专门学校五四讲演之《先秦政治思想》一篇，曾先后刊发于《晨报副刊》《法政学报》《改造》《梁任公学术讲演集》、乙丑重编《饮冰室文集》《饮冰室合集》等，俱作参校。

由《中国政治思想史序论纲要》可推知落笔前之谋篇布局，示著述之门径；由《先秦政治思想史删存稿》可推知写作中之增删改易，观思绪之变迁；为我们了解任公创制之法与修改之迹，提供了第一手的文本，故皆辑作附录。

至于《先秦思想家小传》，从每篇篇末"梁启超曰"来看，或即为专书之一种，惜今仅存《伊尹》《箕子》《太公》《周公》、《周代诸史官》《管子》六篇。按，《周代诸史官》内所列老聃、左丘明后注谓"别详专传"，未见；又，《管子》篇缺"梁启超曰"及以下文字。然如《周代诸史官》提出，"欲研究先秦思想者，当知新学派未发生以前，先有此种官府学派、半宗教的学派，然后各种新学派若何继承、若何蜕变、若何反动，乃可得而察也"，可与《本论》第一章《时代背景及思潮渊源》"前此教育为学官掌之，舍官府外无学问"对看。而在《周公》篇末之"梁启超曰"，说道：

> 言圣必称周、孔。孔子开新思想者也，然孔子实长育于周代旧思想之中。岂惟孔子，诸子皆然矣。周代旧思想，则周公其创作者，且其总汇者也。夫易象者，自然哲学之先河也。官礼者，礼治主义之极轨也。其训诰之文，则王道浃人

> 事备矣。周公以介弟作元辅,以大思想家为大政治家,其为一代世运所系,不亦宜乎!

此段文字颇有深意,所谓"以大思想家为大政治家,其为一代世运所系"云者,任公盖以此自期许焉!研究先秦之政治思想,终归为现实服务,而"今之中华民国冒民权之名以乱天下者",因"'小人'以参政权"。所谓"小人"者,非生理上之小人,实乃"人格未完成之'小人'"是也。任公之东西南北走,讲学讲演,亦以求青年"人格教育之实现",故已之"教育活动"即"政治活动",惟有一以贯之而已矣。

《先秦政治思想史》之校订,未若《清代学术概论》、《中国近三百年学术史》之复杂,然此篇《校订说明》诸节之考述,实非容易。如为查阅《国立东南大学南京高师日刊》,曾先后请刘景云、王松霞、萧亚男、苏芃、程章灿、韦力、刘易臣、胡晓、朱翠萍、吴敏霞、姜妮、张宇青助力,终于陕西省图书馆觅得若干期;另请陈鑫代检严范孙未刊日记、张玉亮代索《舒新城日记》等;郭惠灵、李成晴、李碧玉分任校对之劳;是所深谢者也。

原拟于《讲义与讲授》后设《新学与旧学》一节,俾以此考索任公一九二二年秋赴东南大学讲授《中国政治思想史》之背景与目的,以及此后之出处与事功,则欧游与"新文化运动"所产生之影响,诚有莫大之关系焉!结合此前国内舆论多新旧之论,且各种主义,交错流行,你方唱罢我登场。作为甲午后倡维新并引领思想界近三十年之梁任公而言,亟需反思东方文化之价值。盖所谓新无常新,旧无恒旧,旧学商量,以新精神是

校周代舊思想之中，堂惟孔子、諸子皆無矣。周代之舊思想，則周之其創作者且其總遊者也。夫易象者，自無哲學之先河也，官禮者、禮治之義之極耽也、其訓誥之文，則王道達人事備矣。用之以合而作元輔，以大思想家、大政治家，其為一代世運所毓出不亦宜乎。

梁任公《先秦思想家小传》，稿本。国家图书馆藏

姑曰多方、曰立政、曰周官皆得禾序、将蒲姑序書

周官四篇、今亡其、其見於逸周書者十四、曰大開武、曰小開武、曰咸開、曰作雒、曰皇門、曰大戒、曰周月、曰時訓、曰月令、曰諡法、曰明堂、曰本典、曰官人、逸周書序

周公所作詩歌見於詩三百篇中者、曰七月、曰鴟鴞

序而神經十七篇、周官六篇、後世學者皆謂書

詩而神經十七篇、豐公尊儀、神瑞序

周公攝政致太平之書、而尔雅釋詁一

[左側小字] 崇戎二十又二年在六、親張揖上果云多云云

也。任公曰:"中国对于全世界人类文化之最大贡献,究为何种学术?试再四图维,厥唯政治哲理。……政治为人类进化之枢纽,亦为文化演进之中心点。"(《中国政治思想中的三大特色与四大潮流》)其所倡导者,实乃儒、墨、道、法中之优秀思想可为现代人类服务之精神也。此与今日之复兴中华优秀传统文化,其理一也。

然则《新学与旧学》节,思之数月,不得一字。曾与黄振萍上下其议论,起予虽多,终因业馀进行,夜深灯昏之际,总感力不从心,且浅识如我,亦难以作更为深入之研讨,故只好弃之矣。非不为也,实不能也。惟梳理撰述之过程与版本之流传,旨在佚篇之蒐辑与文字之校订,期读者得有善本可读,于愿足矣。

辛丑腊月,个厂于仰顾山房。

(原为中华书局2022年版该书卷首之"校订说明";后经澎湃新闻2022年5月4日转发,并拟文题,文前附"按语")

梁任公赠言毕业生：毕业乎？始业乎？

一九二三年北京高等师范学校改名北京师范大学。同年六月二十三日，举行一九一九级毕业典礼。初由教务长查良钊致开幕辞，续有教育次长沈步洲、校评议会主席王仲达、北师大新任董事长梁任公等讲演。梁任公讲演的题目为《毕业乎？始业乎？》。据现存的任公手稿来说，任公在有预约的重要场合的讲演，一般都会准备讲演的内容，或者讲演的大纲。

从任公《毕业乎？始业乎？》讲演题可知，定是做过一番准备的。但是，在任公之前讲话的王仲达，却讲到了与任公一样的话题。据当时现场的记录，王仲达讲话里有"今日之典礼，中国称之为毕业，而外国则谓之为始业(Commencement Day Exercise)。今不论其为毕业、始业，但余以为诸君……自今日起开始做人师表，一举一动，当作少年之模范"诸语。估计等到任公讲演时，即使有讲演稿，不能也不会讲一些与之相同的内容。任公说："今日欲讲的话，已为王仲达君说过，其馀也不过愚腐常谈，只可随便说说而已。"于是就有了这篇可能与讲演稿完全不同的内容（当然，在任公手稿内也并未发现《毕业乎？始业乎？》文稿），其内容也确实可以用"随便说说"来形容。其文如下：

毕业乎？始业乎？

去岁在京，与诸君常会于此。后因事南下，会晤遂少。

今日当师大成立之始，又逢诸君毕业盛典，觉得非常的荣幸，非常可贺。今日欲讲的话，已为王仲达君说过，其馀也不过愚腐常谈，只可随便说说而已。

吾人终身的业务有二：一为学业，一为事业。

在学校毕业，只可算是完了一段事业。至于学业则从无止境，死而后已，那里有完毕的那一天呢？以活泼的青年，学业已完，那里有这个道理呢？究竟中外除老死及耳目不聪者外，何时何处有做完事业之人呢？

凡人在学校求学，多需他人帮助，因年少无知，必须先觉者加以指导。一旦毕业出校，正是开始出其所学实行做事之时。

譬如行路，欲由北京到上海，第一步必先看地图，研究购车票、开车时间表等事，第二步始实行登车起程。若云将第一步做完，即算毕业，即算到了上海，这岂不是笑话吗？

诸君今日毕业，是把第一段工夫做完。从今日始，即做第二段工夫。正是离开厂甸开步走之第一日，那里能说是毕业呢？

今日欧美各国教育比较完善，办法亦颇齐备，然学校与社会还不能算毫无界限。

前数年，中国学校的工作与社会完全分离。学校书本的知识，出门不能应用，学生毕业入社会，作为另外投胎。

近数年来，教育稍见进步，然亦不能谓社会与学校完全一致。故望诸君以今日为始业，且学生在校数年，已受社会恩典，到社会上做事，当思极力报此恩典。

中小学毕业后，尚不能入社会做事，故尚够不上始业。

诸君毕业专门大学，出而应世，真可谓始业矣。当行此始业之时，吾想诸君神气必清明，志趣必高尚，望诸君本此时之态度，到社会去服务，始终不变。直到七八十岁，耳目不聪明时，已为社会尽力。自觉毫无惭愧，然后退休田园，始可称为毕业，诸君以为然否？（李声堂、黄秉衡记录《本校举行第十次毕业典礼补志》，载《北京师大周报》一九二三年十月二十一日）

按，称"毕业"为"始业"，王仲达以 Commencement Day Exercise 为释。此英文词有"开工日"、"毕业典礼日"两解，故有毕业即始业之谓。

其第二年五月，任公序《师范大学第一次毕业同学录》，犹曰："毕业之名，非达名也。言乎学业耶？终身由之而不能尽。……言乎职业或事业耶？家庭学校之覆育终，而对于社会

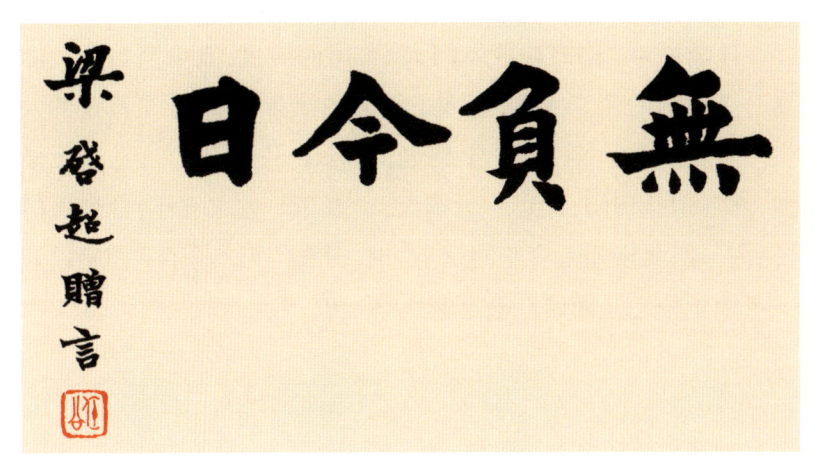

"无负今日"，一九二五年梁任公书赠北京师范大学毕业生。
载《民国一四北京师大毕业同学录》

之义务正起始耳。……余惟有一语告诸生曰：今日非诸君子毕业之时，乃诸君子始业之时也。"重申此意。

一九二八年，傅斯年序《中山大学民国十七年届毕业同学录》，曰："'大学之业'实在是'社会之业'的准备，'开宗明义第一章'。'毕业'，毋宁说'始业'的妥当吧。"

一九三二年，彭文应作《教育的根本改造》，曰："'毕业文凭'若改作'始业文凭'，到还有点道理。"

一九三九年，罗廷光赠西南联大教育系毕业学生纪念册，曰："学无止境，业何曾毕。毕业云乎，始业而已。"

一九六五年，王云五为铭传女子商业专科学校毕业致辞，其题为《毕业即始业》，有曰："我为什么要说毕业即始业呢？这个'业'字有两种意义：一指事业，一指学业。如谓学业完成，事业开始，那是毫无疑义的。……英美人称大学毕业典礼为Commencement，这个名词的原意是指'开始'，毕业典礼所以用此称谓，当然是指在学校学业告一段落，便开始进入社会从业。"

任公所谓"诸君毕业专门大学，出而应世，真可谓始业"，即离开了有形的课堂大学，进入了无形的社会大学，才是真正的人生事业的开始。活到老，学到老，为社会尽力，且"自觉毫无惭愧，然后退休田园，始可称为毕业"。及至一九二五年，任公再序《民国一四北京师大毕业同学录》时，复赠"无负今日"四字以勉天下毕学校之业而始社会之业之诸生也。

（原载澎湃新闻 2022 年 6 月 23 日）

《清代蒙藏回部典汇》的成书、流传及其历史文献价值

《清代蒙藏回部典汇》(以下简称《典汇》),吴燕绍先生编纂。

吴燕绍,字寄荃,江苏吴江人。生于同治七年(戊辰,1868),光绪十四年(戊子,1888)应试秋闱,三场策问中有西北地理之题,竟瞠目不知所对,落第而归,愤而阅辽金元史、一统志、西域四种、《藩部要略》、《蒙古源流》、《蒙古游牧记》、《朔方备乘》诸书,于西北史地,粗知梗概,遂生研究之志。

光绪二十年(甲午,1894)中进士,以内阁中书用。按当时规定,凡发钞之件,均经内阁,吴燕绍先生即于值夜班之际,遇边务章奏,手自钞录。宣统时调理藩院为主事,在北档房行走,每见旧档,凡涉及蒙古、西藏、新疆者,择要钞录。此为编纂《典汇》的开始。

辛亥革命后,吴燕绍先生供职蒙藏院,又主编《蒙藏回白话报》。其时,军阀混战,人民流离。而边疆地区,列强虎视鲸吞,主权丧失,竟毫无挽救之策,当政者对于这些地区的历史源流,地理沿革,亦盲然不知。吴燕绍先生更欲完成一部清代边疆史料,供国人志士之参考,其意在边疆(特别是蒙古、西藏、新疆)地理的考证,驳斥帝国主义分裂之野心,以期五族之团结。吴燕绍先生在此材料基础上,撰写了《西藏史大纲》讲义,《序》里说出了自己研究边疆史地的目的。他说:

> 有清一代，以宗教之信仰，施以羁縻政策，辅以兵力御侮，收入版图，而外祸频仍，英俄互诱，至锡金条约，订城下之盟，国势一落千丈矣。……窃愿治边政者，鉴得失之林，考盛衰之故，勿以旦暮之更张，谓可以起衰而兴胜我抗也。又勿搪撞号呼，欲率一世之人，兴盲进以为破坏之事也。边氛日亟，后患方长，毋趋捷于近功，乃渐渐于正轨。

吴燕绍先生的研究成果，在巩固民族团结、破灭帝国主义分裂企图等方面都起到了很大的作用。王梅堂先生在《关于民国初年创办的藏文白话报》中写道："吴燕绍……熟悉民族风情，更有志于五族大同。"并引吴敬熙《纪念词》中所言："寄荃先生发挥而光大之，发刊以来，边陲各界大受欢迎，刊发请益之文电，络绎不绝于道，益坚边氓内向之心。今蒙、回、藏各境日就和平，五族共和国基日固，其文字收功远轶于武力之上。"

其子吴丰培先生说："忆我幼年时，民族地区，亲王贝勒、活佛喇嘛、平民百姓及关心边事人士，慕名来访，络绎不绝。每到假日，宾朋满座，足见先父对于民族工作，颇有声誉，威名在外。当时清史馆成立已久，纪、传、表、志均有人承担，独西藏一篇，尚缺撰人。清史馆馆长赵尔巽亲临敝舍多次，敦请先父承担，情不可却，允为撰写。"今《清史稿》中西藏一篇即为吴燕绍先生所撰写（有些内容后为清史馆馆员删改）。顾维钧先生亦回忆道：

> 西藏问题是和英国争论的问题。……中国的这块地方在满清王朝初期收进中国版图，有它自己的特点。这块地方不大为国人所知，甚至政府首脑也不大清楚。……我

在所谓"蒙藏事务局"中找到了这些人。其中有一位姓吴的学者，任该局参事，堪称西藏专家。认识他真是有幸，这对我的工作极有帮助，我不时需要与他磋商，征询他的意见。……吴先生对这个地区的知识如此丰富，对我提出的任何问题，都能给予圆满的解答。

从这些记录可以得知，吴燕绍先生在边疆史地方面确是一位研究专家，且享有很高声誉。

《典汇》初编纂时，仅就一些资料及旧档加以排比，未成体系。后仿李焘《续资治通鉴长编》例，以编年录事，年下编月。但当时所见资料亦毕竟有限，故只能以《东华》四录为根据（蒋良骐《东华录》、王先谦《东华续录》、潘颐福《咸丰朝东华录》和朱寿朋《光绪朝东华录》）。后入清史馆，得见清历代《实录》原本，但《实录》与《东华录》皆是以上谕为主，录各处奏报之折，只有事由，并无原文，对于事件，亦难详原委。其中最大问题，莫过于年月与实际之不符。因为《实录》和《东华录》均以上谕颁发日期为准，而不管事件发生的日期，所以这两种书不能记载事件全部经过，且所记时间也不可据，故纂者又博采他书，广收佐证，依次编排。吴燕绍先生自作的《采书目录》共列图书六十一种（不计《东华录》），其实书中所引图书远不在此数。兹就所引图书种类作一说明。

一、圣训、上谕、起居注。如《朱批谕旨》及《雍正起居注》、《乾隆起居注》、《嘉庆起居注》、《道光起居注》（据《采书目录》还有《咸丰起居注》、《同治起居注》、《光绪起居注》、《摄政王起居注》）等。

二、档案。档案之重要者，以军机处为最。但是此批档案中有的因抗战而南运,今藏台湾。如《雍正军机档》《乾隆军机档》《嘉庆军机档》《道光军机档》(据《采书目录》还有《咸丰军机档》《同治军机档》《光绪军机档》)等。

三、方略。所收之上谕及奏章,始末具在,所记年月,翔实可据,大致保存了原始资料,如《平定朔漠方略》《平定准噶尔方略》《平定两金川方略》《开国方略》《藩部要略》等。

四、蒙藏回三部之史地类图书。如《蒙古史》《蒙古游牧记》《西藏见闻录》《卫藏通志》《西域图志》《新疆图志》等。

五、奏牍。如刘中丞奏议、允禵奏稿、孟保奏疏、德勒克多尔济奏稿等,这些都很是重要。另外,《典汇》中还收录了如松廷、凯音布、伊里布、法丰阿等不常见的奏折,具有很高的文献价值。

所以《典汇》一书,资料详赡,吴丰培先生曾说:"其中不乏秘笈、前人所未经发现的,故内容丰富,举凡政治、经济、地理、史事、军政、外交、风土、人情、宗教、文献,莫不涉及。篇幅之多,字数之夥,似乎清代记边之作,无出其右者。"并非虚誉。

吴燕绍先生于一九四四年逝世,生前未能将自己所编纂之书出版。其子吴丰培先生继承父志,研究边疆史。此稿一直珍藏于家中,没能面世。"文革"伊始,吴丰培先生被抄家,幸此书未被抄走,而先生又下放湖北"五七干校",随身物品,即此《典汇》一书,装三大木箱,虽万物可失,然此稿不能丢。致使挨批挨斗多次,直到一九七二年返回中央民族学院。

吴丰培先生说道:"顾颉刚先生于'文革'之后,第一次见

吴燕绍《清代蒙藏回部典汇》，稿本。吴锡祺供图

面，首问此稿有无损失，告以妥存无恙，便喜形于色，称幸不已。"顾颉刚先生一九七九年四月十三日的日记中也写到："予之心事有三部书当表彰：一、吴燕绍《清代蒙回藏典汇》；二、孟森《明元清系通纪》；三、钱海岳《南明史稿》。"《典汇》今日犹完好，存稿本四百多册。

此书纪事起于癸未（1583，即万历十一年），迄于宣统三年（辛亥，1911），但是光绪、宣统两朝的原稿没有发现，咸丰、同治的资料也只有五十八页纸，当有残缺。今存原稿共计一万六千九百三十三纸，给全书配上年、月目录，则在三万四千馀面。字数大概在一千五百万左右。

尽管此书存在着诸多不足，咸丰、同治、光绪、宣统四朝，没

有全部完成，自述中所谓的"插画三千页"也未能发现，所根据的大部分材料如起居注、军机档、方略、通志等，今天也可以见到，但是书中收录了许多不常见的史料，如奏稿等，因为是第一手资料，所以非常的珍贵。而且编纂者把大量的资料汇集起来，并作了编年排列，这就使读者能够得到比较详细系统的关于有清一代蒙古、西藏、新疆(回部)三地史事的素材，这对后人的研究必能起到很大的帮助。因此，这部《典汇》仍有他的参考价值。

(原载《书品》2005年第二期)

从《陈梦家学术论文集》看现当代学术文献之整理

文献整理在我国有着两千馀年的悠久历史，但是直到一九三四年陈援庵先生发表《元典章校补释例》（后改名《校勘学释例》）之后，现代意义上的文献整理方法始得以确立。这份《释例》主要针对的还是古代典籍（即我们常说的古籍整理）。中华书局经过近六十年来古籍整理的实践和总结，已经基本形成了一定的标准和规范，由许逸民先生撰著的《古籍整理释例》（中华书局二〇一一年）既有实践的经验分析与总结，又有科学的理论概括与探讨。在此基础之上，中华书局又使之简洁、具体，整理成规范性的文件，并经国家新闻出版广电总局批准发布《学术出版规范：古籍整理》（CY/T 124-2015）为行业标准（中国书籍出版社二〇一五年）。上述两种图书，对古籍整理的理论、体例、标准、方法以及具体操作诸方面，都具有切实的指导意义。

然而对于那些经历了波澜起伏的历史时期（主要指二十世纪二十年代至八十年代）的现当代文史学者而言，他们所写的学术论文，撰写时间前后跨度都有几十年，且发表在各个时期不同刊物之上。较大的时间跨度意味着不同的时代色彩，复杂的文献来源又带来了各异的体例风格，所以编纂整理这一时期学者的学术论文集，其遇到的问题较普通的古籍整理图书和单纯的学术专著来说，更为复杂，更为棘手，而处理这些问题的过程也需要更为全面，更为精细。

中华书局近十五年以来，一直致力于现当代学者的文集、著作集、全集的出版工作。如"陈梦家著作集"是二〇〇二年即开始实施的重要项目，其已经出版过的专著《殷虚卜辞综述》《西周铜器断代》《汉简缀述》《尚书通论》《六国纪年》《梦家诗集》，或校订再版，或增订重排，较为容易。而其馀单篇文章，有散文、杂文、戏评以及专业学术论文，前者难度相对较小，委托上海陈子善先生收集，汇集为《梦甲室存文》，已于二〇〇六年出版。后者定名为《陈梦家学术论文集》，委托社科院考古所王世民先生收集；这些文章，撰写时间前后跨越三十年，其中有一半以上发表在民国时期，底稿来源包括从民国到当代的十几种刊物、图书、考古报告以及作者的批改本和手稿。如何编排，如何校订，如何处理所有文章中出现的各类情况，最终以什么样的形式和标准呈现给读者，是我们工作之前必须考虑周全，并制定合理的实施方案的。

下面就针对本论文集整理、编校过程中出现的主要问题以及解决方法与方式，分类说明。我们觉得，其中很多情况都是编纂此类论文集比较常见的问题，可以作为较典型的例子。

一、编纂体例的确定

由于论文集所收文章撰写于不同时期，内容各异，且发表于不同期刊，底稿在版式层级、文字使用、标点方式等方面的体例是不统一的，而将这些文章编纂成一部论文集，首先就要确定一个统一且完善的体例，因此需要解决以下几个方面的问题：

（一）确定编排顺序

陈梦家先生曾于一九五七年自拟一份学术论文目录,是按发表先后编排的。此次即以此目录为基础,并由社科院考古所张长寿、王世民二先生补充以一九五七至一九六六年发表的文章,共得四十九篇。其中十三篇因全文收入或改写后收入作者其他相关专著,故本论文集只整理收入作者生前已刊论文三十五篇,按发表时间顺序进行编排,收入他书的十三篇在目录之后作"存目"处理,并于每篇篇名后注明原载何处,以及后收入或改写后收入何书等情况。另外还找到陈先生在世时未发表的论文十篇,其中三篇曾由王世民先生整理发表者置前,六篇手稿由中华书局编辑部整理者置后。

另外,为展示陈梦家先生的治学精神,我们特意从已刊论文中取陈先生批改较多的《商王名号考》抽印本,并从未刊论文中取《右辅瓌宝留珍札记》手稿,将二者直接以原件扫描的形式,置在全书论文之后,以为读者参考。

（二）确定版式和层级

论文集底稿原有的版式和层级各不相同:有的为横排版,有的为竖排版;有的前设小目录,有的则没有;有的将章节标题集中体现在文前小目录中,对应章节前不再显示,有的则分别写在对应章节前;有的文中夹注是以加括号的形式表示,有的则是以小字形式表示,还有的是以小字加括号的形式表示;有的注释采用脚注形式,有的则采用尾注形式;各层级的字体字号也各不相同。

陈梦家《右辅璟室留珍札记》，稿本。王世民供图

经过对全书所有稿件类型深入分析,最后设定版式和层级:全部改用横排版;删去所有小目录;章节标题统一写在对应章节前;夹注统一采用小字加括号的形式;注释统一采用脚注形式,整理者的按语前加"整理者按"字样与作者自注相区别;各层级分别采用统一的字体字号。

版式调整后,文中一些提示位置、页码的词也要相应调整:竖排版改成横排版后,原来提示位置的"右""左",需相应改成"上""下";随着重新排版后页码的变化,原来文中"上页""下页""第几页"等提示词、脚注的注码等,需根据实际情况作出调整,使之对应。另外,作者在文中提到自己的另一论文时,一般提供原始发表期刊上的页码,但如果该文也收入本书,为方便读者翻检,则以"整理者按"的形式给出其在本书的页码。

(三)确定用字

论文集底稿的用字颇为复杂:首先,由于时代原因,存在繁简字夹杂、新旧字形并用的情况;其次,由于内容原因,所收文章中颇多字形辨析的内容涉及古体字、异体字。为了使文章观点得到准确表达,同时符合出版的规范要求,我们将用字体例确定为使用通行繁体字,并根据内容需要保留古体字和异体字。结合论文集的具体情况,又分为以下几点:

第一,繁简体字的处理。凡文中出现的简体字,都改为对应的通行繁体字。底稿中二十世纪五十年代发表的几篇文章繁简夹杂,八九十年代整理发表的几篇全部是简体字,都需要一一甄别转化为繁体字。

第二,新旧字形的处理。凡不涉及字形辨析的旧字形,全部改成新字形,如"宫"改为"宮"、"説"改为"说"、"静"改为"静"、"遥"改为"遥"等等。另外,还要注意一些生僻字或造字的旧字形问题,如《古文字中之商周祭祀》中有"䄂"字,底稿中"册"写成"冊"或"冊"都是旧字形的写法,也应改成新字形"䄂"。

第三,古体字的处理。凡文中出现的古文字字形,如甲骨文、金文、小篆等,由于与作者的学术观点密切相关,全部采用扫描形式,尽可能保留原样。个别底稿印刷不够清晰的,用黑笔照原样加以勾画,使笔画清晰后再予扫描。

第四,异体字的处理。以下三种情况的异体字须保留:

(1)凡涉及字形辨析的异体字,予以保留。如《商代的神话与巫术》:"挈,本作契,乃契刻字,故《年代历》云少昊名挈,或云名契。"其中"挈"是"契"的异体字,但此处是作为两个不同字形来比较,如果将"挈"改成它的正体"契",语义就不对了,因此予以保留。

(2)凡用于特殊专名的异体字,予以保留。如《秦刻石杂考》中提到《籀䯧述林》一书,"䯧"是"顡"的异体字,但此处是用在书名中的,是特殊专名,因此予以保留。

(3)凡用在甲、金、简帛、石刻等释读文字中的异体字,予以保留。如《令彝新释》"受卿事寮","寮"即"僚",但此处是用在铜器令彝铭文的释文中,"寮"字从"火"保留了金文字形,因此予以保留。

不涉及字形辨析、专名或古文字释读的异体字,则根据通行繁体字规范予以统一。如"考证"的考,论文集中有"考""攷"两种字形,在不涉及上述三种情况时,统一用"考";"附论"的

"附",有"附""坿"两种字形,统一用"附";"注释"的"注",有写成"註"的,统一用"注";"同上"的"同",有写成"仝"的,统一用"同";等等。

(四)确定标点使用方法

论文集底稿的标点情况也颇为混乱,以其中已发表的文章来说,有二十馀篇使用全式标点,九篇使用新式标点,另有四篇使用的标点极其不规范。这就需要确定一个全书统一的标点体例。为了使原稿的信息得到更多保留,同时与"陈梦家著作集"中已出版的《殷虚卜辞综述》《西周铜器断代》相一致,我们将标点体例确定为全式标点。具体包括以下几点:

第一,全书的标点方式的统一。主要是给没有使用全式标点的文章添加专名线。加专名线时,也要注意和作者的学术观点相一致,可参考作者标过专名线的文章,如《射与郊》没有标专名线,但其探讨的内容和《祖庙和神主的起源》多有相同之处,所引材料也多有重复,因此在标注该文专名线时可以参考《祖庙和神主的起源》一文。

第二,专名线具体标法的统一。底稿中原本就使用专名线的文章,其专名线标法很不一致,同样的词语形式在不同文章或同一文章的不同段落,其专名线标法也有差别。如"中央研究院史语所集刊",有"中央研究院史语所集刊"和"中央研究院史语所集刊"两种标法;《大戴礼记》中《曾子事父母》一篇,有"大戴礼曾子事父母篇"和"大戴礼曾子事父母篇"两种标法;"路史馀论六",有"路史馀论六"、"路史馀论六"和"路史馀论六"三种标法;"许氏",有"许氏"和"许氏"两种标法;等等。这就需要选择一种较合适的标法,然后进行全书统一,使得专名线的使用符合同一个体例。

第三,其他标点用法的规范。有的底稿专名线之外的其他标点,如引号、顿号、省略号等,使用情况十分混乱,须按现代汉语的标点符号用法来予以规范。

(1)引号。如《古文字中之商周祭祀》《商代的神话与巫术》《五行之起源》《禺邗王壶考释》中单、双引号混用,《关于上古音系的讨论》引号、书名号混用,需要加以区分。又如《古文字中之商周祭祀》:"又许书有敻,注楚人谓卜问吉凶曰敻,从又持祟,祟非可持之物,出殆木之讹。"其中"楚人谓卜问吉凶曰敻,从又持祟"是《说文》的原文,应补加引号;同文引罗振玉"卜辞又有'大史寮卿事寮'",其中"大史寮"和"卿事寮"是分别出现的两个词,应分别加引号。再如多篇文章的后引号与逗号、句号的顺序错误,须予以调整,等等。

(2)顿号。有的文章在提到几个并列事物时,经常省略顿号,需要补充,使语义更明晰。如《古文字中之商周祭祀》"告诉之事,若告病告麦告战事皆属之","告病""告麦""告战事"之间应补加顿号。《商代的神话与巫术》"在汤以前,上甲王亥夏是卜辞中最受隆重祀典的","上甲""王亥""夏"之间也应补加顿号。

(3)省略号。有的文章省略号只写一半,如《古文字中之商周祭祀》第31号卜辞"…甲戌酹祭于上甲。…",其中"…"不符合标点符号使用法,需要改成"……"。

(五)根据文章自身体例进行内部完善

以上所述皆就全书的整体体例方面,其实还要注意单篇文章内部体例的完善。有的文章本身具有一定的体例,但在个别地方有自相违背之处,则酌情进行完善。

如《古文字中之商周祭祀》一文文末列有参考文献,对文中所涉及的甲骨著录文献都给出了简称,但文中并未完全按此体例安排。如参考文献中《殷虚书契后编》上卷、下卷分别简称"上""下",文中除了称"上""下"外,还有称"后上""后下"的;《铁云藏龟》简称"鐵",文中还有用"鉄"字的;《库方二氏藏甲骨卜辞》简称"库",文中有称"库方"的;《簠室殷契徵文》简称"簠",文中有称"簠徵"的。诸如此类,都按文末所列简称予以统一。

再如《古文字中之商周祭祀》每引卜辞,皆在后面写明出处,而第二章第三节引卜辞"卯祀祝岁祐疐三小宰,勿牛,白豕,岁祖乙二牢,卅咸……",则漏写出处,这就需要根据文章的格式,补足出处"(上19.10)"于其后。

经过上述步骤,就解决了底稿因时代不同、发表期刊不同而体例各异的问题。无论是版式层级、文字使用还是标点符号体例的选择,都要符合两个原则:一是为作者的观点表述服务;二是为读者的阅读方便服务。

二、文字标点的订正

统一全书的体例之后,还要对底稿文字、标点的错讹进行订正。底稿中文字、标点的问题极多,有的是作者撰稿时遗留的笔误,有的是当年刊发时编校、排印时造成的讹误,有的则是纸张和印刷质量引起的糊字或缺字,都需要一一判断,并运用适当的方法予以改正。

(一)讹脱衍倒的更正

讹字、脱字、衍字、倒字,在论文集底稿中是十分常见的。下面举例说明:

第一,讹字。最常见的是形近而误,如"隹"误为"佳","旱"误为"昊","曾"误为"會","菟"误为"蒐";等等。

第二,脱字。如"十二诸侯年表"误为"十二诸年表","诸"字后脱"侯"字;"聚讼纷纭"误为"聚纷纭纭",脱"讼"字,衍一"纭"字;等等。

第三,衍字。如《商代的神话与巫术》"由上所述,知道求雨时所祀的是是两种水虫",衍一"是"字;又"郭注《西山经》'翟似稚而而大,长尾'",衍一"而"字;《商代地理小记》"串与与古文患同从",衍一"与"字;等等。

第四,倒字。如《商代的神话与巫术》"上见节"应是"见上节"之误;《战国楚帛书考》"夏季六月"应是"季夏六月"之误;《射与郊》"渚宫旧三事"应是"渚宫旧事三"之误;等等。

以上所述错误类型,大部分能运用常识辨别出来,但还有一部分,需要通过以下几种方法来辨别:

1.通过理解文义判断。

有些错误通过阅读和理解前后文,能够判断出来。如《古文字中之商周祭祀》:"傅氏之文,以为殷商关系有三种可能。"结合下文所提到的"三种可能"分别为"纯粹异族之代兴"、"华夏区域内某一族之崛起"、"若干成分华化异族之入主",可知这里所说的是两个不同族之间的关系,而殷即是商,显然有误。再看下文"傅氏以为殷周关系属于后者",则可确定前文的"殷商"是"殷周"之误。

再如《长沙古物闻见记序》中提到"楚王领钟",作者在脚注解释道:"楚王领,余释为楚恭王䈞,今、咸古音同。"结合文意,"䈞"字"咸"声,但"领"字并非"今"声,疑有误。而"今""咸"确实古音同,可证"今"字无误,那就推断出"领"很可能是"领"之误,再查相关青铜器著录文献,果然作"楚王领钟"。

2. 通过核查文献判断。

有些错误,若仅仅阅读前后文,还难以判断出来,须通过核查相关的文献来判断。如《战国楚帛书考》:"《玄宫图》曰:'春行夏政肃,行秋政雷,行冬政则阉。'(《管子·四时》《淮南子·时则篇》)"此处从表面看不出错误,通过核对引文原出处,才知"夏"和"冬"两字顺序颠倒。

再如《古文字中之商周祭祀》中有一处脚注专门解释"卭方"的"卭"字,引了很多文献,顺着读下来看不出问题,但其中提到"许书以卭在济阴,疑别是一地名",查《说文解字》和"济阴"有关且字形相近的只有:"邛,邛地。在济阴县。从邑工声。"这说明陈梦家先生所讨论的是从邑的"邛",而非从卩的"卭"。则该脚注中十处"卭"都应是"邛"之误。另外,再查作者的《殷虚卜辞综述》第八章第五节"武丁时代的多方",其中"邛方"的"邛"也确实从"邑",进一步证明《古文字中之商周祭祀》一文中"卭"是《燕京学报》排印的错误。

3. 综合判断。

有些错误,须结合文意并辅以查核相关文献来综合判断。如《古文字中之商周祭祀》:"郭沫若于所著《金文所无考》谓金文中天若皇天均视为至上神,与天为配之地若后土则绝未有见,故推定视地为万汇之父与母者,当是后起之事。"根据文中所述,"地"是一个对象,"父与母"则是两个角色,二者不相匹配,疑有误。查郭沫若原文:"地字当是后起之字,地与天为配,视为万汇之父与母然者,当是后起之事。"由此可以证实,此处应作"天地为万汇之父与母者",底稿脱一"天"字。

又如《商代的神话与巫术》:"釁之训义,传注以为血祭,《说文》以为祭灶,二者皆非朔义,而后者尤其因形误释。容庚《金文编》卷三于釁字下曰:'《说文》所无,颂鼎"颂其万年釁寿畯臣",《诗·七月》"以介眉寿",《閟宫》"眉寿无有害",以眉为之;《仪礼·士冠礼》古文"麋寿万年",以麋为之;《少牢礼》古文以微为之。'梦案金文之釁即《说文》之釁,《说文》从酉乃頁字之讹。"文中说"《说文》从酉乃頁字之讹",但前后并没有提到哪个字从"頁",此处"頁"字的提出甚是突兀,疑有误。再查容庚《金文编》,可知卷三所列的正是从"頁"的"釁",这就印证了第二、三、四个"釁"应从"頁"而非从"酉"。

再如《禹邗王壶考释》正文中四次提到"曾姬无恤壶""曾姬壶",但文章的配图则题作"曾孙无姬壶",疑有问题。核查《殷周金文集成》中相应铜器的铭文,只有"曾姬无恤"字样,而并无"曾孙无姬"。命名为"曾孙无姬"并不符合铜器命名的一般规律,可知"曾孙无姬"可能是作者笔误。《寿县蔡侯墓铜器》中也有两处提到"曾孙无姬壶",其中一处还附有此器的著录出处"《善》104、105"。查《善斋彝器图录》编号104、105的铜器,亦名为"曾姬无恤壶",结合前一篇文章可知这两处"曾孙无姬"是不对的。

（二）糊字缺字的辨认

民国时期特别是抗战后期的一些期刊，受条件所限，用纸和印刷质量较差，导致糊字和缺字时有发生，对录入和校对都产生较大影响。

第一，糊字。有大片糊字和个别糊字。大片糊字如《孟子养气章的几点解释》底稿纸张较薄，反面的文字完全透过来，导致正反面文字重叠在一起，难以辨认。个别糊字则集中反映在笔画较多的字上，英文字母如 m、n、e 等也经常发生糊字。

第二，缺字。缺字主要是底稿印刷太浅、年代较远、模糊不清造成的，有的字可能残留一部分，有的则完全缺失。如《射与郊》一文的底稿，第三十三页一页上就有四个字是残缺的。

无论糊字还是缺字，都涉及到对底稿的文字进行辨认，通常用到以下几种方法：

1. 通过残馀字形推测；
2. 通过寻找同一文章中的相似字形判断；
3. 通过前后文逻辑判断；
4. 通过核查相关文献判断。

以上四种方法一般需要结合起来使用，先要耐心仔细地辨认底稿，掌握大致字形，再结合上下文逻辑和引文核查来综合判断，如此基本能较准确地将糊字或缺字的地方确定下来。下面举几例说来说明：

如《射与郊》底稿第三十三页中一段有四个字因印刷原因不清楚，无法直接判断是何字，但这段文字出自《水经注》，则通过查《水经注》可确定下来。

再如《射与郊》底稿第四十八页有一段双行小字："此犹《左传》中之丘□、丘莪、丘舆即□丘、莪丘、舆丘。"其中有两字因印刷原因看不清楚，前一字残留上半部分"白"字，后一字全缺。根据文意，这两个字应为同一个字。通过基本古籍库等检索系统查询《左传》中所有以"丘"开头的词语，并结合残留的"白"字以及"丘□"可以颠倒的特征，最终确定所缺的是"皇"字。

（三）标点错误的改正

经过全书标点体例的统一之后，还有一些较细微的标点错误需要通过仔细阅读来发现和改正。

1. 专名线错误。

专名线错误主要包括漏标和错标两种。漏标如《古文字中之商周祭祀》"如胡光炜作甲骨文例"，其中"甲骨文例"是书名，应加书名线。错标如《古文字中之商周祭祀》一处脚注引"洪范五行传注'晡时至黄昏为日之夕'"，其中"洪范五行传"应标为"洪范五行传"；又如"太玄聚次四"应作"太玄聚次四"，"六韬略地"应作"六韬略地"等。这类问题在原本就使用全式标点的底稿中也十分常见，需要特别注意。

2. 句读错误。

底稿中还有一些句读错误，也需要在阅读和校对中甄别。如《高禖郊社祖庙通考》一文底稿第二十六页引《列女传·辩通篇·齐威虞姬传》："周破胡，恶虞姬尝与北郭先生通，王疑之，乃闭虞姬于九层之台，而使有司即穷验问。"按照这个断句，则这里的"周破胡"是周国大败胡人的意思，与后面的句意无法连贯上。实际上"周破胡"是一个人名，上述句子应断作"周破胡恶虞姬尝与北郭先生通"。这种属于较明显的错误,且后文不涉及作者对此处的讨论,是需要改正的。

有的地方断句和通行版本不一样,但牵涉到作者自己的理解,可以另存一说,不能改动。如《古文字中之商周祭祀》:"褚少孙补《史记·龟策列传》:'卜病者祝曰今某病……卜病者祟曰:今病。有祟,无呈,无祟,有呈兆。……'祝祟相对为文,可证祟有祝祷义。"检中华书局点校本《史记》的断句为:"卜占病者祝曰:'今某病困。……'卜病者祟曰:'今病有祟无呈,无祟有呈。兆有中祟有内,外祟有外。'"这里断句虽与通行的不同,但其中有作者的理解,以保持原有标点为宜。

综上,不仅要结合上下文的文意来判断文字、标点的正误,还要结合文章用到的参考文献以及作者的其他著作来综合判断,这样更有利于发现底稿中可能存在的问题,并解决这些问题。

三、引文的核查

论文集涉及的引文极丰富,既包括经史子集文献,也包括甲骨卜辞、青铜器铭文、简帛文字等出土文献材料,还包括同时代的学术论文和研究著作。由于引文在记忆、誊抄、编校、印刷等环节都比较容易出错,所以论文集中所有的引文都有必要进行核查。

根据该论文集的内容特征,其中引文可分为两类:一类是涉及释读的,如甲骨卜辞、青铜器铭文、简帛文字等;一类是不涉及释读的,如经史子集文献和同时代其他人的学术论文和著作。

而相应的，两种文献的核查方法也不尽相同，下面分别说明。

（一）涉及作者释读的引文

论文集中所引用的甲骨卜辞、铜器铭文、简帛文字、刻石文字，除了特别指明引自他人释读者之外，大都是陈梦家先生的释文，这一类引文的特点是包含了陈先生某一时期的学术观点。而我们可以找到的用于核查的文献主要有三类：（1）根据文中所注出处可找到的原始的拓本或摹本，（2）陈先生其他著作中的释读，（3）他人的释读。以上这三类和论文集中的释文都并非可以一一对应。在核对涉及陈先生释读的文字的过程中，经常用到的参考书有《甲骨文合集》和《殷周金文集成》，这两种书囊括了论文集中所涉及的大部分甲骨卜辞和铜器铭文的拓本和摹本，且有原始著录出处和较权威的释文作为参考，为甲骨文和金文的核查提供了很多方便。

下面以《古文字中之商周祭祀》一文中所引甲骨卜辞为例，来说明含释读的引文可能出现的错误类型以及如何利用上述三类文献进行核查：

1. 因作者撰写时的粗心或发表时编校和印刷的差错造成的讹字、脱字、衍字等。如：

例一：壬甲贞萊禾于夔。（上22.4）——"甲"应作"申"，"夔"应作"夒"。

例二：癸未卜贞尞于🈯十小牢卯一牛，年用。（前4.7.8）——"一牛"应作"十牛"。

例三：甲戌卜其寧风三羊三犬三豕。（簠典16）——"卜"应作"贞"。

例四：庚辰卜贞来丁亥其秊丁于大室。（前1.36.3）——"卜"后脱"大"字。

例五：丁酉卜王宾□自上甲至武乙衣，亡尤。（上20.3）——"卜"后脱"贞"字，"至"后脱"于"字。

例六：癸卯卜即其又于祖乙。（林1.12.16）——"即"后脱"贞翌乙巳"四字。

以上的错误，有的是释文形近引起的编校或排印错误，如例一的"申"误为"甲"，"霙"误为"夒"；有的是作者在释读过程中的疏失，如例二的"十"和"一"因甲骨文本身形近而混，例三的"卜"和"贞"因字义用法相近而混，例六疑似作者在释读时看串行；再如例四漏掉卜人的名字，例五漏掉虚词之类不甚重要的句子成分等，在论文集中也时常出现。诸如此类，凡是有原始拓本或摹本为依据，且隶定不存在疑问、改动不影响文意的，都作了径改。

拓本和摹本是陈先生释读之所本，对于判断是否存在讹、脱、衍、倒等还是相当可靠的依据。尽管拓本、摹本中的文字和陈先生的释读之间有隶定的差别，但上述这类由于撰写时的粗心或编校、印刷时的疏忽造成的问题，所涉及的文字隶定一般都是在陈先生的论文中十分常见的，写法不会存在疑问，因此依照相应写法改正即可。

陈先生的其他著作可以作为参校，如后期的《殷虚卜辞综述》在讨论相关问题时会引述相同的卜辞，《西周铜器断代》中则载录了一部分重要铜器的铭文及释读。但值得注意的是，这些是陈先生不同时期的释读，会因为陈先生学术观点的变化而不同，如《古文字中之商周祭祀》中引《林》1.7.9"辛未卜敝贞王戎衒亾尤"的"敝"字，《殷虚卜辞综述》中写作"殻"。因此，陈先生其他著作中的释读仅可作为参考，不能作为改字的必然依据。他人的释读也可以作为参考，但也不能作为改字的依据，还是要以原始的拓本或摹本为准。

2. 因印刷模糊造成的缺字糊字。

上文曾讨论过的因印刷模糊而造成的缺字糊字问题，在引用释读文字时也有出现。如果是隶定不具争议的常见字，则依据原始拓本或摹本补上即可。如果是比较生僻的字，则无法由拓本或摹本直接作出判断，因为我们并不知道陈先生会如何隶定。这时，可从原始拓片或摹本出发，参考陈先生其他著作中的相关释读或比较权威的他人释读（如《甲骨文合集》《殷周金文集成》中的释文等），结合残存的字形来进行推测，基本上也能作出较为准确的判断。如《古文字中之商周祭祀》所引编号 199 的卜辞中有两个"磔"字，但前一个右下角有残缺，后一个笔画重叠，较难确定山字下面的字形，于是查原甲骨拓片可知模糊之处为三个"人"，《甲骨文合集释文》写作"㷛"，再结合底稿上的字形轮廓，便可判断隶定的字形了。

3. 引文出处错误。

论文集引用甲骨卜辞、铜器铭文等时，都会标明其著录出处，但出处多是以简称加编码的方式写出，由于笔误、排印等原因，很容易出错。同样以引用了大量卜辞的《古文字中之商周祭祀》为例，如第二章第四节第一段提到四个卜辞出处，就有三处错误，"林2.2.15"应作"林2.3.15"，"林1.2.8"应作"林1.8.16"，"佚78"应作"佚76"。再如第二章第八节第290条卜辞"贞燎于东母三豕"的出处写的是"契122"，实则应作"契12"。第九节第305条卜辞"燎于蚰"的出处写的是"上22.15"，实则应为"上23.15",与第307条完全重复。可以看出,形状相近的数字如2和3、6和8,极易混淆,数字重复也是容易产生的一种错误。这些都要通过仔细核查原始出处来判断。

(二)不涉及作者释读的引文

不涉及作者释读的引文主要是经史子集文献或其他人的学术论文等,都是有本可稽的,核查起来相对较为简单,产生问题的类型也无非是上面已经提过的几种:讹字、脱字、衍字、印刷模糊、出处错误等。但也要具体问题具体分析,根据引文的情况作出合适的处理。

1.有确定版本的引文。

论文集中有的引文注明了具体的版本信息。如《博古图考述》中十分清楚地标注了其所引的《广川书跋》是《适园丛书》本的,《东观馀论》是《津逮秘书》本的,《铁围山丛谈》是《学海类编》本的。诸如此类则找到相应的版本来核对即可,若文中所引字句和原始版本有出入,在不影响文意的前提下,全部据原始版本改正。

还有一类引文,虽然没有标明用的是哪个版本,但其版本情况并不复杂,或基本可以通过年代推测出来,则也用上述处理方法,死校即可。如《商代的神话与巫术》一文中引用了容庚的《金文编》,此书曾多次修订,有多个版本,且前后差别较大,但根据《商代的神话与巫术》写作的年代,可推算出作者引用的《金文编》只能是初版。

2.无确定版本的引文。

如果是没有注明版本且版本情况较为复杂的引文,则用通

行版本来进行核对。由通行版本核对出来的异同,并不能简单地如上述情况那样径改,而要考虑以下几个方面的问题:

首先,要考虑异同的性质。

并非所有用通行版本校出来的异同都是错误,一方面,我们并不清楚作者使用的是哪个版本,因此有的文字差异很可能是版本差异造成的;另一方面,作者在引用时并非十分严谨,虚词的出入,多写一个字、少写一个字,都是有可能的。这两种情况都不能算作错误,只要不影响文意,都是不必改的。

如果排除了上述的情况,那就要接着考虑:

第一,是否有悖于事实和逻辑。如果引文与通行版本的差异明显有悖于事实和逻辑,则很有可能是有错字的存在。如《史字新释》一文引"《墨子·尚同下》'伊尹为莘氏女师仆'",核通行本《墨子》,发现"伊尹为莘氏女师仆"出自《尚贤下》而非《尚同下》。又如《高禖郊社祖庙通考》"《椒聊》诗之'贻我握椒'亦此类",核通行本《诗经》"贻我握椒"出自《东门之枌》,而非《椒聊》。这肯定不是版本差异或引文不严谨,出处错误是违背事实的,定然不正确。

第二,是否与通行版本相差太大。如果引文和通行版本差异极大,不像是撰写或印刷的粗心造成的,则也要加以注意,很可能存在别的问题。如《寿县蔡侯墓铜器》引"《乡饮酒礼》'尊二壶于阼阶东,加勺南枋'",但通行本《仪礼·乡饮酒礼》中却找不到此句,其中与"勺"相关的记载为:"尊两壶于房户间,斯禁。有玄酒,在西。设篚于禁南,东肆,加二勺于两壶。"《仪礼》中与"尊二壶于阼阶东,加勺南枋"比较接近的句子是《特牲馈食礼》中的"尊两壶于阼阶东,加勺,南枋",但该句在文章中是与"尊二壶于阼阶东"这句并列引用的。这样的差别,就不像是版本差异,也不像是粗心写错篇名,而很有可能是别的问题造成的错误,如转引。

其次,要考虑处理的方式。常用的处理方式有以下几种:

第一,不作改动。如果是版本差异和作者引用的习惯造成的异同,即无关紧要的异同,一般尊重原稿,不妄作改动,也不予说明。

第二,径改。如果是比较常见的因撰写粗心或排印疏漏造成的错字、漏字、衍文等,径行改正,无需说明。

第三,不作改动,但以"整理者按"的形式说明。如果确认是错误,但其与文意紧密相关,且出现在接下来的讨论中,则不予改动,但要用"整理者按"说明其错误所在,以备读者参考。如《禺邗王壶考释》:"《江有沱》次章曰'江有渚',传曰'水岐成渚',三章曰'江有汜',《汉书·叙传》师古注'汜,江水之别也,音祀。《召南》之诗曰江有汜',是江之别流曰沱,亦曰渚,亦曰汜。"这里不仅将《诗经·江有汜》的篇名误为"江有沱",且将首章"江有汜"误为三章,是比较明显的错误。但这里涉及到讨论,若要改动,则其他地方也要跟着修改,所以不予改动,却以"整理者按"的形式说明其错误。如果没有确凿证据证明其错误,但与通行版本差异太大,以致不得不引起人的怀疑,则也以这种方式向读者说明,如上述《寿县蔡侯墓铜器》引《乡饮酒礼》的例子,让读者自行判断。

第四,改动原稿,同时以"整理者按"的形式说明。如果确定是错误,但并非浅显的讹、脱、衍、倒等,且该文曾发表过的,为了提醒读者注意,要在改正后以"整理者按"的形式进行说明,如上述《东门之枌》误为《椒聊》等。这里的"整理者按",作用相当于古籍整理图书里的"校勘记"。

四、批改、夹页、手稿的整理

论文集中有一部分文章的底稿是陈梦家先生自存的抽印本,上有陈先生批改的笔迹,有的还夹着写有与论文内容相关的考证或摘抄的小纸片。为了更好地体现陈先生的学术观点和学术精神,这些批改和夹页上的内容都要以合适的形式体现到相应的论文中。其中还有几篇文章是完全没有誊抄过的手稿,顺序较乱,且增删修改的笔迹较多,需要从头梳理。

以上这些都涉及到对陈先生的笔迹进行整理的过程,总的来说要遵守以下两个原则:

1.尽可能呈现原貌,使读者获得更完整的信息。

一要准确地辨识作者的笔迹。陈先生的笔迹,有的以硬笔书写,有的以毛笔书写,不熟悉陈先生笔迹的人,辨识起来稍有些困难。这就需要通过反复阅读来理解文意,运用上下文的联系,并借助核查引文等,来确保对每个字的辨识无误。

二要保留每一个有用的文字、符号、图片。陈先生的批注或夹页中的文字、符号、图片,包括陈先生对所写内容有疑问而画的问号标记,凡是能为读者提供信息的,都要保留下来并放到相应位置。除批注外,陈先生对自己已发表的论文还会有一些修改,修改前后的内容如何体现,也要根据具体情况来分别处理:如果是更正较为明显的笔误,更改之后不会引起学术观点的变化,则径改,无需说明;如果修改了某处,且其内容不牵涉前后文的讨论，则可直接在文中改正，但要以"整理者按"的形式将修改前的内容记录下来以示读者，如《寿县蔡侯墓铜器》文末有两段文字被作者划掉，删除后不会造成语义的不连贯，就在文中直接删去，并以"整理者按"说明该处删去了某某文字；如果修改了某处，但没有对其关联内容作相应改动，则不能在文中直接改动，而须以"整理者按"的形式说明该处被作者如何修改，如《祖庙与神主之起源》中，作者用笔将编号为 4 的卜辞划掉，但没有对 4 之后的编号进行修改，下文也还有针对该条卜辞的讨论，像这种情况，就只须在编号 4 的卜辞后出一条按语，说明其被作者划掉，而文中不作修改。如此，则不会造成信息的流失。

2. 加以整理和规范，使读者获得更准确的信息。

批注、夹页、手稿中的内容都是未经整理的，存在作者的笔误，前文谈论过的体例、文字、标点、引文等方面的问题，在批注、夹页、手稿中也是存在的，这就需要我们运用上面提到的方法来改正其中的错误，并对这些内容加以规范，使得读者能够更准确地接受这部分信息。

另外，将批注、夹页等以合适的形式放置在合适的位置，也是整理这部分内容的重要方面。陈先生的批注，大多是写在抽印本的天头地脚空白处，并没有明确指向文中的哪一处论述，这需要通过仔细阅读来辨析批注所针对的是哪一句或哪一段文字，再插到相应的位置，以方便读者。为了与正文相区别，所有的批注都以加【　】的形式呈现。《商王名号考》抽印本的批注相当多，有的密密麻麻把天头地脚全部写满了，展现了陈梦家先生严谨求实的学术态度和不断钻研的学术精神，这种情况则更适合以整篇扫描的形式收入，既避免了信息的误差和流失，也避免

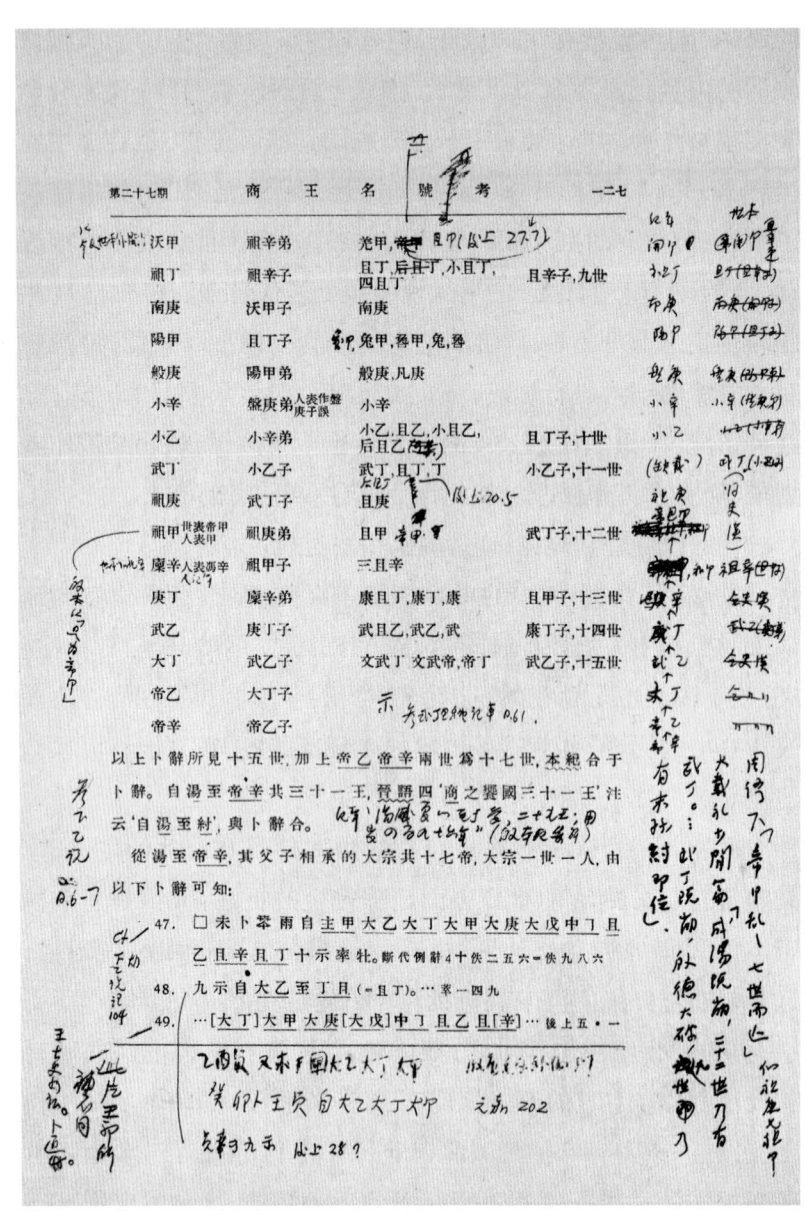

陈梦家《商王名号考》，批校本。王世民供图

了版面的不美观。

夹页的情况稍复杂一些：有的是比较短小而不成篇幅的考证或摘抄文字，则和批注同样处理，以【　】标记，通过阅读判断应插到什么位置；有的是相对长的成篇幅的文字，如《射与郊》一文抽印本中夹有三页札记，是关于"雎丘"的比较详细的考证，近乎一篇小文章，不太适合再以加【　】的形式插入文中，则采用放在文末作为附文的形式；有的是图片，则扫描作为插图处理，根据图片内容判断是插到文中相应段落还是放到文末，如《汉代铜器工官》的手稿中夹有五张拓片，则统一扫描放在文末；有的从形式上不方便整理，从内容上又不好判断应插到文中哪一位置，如《汉代铜器工官》中有一夹页，上有两种不同笔迹，一种是陈先生的，另一种却不知出自何人，夹页的内容与《汉代铜器工官》有相关之处，却非直接针对文中某一处，只是资料的补充，这时比较妥当的处理方法是将整个夹页当成图片扫描，附在文末，既最大限度地保留了原貌，又解决了整理和放置的问题。

以上通过四个方面的具体分析，讨论了《陈梦家学术论文集》在整理、编校过程中出现的问题及整理原则与编校方法。以此为例，也可以略窥现当代学术文献编纂整理中可能遇到的一些问题，以及我们对所遇到的这些问题的解决方法和方式的思考。

诸多不足之处，恳请学术界、出版界同仁以及广大读者不吝赐教。

（与李碧玉合撰，原载《中国编辑》2016年第4期）

不只是一部个人史，更是一部西南联大史
——就《郑天挺西南联大日记》答记者问

编者按：在艰苦卓绝的抗战岁月中，中国学人砥砺奋进，钻研学术，培养人才，西南联合大学"刚毅坚卓"之精神，八十年来，激励人心，不曾少歇。著名历史学家郑天挺先生，在西南联大担任总务长及北京大学文科研究所副主任等职，所见所闻，繁多具体。值得庆幸的是，郑先生当时所记日记内容充实，巨细靡遗，实为研究西南联大校史、近代学术史不可多得的重要史料。更值得庆幸的是，郑先生日记历经数十年风雨得以较为完整地保存下来，并于近日由中华书局出版，学界和普通读者都可以很方便地利用了。该书点校者为中华书局俞国林先生。在《郑天挺西南联大日记》出版的第一时间里，俞国林先生接受中华读书报采访，讲述了《日记》整理出版的幕后情况，并披露了《日记》的一些重要内容。

中华读书报：你是什么时候知道郑天挺先生有日记留存下来的？

俞国林：对于郑天挺先生这个人而言，因为我编纂《孟森著作集》的缘故，是早已经知道的；再者，他曾经主持中华书局《明史》的点校工作，作为对书局历史比较感兴趣的我来说，更是比较熟悉的。所以，与郑天挺先生的哲嗣郑克晟先生常有联系。大概是二〇〇五年年底吧，读到何炳棣先生的《读史阅世六十

年》，其中引到了郑天挺先生一九四四年的日记，并附有一页书影。当我看到这一页文字的时候，非常激动。第一时间与郑克晟先生去了电话，得到的消息是日记都在，有几十本……你不知道，我当时有多么兴奋！

中华读书报：据说为了出版这部日记，你努力了十年，最终才得到了家属的一致同意。

俞国林：第一次联系克晟先生，知道日记之体量时，即商请出版。因为郑先生所处的时代、地位与他的经历，所记内容肯定非常可观，这对于有史料癖的我来说，肯定是极具吸引力的。

但是克晟先生说，姐弟四人，得一致同意才可以。好在马上过春节，他们四个人会聚一下，届时商量商量。待到春节过后，我与克晟先生电话联系，克晟先生说商量过了，有不同意见。说让我再等等。

之后的每年，我都会电话两三次，询问可能的好消息。又询问郑先生其他遗稿，或者可以编纂的图书。二〇〇七年，封越健教授送来《郑天挺先生学行录》书稿。考虑到二〇〇九年是郑先生诞辰一百一十周年，南开大学也将举办纪念会议。克晟先生拿出郑先生当年的讲课卡片（郑先生开有隋唐五代史、元史、明史、清史等课，卡片即为课程讲义），请南开的老师整理，希望也能够出版，作为纪念。后来，《元史讲义》与《学行录》在纪念会议之前正式出版。《隋唐五代史讲义》于二〇一一年出版，《明史讲义》亦于二〇一七年出版。《清史讲义》还在整理过程中。

二〇一二年四月十八日，曾给孙卫国教授去过一封信，说道："克晟先生来电，要我帮他找一张照片。今日弄得，发给你，请帮忙

晨晴有雾黄昏微云是以十二月十四日抵长沙晴暄和暖不似严冬越三日而阴雨绵延十余日迨昨日始放晴大抵长沙天气晴则暖雨则寒其间相差若一月然寒时虽凛冽不似北方之劲风刺骨也

上午黄孝岐来函罗膺中庸夫

马巽伯巽来 猎马巽伯章争尘

郑天挺一九三八年一月一日日记，稿本。郑克晟供图

转呈是荷。照片原效果不佳,只能如此。郑老之日记,犹时刻不能忘怀,总是心病,多年萦绕,渐成'心魔'矣。一笑!"也大概是那个时候,克晟先生说三人已同意。之后,我也还是一如既往地每年询问两三次,特别是春节过后的那次联系,最是令人期待!

去年八月底,孙卫国教授来电,说克晟先生让他告诉我,日记可以出版了。九月一日,又发来微信说:"如果兄近期能来,我们就可启动郑老日记的整理工作。"当即复之曰:"老兄之力也!小弟十来年之努力与等待,终于'落听'!"遂于九月九日拜访克晟先生,观看日记原稿,摩挲不能掷。

中华读书报:近年来西南联大受到多方面的关注,那么这部日记会带给我们哪些新的信息?

俞国林:《郑天挺西南联大日记》起一九三八年一月一日,讫一九四六年七月十四日,中缺一九四一年五月至十二月、一九四二年七月五日、一九四三年三月二十二日至四月十日、一九四五年十一月四日至十二月三十一日。其起讫时间,几与西南联合大学相始终。其中一九四一年五月至十二月是记了不慎遗失了,其馀缺失的是未曾记的。

我们本来以为这部日记的内容不会很详细,但到全部点校完成,发现与之前我们的认识有很大出入,因为日记记得非常详密,且很多事情,又因为郑先生特殊的身份,一般人是不知道的。西南联大的《除夕副刊》曾出版过一册《联大八年》,其中"教授介绍"一节里对郑先生的描述是:"联大最忙的教授之一,一身兼三职,是我们警卫队队长。虽然忙碌,却能开晚车做学术研究工作。"看过他的日记之后,对郑先生工作,我总结为四个"务":

一、总务。郑先生是联大总务长，总理北大、清华、南开三校，各种工作、人事的纷繁错杂，其中矛盾棼丝难理之状况，想而可知。如经费的申请与分配、宿舍的建设与管理、岗位的设置与变动、教工的安顿与调动、学生的招收与教育……诸端，均须一一过问。特别是后来在资源匮乏、物价飞涨的情况之下，如何正常地发放工资，如何合理地核算生活补助，都是关涉到每一位教职员工的切身利益，郑先生一九四一年一月二十一日日记说到某次米贴之核算：

> 先期请诸人自填眷属人口表，并须请同事一人、系主任一人为之证明。北大二同事以为觅人证明有辱教授人格，深表不满。乃今日发现某教授之女公子新归某助教者仍填于女家，而未声明何时已嫁。又有某主任生子仅四月，亦照填一岁，而未声明何时出生。尤奇者有某教授夫人月内可分娩，而其子之名已赫然填之调查表矣，且曰依外国法律，婴儿在母胎已享有人之权利矣。

此种事体，需得制定一个可使大家都能接受的方案，且须三校统一，其难可知也。日记作为郑天挺先生记录事务、梳理思路的重要工具，记载大量有关校务的事件和处理措施，故谓为西南联大的校史级材料，殆非过誉。

二、所务。郑先生是北大文科研究所副所长，所长是傅斯年。大家知道，当年流行一句话，叫做："正所长是傅所长，副所长是郑所长。"由于傅斯年主要精力用在史语所，所以北大文科研究所的实际事务都是郑先生负责的。郑先生一九三九年五月

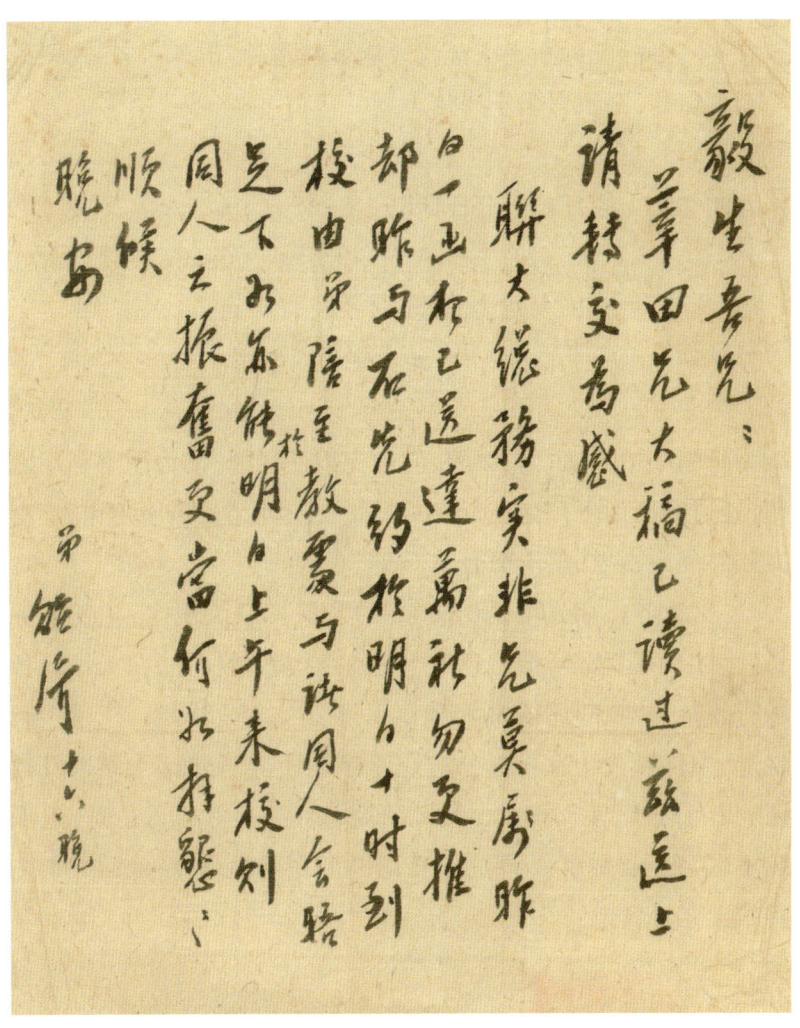

不只是一部个人史，更是一部西南联大史 | 263

毅生吾兄：

奉田花大稿已读过，兹送上请转交为感。

联大总务实非兄莫属。昨日一函托孟邻兄勿交推，却昨与石荪约於明日十时到校，由弟陪至教员与职员会晤，这不如能於明日上午未授到同人之振奋定当有如枯蔓。

顺候

晓安

弟 贻琦 十六晚

梅贻琦致郑天挺函，一九四〇年一月十六日。郑克晟供图

三十一日日记：

> 今后研究生之生活拟采取书院精神，于学术外，注意人格训练，余拟与学生同住。

一九四〇年十一月二十七日日记：

> 开文科研究所委员会，讨论迁川问题，考虑甚久，不无辩难。至夜十二时三刻，始决定仍迁李庄。

后为延聘胡适、陈寅恪、钱穆、向达等担任导师，又为图书利用之便，迁研究所学生到李庄，与史语所一起，并请史语所董作宾、李方桂等代为指导，多所努力。

三、教务。郑先生是历史系教授，按照联大规定，担任总务长后可以不用教学，但是郑先生坚持承担教学任务，白天忙于各种行政杂务，晚间还得拼命读书，以备第二天之讲授。王永兴回忆道："日间，先生在校办公室处理有关财务、人事诸大端以及教课；夜间，在宿舍楼读书、备课、研究、撰述，虽非通宵达旦，但深夜不眠乃经常之事。"郑先生日记里也有记载，如一九四一年一月二十九日日记：

> 用菜油灯灯草三根，读《明史》至十二时，目倦神昏，始寝。盖明日须讲述，不得不详读详考之也。

四、家务。郑先生是一个人在联大生活，又住集体宿舍，伙

食不是集体吃,就是下小馆子;衣物开始都是请人清洗的,如一九三八年十二月二十一日日记:

> 校中今日发薪,余薪三百六十元。除五十元基本生活费外,按七折发给。应支二百六十七元,扣所得税四元七角,飞机捐八元零一分,印花税六分,实领二百五十四元二角三分。

次日记载:"洗衣〇.一〇元。"按当时郑先生的收入来说,这笔洗衣钱可谓是相当便宜了。但到了一九四一年一月十一日日记:

> 洗衣一件。近顷以来,所自作之事若浣衣缝袜,盖不胜记,今浣衣手破,不可不记也。尝谓自抗战后最进步者为时髦太太,其次则为单身先生,盖昔日所不愿作、不屑作、不能作者,今日莫不自作之也。

日记内对清洗衣物、缝补袜子之事记载不多,但从"浣衣手破,不可不记"来推断,在经济拮据情况之下,这种事情,大概得三天两头"作之"的。

中华读书报:能否请您多披露一些郑先生日记的内容?
俞国林:郑先生朋友众多,并一直住集体宿舍,且位处"枢机",接待、拜访,几乎是每日的"必修课"。除了公务酬对之外,郑先生的交际绝大多数属于学人交往,如与梅贻琦、蒋梦麟、陈寅恪、冯友兰、汤用彤、傅斯年、潘光旦、董作宾、陈雪屏、罗常培、

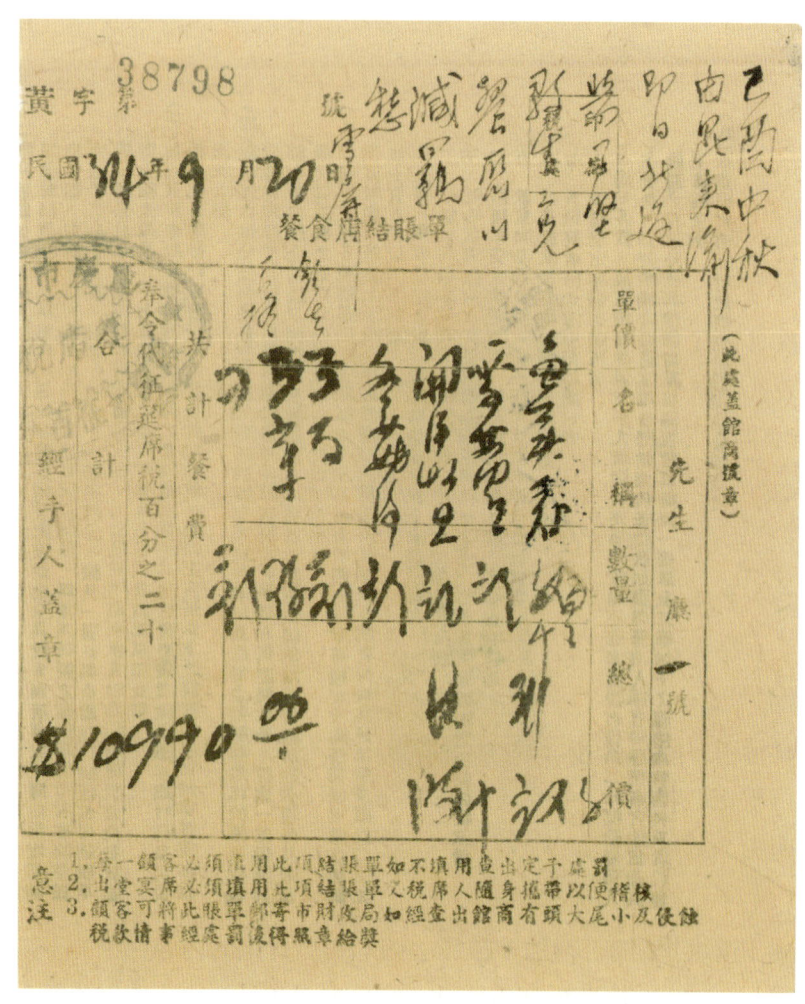

一九四五年九月二十日菜单。郑克晟供图

钱穆、姚从吾、叶企孙、贺麟、雷海宗、罗庸、潘家洵、章廷谦、闻一多、毛准、林徽因、金岳霖、向达、唐兰、魏建功、吴大猷、周炳琳、曾昭抡、查良钊、张奚若、邵循正、吴宓、吴文藻、朱自清、吴晗、梁漱溟、李方桂、陈省身、邓广铭、游国恩、张政烺……以及一九四六年为北大复员事提前到北平，与北平教育界、文化界的交往，如与余嘉锡、陈垣、沈兼士、俞平伯、启功、溥雪斋、周祖谟、黄公渚、黄君坦……在何日，于何处，谈何问题，言及某事、某君、某书等，无不缕述清晰，今日治近代学术史、教育史、文化史者，于郑先生日记中可得无数之线索也。

郑天挺关心民生疾苦，对当时的社会有深入观察，在日记中记载了许多体现当时生活的信息。以及关于物价、薪资、补贴等的记载，变化的情况，如一九三八年九月十六日上海日记：

> 独往绿阳春进膳，一菜一汤索价至一元八角，上海生活抑何贵也！

十一月三十日昆明日记：

> 独至小有天进膳，牛肉一簋，饭一盂，价一角五分。此近来最廉之一餐也。

待到抗战胜利后，物价飞涨，昆明的消费却倒了过来，远远超过重庆、南京、上海的物价，如一九四五年十月一日南京日记：

> 由店家介绍至美龙镇便饭。凡唤炒虾腰八十元，红烧

划水七十元，烧菜心三十元，炒肉丝五十元，干贝炒蛋七十元，什景豆腐汤四十元，花雕半斤七十五元，饭三客三十元，此与昆明、重庆不可相衡也。

十月七日南京日记：

九时在大中华食包面而还。三时再偕子坚、雪屏上街购物，在建康商场为晏儿购织锦衣料一件，价千七百五十元。此两月前昆明阴丹士林布六寸之价也。最贵时每尺三千。六时在一品轩晚饭，三人共用五百五十元。饭后无聊，至茶馆听清唱，寂无一人。候至八时始开场。

〔付早点一〇〇元，晚饭一八五元，听唱二〇〇元，小刀一把三六〇元，衣料一七五〇元，臭虫药一〇〇元，书报一〇〇元，洗衣七〇元，本日用二八六五元。〕

也就是说，此时南京一件衣料的价格，两个月前在昆明只能买到六寸。八月二十四日所记昆明一日之用度："付西红柿斤三〇〇元，鸡蛋十个一四〇〇元，晚羊肉五〇〇元，雯送礼四〇〇〇元，雯用二五〇〇元。"足见此时昆明通胀之高了。

我们读书时，教科书上有过一句"走过马路两三条，物价也要跳三跳"来形容当时物价飞涨的情况，郑先生一九四三年七月二十六日日记：

至大街购物，有美国胰子，一处二百十元，一处一百五十元，两处相去不足百步，索价相差五六十元。

这些详细的数据,是经济史研究的第一手素材。

郑先生的日记,作为西南联大八年的生活记录,其中对当时学者的清贫与坚守,以及为了生存而不得不兼课、写报头文字等,叙说至真。如一九四三年三月郑先生将赴重庆开会,没有合适的衣服可穿,其十七日日记记载:

> 膺中来谈,以棉袍一件,托其夫人修理。五年未制新衣,领袖皆破,日日在校,人人皆穷,固无伤。若入渝则太不整齐,故托为补缀之。

"日日在校,人人皆穷"八字,道出了当时教授们的整体生存状况。而对于工资的发放,同一年的九月一日日记:

> 自余任总务长,必于月底发薪,未尝稍迟。昨日以上月有人事更动,手续未齐,定今日发。及入校,闻仍未发,为之大怒,询之,乃因刚如未至,无人代常委盖章,遂命人往寻,责令下午必发。今非昔比,同人中盖有不能迟半日者也。

读此最末一句,唯剩感慨而已。为了生计,有些教授还到处兼课,或者给报纸写无聊之文字,如郑先生一九四四年一月七日日记:

> 近半年来,昆明各报"星期论文"每篇酬八百元,小报无聊文字每千字酬二三百元,同人争先恐后,余甚耻之。曾语端升,非贫无立锥,绝不为小报写稿也。

郑先生即使到了连吃一个鸡蛋都觉得奢侈的时候，也没有兼课，也不曾写过一篇无聊文字，践行着"君子固穷"的高尚品格。

应该说，《郑天挺西南联大日记》不仅仅是郑先生个人，同时也是西南联大师生在这一时期教学、研究、工作、学习、生活的重要记录，更是抗战时期那些满怀爱国热忱的中国知识分子保存文化火种、投身教育救亡的真实见证。

中华读书报：郑先生学识渊博，那这本日记涉及学术思考内容有哪些？能举些例子吗？

俞国林：我们知道，当时郑先生与孟心史先生是公认的明清史研究的代表人物。一九三八年，郑天挺四十岁，正是学术展开的黄金时期。他到西南联大后，确实是打算全心研究学问的。无奈，为维系北大、清华、南开三校合作运转正常，出任联大总务长，协调各种关系，占去大量精力。就在这种情况之下，郑先生还是写出了很多扎实的考订文章，后来结集为《清史探微》，于一九四六年由重庆独立出版社出版。其目录后所作小记，曰：

> 比岁僻居无书，蓄疑难证，更不敢以言述作，独念南来以还，日罕暇逸，其研思有间，恒在警报迭作、晨昏野立之顷，其文无足存，而其时或足记也。

在联大最开始的几年里，当时几位历史系教授所带去的图书合起来，还配不齐一套二十四史，所谓"僻居无书"，可见资源确实匮乏之极。而"警报迭作、晨昏野立"更是实情，跑警报是家常便饭，且还有一套"完美的流程"（日记里记了很多次这种经历，还粘着

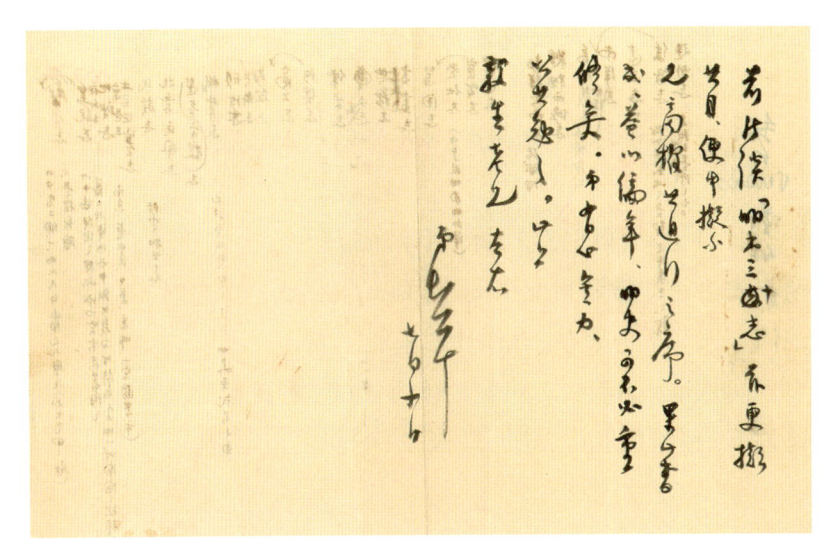

傅斯年所留字条,一九三九年七月十日。郑克晟供图

一张日寇散发的传单,很有史料价值)。

清末民初,因为民族主义思潮兴起,学术界研究明史特别是南明史蔚然成风,未几而"日就衰歇"(朱希祖《晚明史籍考序》)。待九一八事变之后,东三省沦丧,民族危亡,学术界又重新掀起研究明史之热潮,将满腔孤愤寄托于此段历史之研究,希望能从中探索和总结经验教训,找到民族救亡之路。同时,这一时段的研究还体现出较为特殊的含义,即"《春秋》大义"的民族思想,实是对"伪满洲国"、"汪伪政权"的否定,所以又有正统之辨。

在郑先生的日记里,也体现着这类著作、论文的构思。其中最重要的,莫若一九三九年夏与傅斯年先生商定《明书》三十志事,郑先生七月十日日记:

孟真来,不值,留字云:"前所谈《明书》三十志,兹更拟

> 其目,便中拟与兄商榷其进行之序。果此书成,盖以编年,《明史》可不必重修矣。弟有心无力,公其勉之。"读之惶愧,诸友相期,远逾所胜,可不黾勉以赴之耶!

十一日日记则详细记录了傅斯年所拟《明书》三十志目录。傅斯年先生是非常看重此书的,计划五年完成。可惜时当乱世,且他们二人又事务繁杂,合作计划未能完成。

同是这一年年末,郑先生读方孝孺《释统》三篇及《后正统论》以及杨维桢《正统辨》,即拟作《明初之正统论》:

> 一述中国传统之正统论,二述杨维桢之正统辨,三述明太祖对元之态度,四述明初诸人对元帝统之意见,五方孝孺之正统论,六述方氏意见之影响。

此文应该没有完成。在郑先生留下来的明史讲义卡片里,有这一时期的不少卡片,其内容为"明初正统观念",有"明初人对于世变之观念、元称金为虏、明人目元代为胡虏之言论、辽金元应为变统、金元人之正统论、方孝孺之正统论、朱子论正统、杨维桢之《正统辨》、胡翰之正统观、王祎之正统论、陆深之正统论"等论述。将授课讲义卡片与《日记》合观,我们便能大致勾勒出郑先生拟著述的宗旨趋向。

当代学人,倘有心,可以接棒对这些问题继续探研,这未尝不是《日记》当下价值的另一重体现。

中华读书报:日记常常是一个人内心活动最真实的存证,在郑先生的日记中,我们能看到他在西南联大时暨其前后的心境变化吗?

俞国林:读了郑先生日记,再联系到其前后的人生境遇,让人感受到郑先生这个人,其一生大多数时间都是在悲苦中度过的,实在是一个悲剧的人生!不过郑先生性格坚毅,胸怀广阔,能度一切苦厄。

郑先生六岁父丧,七岁母亡,即寄养到姨父母家,由表舅梁巨川先生监护,并由表兄张耀曾、张辉曾对其进行教育。一九二一年九月十四日(阴历八月十三日),在北京与周稚眉结婚。在之后九年间,又先后到福建、南京、杭州等地工作,直到一九三〇年十一月随蒋梦麟校长回北大,才算过上比较稳定的生活。可惜一九三七年二月十七日,周稚眉因手术失败辞世,留下五个孩子(最小的才三岁)。未几而卢沟桥衅起,郑先生后来的日记中回忆此时情况:

> 当二十六年,敌陷北平,全校负责人均逃,余一人绾校长、教务长、文理法三学院院长、注册主任、会计主任、仪器委员长之印。临离北平,解雇全校职员、兼任教员及工友。(一九四〇年八月三十一日)
>
> 二十六年今日,倭虏启衅,其年冬,余将北平北大诸事结束,并协助教授同人南下,资遣职员同人及工友毕,余遂只身南下,留儿辈于北平。(一九四六年七月七日)
>
> 至于二十六年冬,余照料北大同人南下,一一叩门送钱,告以天津接头地址。(一九四六年七月十四日)

郑先生是强忍悲痛，抛家别子，处理好日寇入城后之北大残局，保障了当年长沙临时大学开学北大教授之陆续到岗。

在日记里，郑先生对于父、母、妻子的生日、祭日，每次都登记。其对妻子的思念，可谓触处皆是。一九四〇年四月二十八日日记：

> 余每梦亡室，多一恸而觉。魂苟相值，何无深馨之语？幽明虽隔，鬼神洞鉴，家中之事，何劳更问？亡室没于正月初七日，诸友多来相伴。正月十五日诸友皆归，儿辈已寝，余睹物心伤，悲悼无主。偶取《金刚经》书之，忽然宁帖，百念俱寂。余之感宗教力之伟大以此，余之感人生不能不有精神寄托以此，故为亡室诵《金刚经》不下数百遍，而在北平陷落后尤多，此均无人知者。

看到梅花，会想起，因为郑夫人另字苏梅；吃到扬州风味，会想起夫人之手艺；喝酒打牌过了头，会想起夫人之告诫；听闻其他女眷吵架，就忆及夫人之处世原则……

一九四二年二月二十一日日记：

> 今日为亡室周稚眉夫人五周年忌日。自夫人之逝未五月而卢沟桥变作，又一月而北平陷。余处危城者四月有半，轻装南来，无日不以夫人为念。……昨夜偶忆五年前夫人入医院情形，其悔痛又不止泫然也。

这种思念，似乎已经内化为一种精神，一种执念。

除了对妻子的思念之外，对五个孩子的挂念，那更是随处可见。遇到每个孩子的生日,都有记录在内。其中有一句诗,"万里孤征心许国,频年多梦意怜儿",先后提到三次,一九四六年七月七日日记:

> 余遂只身南下,留儿辈于北平,含辛茹苦者九年,而气未尝稍馁,固知必有今日。九年中所怀念,惟儿辈耳。余诗所谓"万里孤征心许国,频年多梦意怜儿",即当时之心境。

一九四三年八月十四日,郑先生长女郑雯经过千辛万苦,只身一人自北平抵达昆明。郑先生对她的关心与照顾,流露在后来日记的笔墨之间,让人看着都感到非常的温暖。一九四五年九月三日,郑先生为北大复员事先行北上,留郑雯在昆明继续读书。郑先生这一时期的日记,截止于一九四六年七月十四日:

> 晏儿得友人李君电话,谓报载前日中央航空公司飞机自沪飞平,在济南失事,名单中有雯儿之名。初不敢信,以前得来函,须十四日以后动身也。姑打一电报,询张三姐雯儿是否北上。少顷,买报读之,仍疑信参半,而友好来电话询问者不绝。十一时许,雪屏夫妇、杨周翰夫妇及王逊同来相慰。余详度之,若非实确,必不能列其姓名,更念雯儿向极活泼高兴,而今春来信时,有衰索意,于是为彷徨不宁,然仍不能无万一之望。下午欲睡不能,两次登榻,三次倚枕,一瞬即醒。王世仪来,以其家刻书籍为赠,强阅之。比晚再取报纸读之,玩其语意,绝难幸免,悲伤之馀,弥增悔痛。余若不为接收先回,绝不致置其一人留滇。孟真以五月四日

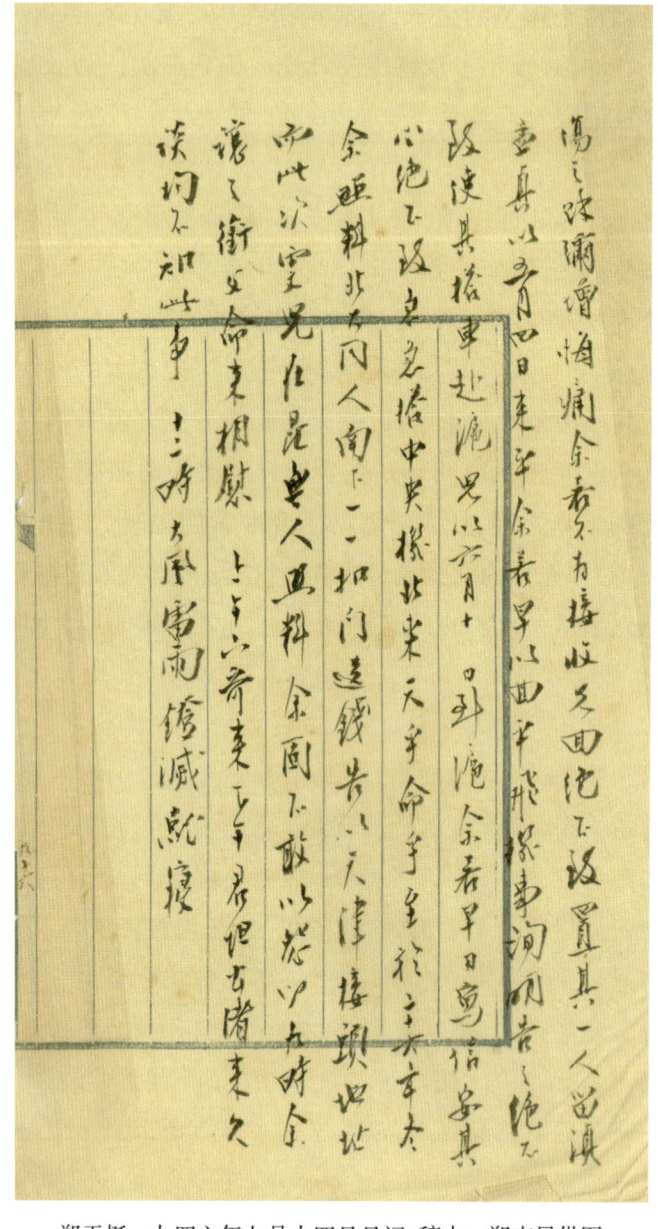

郑天挺一九四六年七月十四日日记，稿本。郑克晟供图

来平,余若早以回平飞机事询明告之,绝不致使其搭车赴沪。儿以六月十□日到沪,余若早日写信安其心,绝不致急急搭中央机北来。天乎!命乎!至于二十六年冬,余照料北大同人南下,一一叩门送钱,告以天津接头地址,而此次雯儿在昆,无人照料,余固不敢以怨也。九时余让之衔父命来相慰。上午六哥来,下午君坦、公渚来,久谈,均不知此事。十二时大风雷雨,灯灭就寝。

每次校读到此篇文字,其中"两次登榻,三次倚枕"、"强阅之"、"弥增悔痛"、"天乎!命乎!"、"余固不敢以怨也"、"大风雷雨,灯灭就寝"数语,都不禁动容。而一年前的一九四五年八月二十日,郑先生日记记载道:

饭毕,偕雯儿还舍,谈考试及回家事。

回家,回家。如今家还在,人却回不来了。这种锥心之痛,比起九年前的丧妻之痛,更是绝望!

郑先生此后的日子如何,心境如何,我们很难知道。郑先生性格中有一切以学业为重,绝不能以家事干扰事业之意志,故其内心之痛苦,更是他人无从感觉得到的。但长女郑雯之丧,对郑先生的打击无疑是巨大的,直到五年之后的一九五一年六月九日,郑先生才重开日记的写作,引首专门题一句,曰:

自雯儿之亡,久停日记。日月如驶,新生请自今始。

所谓"新生",就是对此前五年痛苦心路最为贴切的解释了。

中华读书报:你之前编辑过《翁心存日记》《管庭芬日记》《许宝蘅日记》《黄侃日记》《朱希祖日记》《顾颉刚日记》等重要日记,一定积累了非常丰富的经验,这次亲自点校《郑天挺西南联大日记》,说是以古籍整理的标准和要求来进行的,那么在点校过程中有困难么?又是如何解决的?

俞国林:我们知道,晚近以来的日记,大都是以稿本形式保存下来的,校订起来都有很大的难度。一是需要辨识文字,一是需要施加标点,还有一个难点,就是很多日记记事文字简略甚至缩写。而对于古籍整理,我们已经有了几十年的经验,有很好的规范、标准、要求,但对于近现代文献的点校工作,如何设定才能所得比较到位,这也是我一直在思考的问题。前几年编校《陈梦家学术论文集》,通过不同时期、不同形式、不同用字、不同格式的学术论文进行统一的编辑校订,积累了一定的经验,并为此写了一篇文章发表。所以,当这项重任落实到我身上后,我思考了好久,最后决定以古籍整理的方式、方法、要求、标准来点校《郑天挺西南联大日记》——这应该说也是一种全新的尝试。

既然遵照古籍整理标准点校这部日记,所使用的方法不外乎陈垣先生提出的对校、本校、他校、理校四法。因为只有手稿,所以对校法用不到。

好在郑先生的日记,基本都是楷体书写,比较规范,文字辨识难度不大。难的有两点,一是标点,一是人名用字。我专门在凡例里列了两条,以作说明。关于标点的:

> 日记原无断句标点，今施以新式标点。盖每日所记之人来我往、开会授课、去赴归还、吃饭睡寝等，所用语词不一，文字长短各异，今之断句标点，亦仅就便于阅读而已。

比如"归舍午饭。饭后昼寝至三时，急入校""归舍。午饭后小睡。三时入校治事""饭后归舍小睡。四时入校"等；其他各种断句之长短，并不完全一致，也并不一定是最合适的，只是尽量求一个辞达其意而已。

关于人名用字的：

> 日记内人名字号，用字不一，多同音互作者。遵循"名从主人"原则，凡名、字、号本人有互作者，如立厂立庵、今甫金甫、枚荪梅荪等，俱从原稿；如无互作者，如慰堂(有作渭堂)、序经(有作序金)、觉明(有作觉民)等，则为改正，并出校说明。

这部分最为麻烦，因为"名从主人"，有的时候确定起来非常困难。其校改原则，首先是本校，如吴晓玲夫人石氏在日记中共出现四次，分别写作石淑珍、石素贞、石素真、石素珍，但实名作素珍，淑、贞、真字皆据此校改。大概郑先生第一次见到某人，日记里常记以同音之字，后来再出现，好多都作正字了。其次是他校，如陈大铨原作"陈达铨"、田培林原作"田沛霖"、金熙庚原作"金希庚"、沈嘉瑞原作"沈家瑞"等，皆据《国立西南联合大学史料·教职员卷》在册名录校改。

其他还有两种校改情况比较有意思，一是校而不全改(或只出校)。郑先生与张荫麟熟识，一九三八年十二月二十六日日记：

朱谦之约在新雅饭店便饭，同座有顾颉刚、张荫麟、吴辰伯、汤锡予、容元胎、罗莘田。

张荫麟字原作"张应麟"，根据顾颉刚先生同日日记改。再者，一九三九年十月十一日日记："饭后至张荫麟笔庄买笔。"这个张荫麟笔庄肯定有误，盖当时昆明笔庄除郑先生日记其他地方所记刘松伯、张学文外，尚有张学成、张学义、张学明、张学庆、张鹤麟等二十餘家，所以颇疑此处荫字为"鹤"字之误。此处出校而不改正文。

一是校而改之，一九三九年十月二十八日日记：

晚至龙街颖孙处饮馔，饭后，听颖孙抚琴，张充和女士昆曲。

张充和原作"张冲和"，冲和是成词，意为淡泊平和，郑先生大概是根据此意，在第一次登载入日记时，用了这两个字。等到第二天，钞录李白《暖酒》诗书赠张女士时，肯定是向他人问了张女士的大名后才写的上款，这件作品还在，写的就是"录呈充和先生教"。据此校改。

在《日记》点校过程中，有些地方还得进行史事参稽、文献考订工作，如一九四四年十二月十五日日记：

又外报载，连日我克独山上司、下司、六寨、南丹，车河由敌人之退，并无接触。

车河原作"车全",由于没有说明所据报刊名称,所以就只能据《中华民国史事日志》以及《独山县志》等文献来校改。当然,但凡对原稿有校改处,皆出校说明。

我期待能通过这项工作,探索近现代文献"深度整理"的某些路径和可能性。做得不到位,还是做得过了头,这方面经验不足,真还希望得到读者诸公的批评指正意见。

中华读书报:《郑天挺西南联大日记》后还附有"人名索引"以及"人名字号对照表"。为何想到制作索引?日记索引的制作是不是十分繁琐?

俞国林:索引是西方文献传统中的一个善例,近现代出版中已经广泛采用。这部日记里所涉及人物,大致可分为两类:一是与著者有直接关系者,如校内同事、行政官员、亲戚朋友以及各类办事人员(如银行、基建、医院、邮局、军队)等;一是与著者无直接关系者,如同时人物、历史人物、国外人物以及书本记载人物等,非常丰富。

郑先生记人,多称以字、号及别称,没有字号的称名,也多有名、字混用者。其他比如名同而姓异、名异而误同、此人之字适为他人之名、未详姓名字号用字而以同音字代替等各类情况,很是淆乱。比如日记里提到"王某"、"夏君"、"路小姐"等,我们经过与上下文或相关史料考订,确定应为王家祥、夏鼐、路嘉祉等。又比如徐嘉瑞字梦麟,蒋梦麟字孟邻,日记内单作梦麟时,指谁?蒋夫人,是指蒋梦麟夫人陶曾榖,还是蒋介石夫人宋美龄?李辑祥字筱韩,又作小韩,而徐晓寒又称徐小韩,日记内单作小韩时,又是指谁?这些称谓,我们都需要与上下文联系,才能确定到底是谁。

如果没有以通行的姓名作为字头的人名索引,里面涉及的很多人，真还无法第一时间确认是不是同一个人。所以，制作一份比较切实详尽的《人名索引》，很有必要，要找谁，按图索骥，即可觅得。

由于很多人都是以字、号、别称、昵称、官称、简称、亲属关系及其他代表人物之称谓等记载的，所以我们还专门制作了一份《人名字号别称对照表》，以便读者能够与姓名作对照。当然，限于水平和能力，《人名索引》与《人名字号别称对照表》中，名与字、号、别称等的归并并不完整，或有姓名、字、号互易，甚或一人分作二条目暨二人并作一条目等情况，这也是希望得到读者诸公批评指正的。

（采访者：王洪波。原载《中华读书报》2018年1月24日）

西南联大梅贻琦、郑天挺、罗常培入蜀记
——《蜀道难》编订说明

　　一九三七年"七七事变"、"八一三事变"后,平津、淞沪、南京先后不保。"教育为民族复兴之本",国民政府要求高校迁往内地,继续办学,保存文化火种。十一月十二日,上海沦陷;十九日,国民政府国防最高会议正式决定迁都重庆。同时,一些重要学校、文教机关、学术团体及科研机构也纷纷内迁。据史料记载,内迁大西南的高等学校共有五十多所,其中内迁四川的有四十馀所,如迁重庆的中央大学、交通大学、复旦大学,迁成都的金陵大学、齐鲁大学,迁宜宾李庄的同济大学,迁乐山的武汉大学,迁三台的东北大学,等等。中央研究院历史语言研究所、中国营造学社等,经过辗转数地,最终也落户到李庄。其中最为人们津津乐道的,要数由北京大学、清华大学、南开大学联合组建而成并设校在云南昆明的国立西南联合大学(以下简称"西南联大")。

　　西南联大在北大校长蒋梦麟、清华校长梅贻琦、南开校长张伯苓三常委的联合主持下,"以其兼容并包之精神,转移社会一时之风气,内树学术自由之规模,外来民主堡垒之称号",直到一九四六年七月三十一日停办,前后存在了八年零十一个月,保存了抗战时期的重要科研、教学力量,培养了一大批卓有成就的优秀人才,取得了举世瞩目的伟大成绩。正是"刚毅坚卓"的西南联大精神,激励了一代一代的学子。

一

一九四一年五月,西南联大常委会主席梅贻琦、总务长郑天挺、中文系及师院国文系主任罗常培三人,先后从昆明飞重庆,开始了为期三个月的入蜀活动。他们此行的目的,是赴重庆国民政府教育部接洽西南联大的校务,并到中美庚款董事会接洽公务;走访沙坪坝中央大学、歌乐山中央研究院;又过泸州,转叙永,商洽西南联大分校事宜;再赴李庄参观中央研究院的历史语言研究所、社会科学研究所以及中国营造学社、中央博物院,并审查北大文科研究所任继愈、马学良、刘念和三位毕业生的论文;随后游览乐山、峨眉;转道成都,走访武汉、四川、华西、齐鲁、金陵各大学,顺便查看北大、清华两校的毕业同学在各地的服务状况;最后又回重庆;直到八月二十三日(梅贻琦、郑天挺)、二十六日(罗常培)先后飞回昆明。

抗战时期这一段历时三个月的学术文化考察,罗常培写了《蜀道难》以纪其事。冰心为作序言,说到:

> 三个多月困难的旅途,拖泥带水,戴月披风,逢山开路,过水搭桥,还仓皇地逃了好几次警报,历尽了抗战期中旅行的苦楚,可是他的豪兴一点不减。他研究了学术,赏玩了风景,采访了民俗,慰问了朋友。路见不平,他愤激而不颓丧;遇见了好山水人物,他又欣赏流连,乐而忘返。……我以为将来若有人要知道抗战中期蜀道上某时某地的旅途实情、学术状况、人物动态的,这是一本必读的书籍。

罗常培的学生曾经翻过罗常培的日记,"都是用墨笔工整书写的,记叙详尽,兼有笔记性质",他写的游记,"不光凭记忆,而是从日记里生发,演绎扩充而成,所以写来头头是道,有凭有据,却又不是干巴巴的流水账,而是文质交映,挥洒自如,真所谓'超以象外,得其环中',使人读来不觉终卷"(周定一《苍洱之间跋》)。《蜀道难》作为具有日记性质的游记,除了史料的真实性外,特殊时期的特殊经历,是更值得读者玩味的。

民国时代,很多人都有记录自己的书写方式,那就是写日记。著名的学人日记如《黄侃日记》《胡适日记》《顾颉刚日记》《竺可桢日记》《吴宓日记》《邓之诚日记》等,都因人物重要,时间跨度长,载记较详细,不仅成为"个人的生命史"(顾颉刚语),更为相关研究提供丰富的素材和佐证,历来为学界所重视。而梅贻琦、郑天挺、罗常培三位,也都有写日记的习惯。这次入蜀,三人其实也都有详细的日记。可惜三个人这三个月的日记,今天只有梅贻琦的是完整传世的,而郑天挺与罗常培这三个月的日记,都已付诸一炬,非常可惜!所幸罗常培留下了据日记整理而成的《蜀道难》——冰心所作序里也已经点明:"这篇游记,显然不是一个'回忆',一个'心影',而是从他精密详细的日记里扩充引申出来的,读之不厌其长,惟恐其尽!"这与周定一所谓的"不光凭记忆,而是从日记里生发,演绎扩充而成。……读来不觉终卷",其意一也。

二

日记,有写于当日者;也有当日无暇,而于次日或数日之后才写的;更有当时只是载诸便册,过了若干时间再补录的。

梅贻琦住宿成都发票，一九四一年七月三十一日。郑泰供图

如这期间梅贻琦六月十八日日记："早六点起。一日无所事事，写日记写信之外，聊天而已。"七月二日日记："日间无计避暑，只在花厅与郑、罗看书，写日记。"他如一九四五年十二月十日日记："补写日记。"一九四六年五月二十七日："上午在室中补日记。"梅贻琦日记有写于当日的，也有后数日补写的。郑天挺日记里也经常有"补写日记"的记载，至于此段时期的日记，则大概是拖了将近一年之后才来补写的。郑天挺一九四二年七月十日日记写到：

> 晚饭后补去年川游日记。去年六月二十六日在泸州写当日日记未毕，遂收拾行李作上船计，其后至李庄、叙府、乐山、峨眉、成都、内江、青木关，虽各有数日勾留，故无从容作日记之机会，惟以铅笔登大略于手册而已。既归昆明，亦无暇移录，忽已一年馀矣。今日检出，拟逐日补之，除手册而外，更就记忆所及补登一二，但绝不杂以事后之情绪，以存当时之真。

同月十四日有"补旧日记"、十七日有"归补日记"事，应该就是根据当时手册，连缀成文，补录这段时间的日记。

郑天挺西南联大时期的日记（起一九三八年元旦，迄一九四六年七月十四日），基本齐全，一九四一年五月至十二月日记缺失（内含此次入蜀三个月行程），非常遗憾。郑天挺与罗常培同年同月同日生，两人关系莫逆，两家孩子也是通家之好。可惜，罗常培一九五八年就去世了。据郑天挺儿子郑克晟回忆：

罗常培就是因为写《蜀道难》，把郑天挺日记中去四川的这部分拿走了。"文革"中罗常培的儿子把包括郑天挺日记在内的日记和信件全部烧了，所以郑天挺的这部分日记就没有了。这部分日记我们也没看到过，前几年罗常培之子还未去世的时候，我弟弟问过他，他说之前郑天挺的一部分日记的确在他家。

据王亚威兄提示，其中出现一个时间差问题。因为罗常培在《蜀道难》文末注明："三十年十月十六日写起，十二月二十三日写完。"三十年是一九四一年。但是，郑天挺是直到一九四二年七月才补写一九四一年的这部分日记，罗常培是如何参看的呢？

罗常培《蜀道难自序》中说到"每一礼拜写出五六千字来送给《当代评论》发表"，而《当代评论》创刊于一九四一年七月，由西南联合大学当代评论社出版兼发行，为周刊，每逢周一出版。《蜀道难》自《当代评论》第一卷第十九期起，先后连载十一期。后来，罗常培的好朋友陈雪屏建议"把它结集起来印成单行本"，于是交给另一个好朋友卢逮曾主持的重庆独立出版社出版。为此，罗常培于一九四二年十一月十七日写了《自序》，另又写信求冰心作序，冰心的序写于十一月二十四日。

郑天挺评价罗常培曰："他每写一篇文章或一本书，总是谦逊地请旁人提意见，而对正确的意见又总是虚怀接受，就是在出版以后，如有新的发现，来得及的，再版时一定改，来不及的也一定加以说明。"(《悼念罗常培先生》)《蜀道难》连载后，为结集出版，罗常培对文字进行了全面的修订。经过比勘，我们发现修订的大体范畴：

一是淡化政治、淡化职务，如六月五日删掉对军事当局的意见三百馀字；六月六日"第七区张清源专员"，《评论》本作"第七区行政专员张清源先生"，后文删去"张专员陪"、"和张专员告别"、"到专员公署"三处；六月九日提到黄季陆，《评论》本前冠以"中央委员"四字；七月九日、十日，高公翰前删"文学院长"、方芦浪前删"外语系主任"、吴子馨前删"史学系主任"、陆凤书前删"工学院院长"、桂质廷前删"理学院院长"；八月四日"清华一九三二级毕业同学李国幹"，《评论》本作"补训总处特别党部的书记长李国幹君，他是清华一九三二级毕业的"；等等。

二是删掉了对友朋或同事的调笑文字，如记本来买到的是五月十六日飞重庆的机票，那天有七个人要搭乘飞机，但没有那么多座位，联大的同事高韵琇与另一位即改签到下一班，"高女士显着很失望的样儿羡慕我们的顺利"，谁知飞机抵达后，由于载重过量，只能安排两人，且能随带行李，于是罗常培与郑天挺也没能飞成，回到昆明城里，"在马市口又碰见了高女士，她很诧异的问我为什么去而复返。及至我把缘故告诉她，她不禁笑了。这一笑，好像是一种报复"；五月二十三日又因为预定可以搭乘的飞机被他人抢先而再次被刷下来了之后，以"去年年底梁思永先生要回李庄的时候，也白跑了几次飞机场，他每次回来都跳脚大骂，几乎气的胃病复发"作对比；等等。

三是原来用"×"表示拟补内容，估计一时难以确定，就都作了删削或改写，如七月十八日，《评论》本于"地方"之后原有"一年级在 ×，理学院在 ×，文法学院在 ×，教职员宿舍在 ×"二十三字、于"馆"之后有"设在 × 的 ×"五字，七月十九日"张洪沅、郑含青、方端典三位领我们参观生物系实验室、物理化学实验室、理学院办公室",《评论》本作"张洪沅、郑含青(衍芬)两位先生和理学院训导长方端典领我们到×参观生物系实验室,到仙峰庄参观物理化学实验室,到×参观理学院办公室";等等。

四是改写了很多句式,如五月二十八日"到了陪都",《评论》本作"到达陪都了";六月七日"蓝田坝中国旅行社",《评论》本作"到蓝田坝,搬到中国旅行社去住";六月九号"简直不像是僻处川南的内地样儿",《评论》本作"简直不觉得到内地了";七月九日"走了一会儿又经过岷江中一个有名的险滩叫岔鱼子,不过水势并不像传闻的那样湍急",《评论》本作"走了一会儿又经过岔鱼子,这也是岷江中一个有名的险滩,不过水势并不像传闻的那样湍急";七月十四至十七日游峨眉,在华严顶往山下眺望,"南边有铜河,中间有峨眉,以北还有雅河",《评论》本作"南边有铜河,中间有峨眉河,北边有雅河";等等。

五是改正人名、地名之讹误,如傅任敢、褚士荃、程毓淮、杨人楩、易道士心滢,《评论》本作傅任敢、绪士荃、程毓准、杨仁根、一道士心滢;复兴亭、陶然亭,《评论》本作复兴亭、陶德亭;等等。

六是改正排校错误,如完全、风飕飕、不肯、摸索、手杖、走着、幸亏、虽(雖)然,《评论》本作内全、风搜搜、不背、横索、手枚、定着、辛亏、难(難)然;如淋浴、板栗坳、摽窃陈言、门口,《评论》本作浴淋、板坳栗、摽陈窃言、口门;又如伙食与火食,拔海与海拔,利害与厉害,似未改尽,两者都有;此类情况极多,举不胜举。

七是对行文中的某些口语化的语词进行了修改,《评论》本多儿化语,如有点儿、花两钱儿、一点儿等,有的删了"儿",但也没有尽删;"蹬得两腿生痛",《评论》本作"敦得两腿生疼",罗氏北京人，似以俚语入句；几处"好容易"，《评论》本都作"好不容易"；等等。

八是文内称人，凡有字者皆书字，部分字后括注名讳，且大皆有"先生"二字，结集时基本将括注与"先生"一并删去，不过也偶有遗漏。

九是《评论》本好用叹号，结集本极少用；而"二十"之意，《评论》本都写作"廿"。

十是改正了原序号的错误，原第九节"从竹根滩到嘉定"后当作第十节"峨眉四日游"，但序号还是"九"，致后面序号全错。

前面已经说过，郑天挺是在一九四二年七月开始整理这段行程的日记的。那么，在到十一月罗常培校订完成的这三个月左右的时间里，罗常培会不会借郑天挺的日记来参看一番呢？——从郑、罗两家后人的回忆来说，罗常培为结集出单行本肯定是借郑天挺的日记作参考了的，至于说吸收了哪些内容，或者说有无实质性的参考，我们即使用独立出版社的单行本比勘《当代评论》本，也是很难梳理得清了。

三

一九四五年十一月，郑天挺奉命先回北平，筹备恢复北京大学事宜。临行前，曾委托任继愈与韩裕文清理其房间内的书籍、绘画、文件、档案资料等，"该留的留下，该销毁的销毁"。任继愈他们整理好后，装了好几个大木箱，寄回北京大学。这些档案资料寄回后，由于时局变化太快，郑天挺没有进行整理。一九五二年院系调整，郑天挺又只身出京，到南开大学历史系任教，这批

郑天挺所记账目单。郑泰供图

档案资料也陆续运到天津。自一九六一年起,郑天挺回北京两年,与翦伯赞一起主编《中国通史参考资料》;一九六三年入住中华书局翠微路西北楼招待所,参加"二十四史"点校工作;"文革"开始,才被责令回南开批斗……所幸这批资料,虽被抄没,却未曾有大的散佚。

前几年整理《郑天挺西南联大日记》,对于这段入蜀日记的缺失,颇感遗憾。当时以罗常培《蜀道难》收为附录,聊作参看。最近,郑天挺家人在整理文件资料时,发现郑天挺当时作为财务总管记录下的此行三个月的账目清单。

这份账目清单计二十五纸,其中支付细账二十页(含一页游峨眉山)、报销总账二页、联大(分列梅、郑罗)报销总账一页、清华北大(分列梅、郑罗)报销总账一页、中国旅行社成都招待所发票一页。兹列报销总账如下:

时间	摘要	梅贻琦	罗常培	郑天挺
5月16日	自昆飞渝飞机票	480.00		
	携带报部文件过磅	75.40		
	赴公司车力	4.00		
	到重庆轿子车力	6.00		
5月28日	自昆飞渝飞机票		480.00	480.00
	赴公司车力		4.00	4.00
	到重庆轿子车力		6.00	6.00
	赴教育部接洽公务车力	6.00		
	赴教育部接洽公务车力	6.00		
5月29日	赴教育部接洽公务车力	6.00	6.00	6.00
5月30日	赴教育部接洽公务车力	6.00	6.00	6.00

续表

时间	摘要	梅贻琦	罗常培	郑天挺
6月1日	赴沙坪坝中央大学歌乐山中央研究院汽车	14.40	14.40	14.40
	自歌乐山回重庆汽车	14.40	14.40	14.40
6月2日	赴中美庚款董事会接洽公务车力	8.00	8.00	8.00
6月4日	赴教育部接洽公务车力	6.00	6.00	6.00
5月16日至6月4日	二十日房膳费	400.00		
5月28日至6月4日	八日房膳费		160.00	160.00
6月5日	由重庆至泸州民文船票价	108.00	108.00	108.00
	船上赏钱	10.00	10.00	10.00
6月6日	到泸州下船车及脚力	4.00	4.00	4.00
	过江船钱及行李费	10.00	10.00	10.00
6月6日至6月8日	泸州食宿	60.00	60.00	60.00
6月8日	自泸州赴叙永汽车	40.00	40.00	40.00
6月8日至6月14日	八日在叙永旅馆及饭费	160.00	160.00	160.00
6月14日	自叙永回泸州汽车	40.00	40.00	40.00
6月15日至6月24日	在泸州候船十日旅游	200.00	200.00	200.00
6月25日至8月4日	在嘉定峨眉、成都考察参观不支公费			
8月4日至8月7日	由内江候车至重庆	80.00	80.00	80.00
8月8日	由内江至重庆汽车	67.50	67.50	67.50
8月8日至8月18日	在青木关向部接洽公务食宿	220.00	220.00	220.00

续表

时间	摘要	梅贻琦	罗常培	郑天挺
	自青木关入重庆城汽车	15.80	15.80	15.80
8月18日至8月23日	六日在重庆候飞机	120.00	120.00	120.00
8月23日	自重庆飞昆明飞机票价	720.00	720.00	720.00
	自重庆飞昆明携文件过磅费	68.80		25.80

其中六月二十五日至八月四日栏后面写着："在嘉定峨眉、成都考察参观不支公费。"又，八月八日栏后面三人名下都写着67.50元，但是在表后注了一句："自成都至重庆135.00元，以半数报账。"盖重庆至叙永（约250公里）为公干，因游峨眉而转道成都，自成都回重庆（约500公里）其路程多出一倍，故以半数报账。这两条文字所体现出来的原则，今天要是都能做到，则大学之精神，也不至于失坠了。

总账后面又分列三个人的总支出：

	梅贻琦	罗常培	郑天挺
共用	3530.34	3394.79	3547.36
报销	−2956.30	−2560.10	−2585.90
	574.04	834.69	1062.46
已收	−550.00	−400.00	
	+24.04	+434.69	
退车票	−39.16	−39.16	−39.16
	存 15.12	欠 395.53	欠 1023.30

支付细账之末也有总数，列表如下：

	梅罗郑公用	罗郑公用	代梅付	代罗付	郑用
共	4390.92	149.10	2039.70	1856.60	2009.17
平均	1463.64	74.55			
计	10445.49		3503.34	3394.79	3547.36
收			550.00	400.00	
报销			2931.80		
退车票			39.16		
应补交					
应退票			17.62		

我们比对这份总账与细账，有两处数字对不上：一是总支出郑天挺名下报销数，原作"2528.20"，相减馀数得"1019.16"，报销数改作"2585.90"，则馀数当作"961.46"，而非现在的"1062.46"；二是支付细账里"代梅付"下"3503.34"，原作"3533.34"，郑天挺将十位数的"3"划去，在上面写了个"0"，而总账里却还是"3533.34"。

另有报销总账两页：一、联大报销者，五月二十八日至六月二十六日为重庆至泸州，梅贻琦报752.48元，郑天挺、罗常培报1128.72元；八月四日至二十三日为内江至重庆，梅贻琦报214.26元，郑天挺、罗常培报321.37元。另外来回飞机票（含行李），梅贻琦报1391.80元，郑天挺、罗常培报2448.00元；轮船，梅贻琦报108.00元，郑天挺、罗常培报216.00元。二、清华北大报销者，六月二十七日至八月三日泸李叙嘉蓉内，梅贻琦清华报857.28元，报交通运费等等539.50元，计1396.78元；郑天挺、罗常培北大报 1285.91 元,报交通运费等等 1021.77 元,计 2307.68 元。按,三份账目,以支付细账二十页最为清晰,而报销总账二页系根据支付细账相加所得,惟分列的报销账目数总额 10285.49 元,比支付细账之总数 10445.49 元少了 160.00 元,因表中只列若干数字,未写明对应之明细,所以不知问题出在哪里。

这份支付细账,为我们了解那个时代的交通、住宿、餐饮、娱乐等物价,以及相同内容在不同地区之间的差别,甚至赏钱的多寡等,提供了第一手的材料。像是一幅鲜活的画卷,铺展于读者的面前。

四

八月二十六日,是罗常培阴历(七月初四)四十三岁的生日。这天上午七点半,他与老舍乘坐的飞机从重庆珊瑚坝机场起飞,九点四十分抵达昆明。

回到昆明后,罗常培竟连续病了两个来月,见到他的朋友都总是问他:"你们在峨眉玩得痛快罢？"为排除同事、朋友误解他们三个月的行程只是"优哉游哉地消磨在峨眉山里似的",罗常培说"情愿花一些功夫把我们的游踪记下来",写尽了路途中所经历之各种艰难与险阻,各类狼狈与窘迫,于是就有了《蜀道难》这部著名的游记。

本书自一九四一年十月十六日写起,每一礼拜完成五六千字付《当代评论》发表(连载十一期,署名罗莘田),至十二月二十三日写完,前后用时六十九天,可谓是精心之作了。

后经陈雪屏建议,始又据《当代评论》本删改校订,于一九四四年十一月由重庆独立出版社出版单行本,抗战胜利后于一九四六年四月上海再版。署名罗莘田。

一九九六年九月,辽宁教育出版社将罗常培《苍洱之间》《蜀道难》合刊,作为《书趣文丛》第三辑的一种,并取前者冠为书名。据周定一《跋》:"这两本书印数很少,又是在抗战期间的后方印的,流传不广。……我保存的一本还是解放前在一个学生手里偶然见到,向她要来的。"那么,辽宁教育出版社所据应是一九四四年重庆独立出版社本。

二〇〇八年十一月,山东教育出版社出版《罗常培文集》第十卷,收入论文十篇、游记《蜀道难》《苍洱之间》两种、零星文章等若干。两种游记,据卷首说明曰:"此次由高更生根据辽宁教育出版社一九九六年《书趣文丛》第三辑之《苍洱之间》编校。"估计当年《罗常培文集》编委会未能找到独立出版社本(不管是渝版还是沪版),所以用了别的出版社的新排印本进行编校。冰心一九七九年在回忆罗常培的文章里,也说过:"我曾替他写的一本游记《蜀道难》做过一篇序。如今这本书也找不到了。"所以,《文集》本《蜀道难》的某些改动,——如第五节《十二天的沉闷生活》六月十六日"广敞",改作"宽敞";第六节《闷热的板栗坳》六月二十七日"突然上来二十几个香客,大约有廿人",改作"突然上来不少香客,大约有廿人",然核诸《当代评论》本,实作"突然上来一批香客,大约有廿人"……应该是出于编校者的径改了。

此次整理,我们以一九四六年四月独立出版社上海再版本为底本,以《当代评论》本(简称《评论》本)、《罗常培文集》本(简称《文集》本)为校本。由于结集时对《当代评论》本有若干较大删削以及多处改写,此类情况作异文出校;其他细微的润色与改动,则酌情处理(未能悉数体现,否则校不胜校);有疑误处,参校其他文献。凡有改动底本文字或重要异文,皆出校说明。

《蜀道难》共分十七节,除首末两节外,中间十五节与梅贻琦日记、郑天挺账单可彼此呼应。兹将相关内容附于每一节之后,互相对读,真可谓有身临其境者也。

因为都是属于个人化的记载,罗常培与梅贻琦所记每日之具体时间点(几点几分),或有出入。而对于第一次遇到的人名与地名等,大家也会根据读音或事后追忆来记述,人名如薛卓钧、韩德璋,梅贻琦日记作薛卓君、韩德章;地名如峨岷体育社、三岩、石岩湾、陈福记、蜀天行墅、七里碑,梅贻琦日记作峨嵋体育会、山岩、石崖湾、孙福记、蜀天别墅、五里碑;他如榕树、桫罗树、梾桐、幺店子,梅贻琦日记作黄果树、娑罗树、珙桐、腰店子;梅贻琦日记怡春戏院,郑天挺账单作惜春戏院。这些文字,不作彼此互校,也未作他校。提请读者注意。

庚子上巳,个厂于仰顾山房

(原为中华书局2020年版《蜀道难》之"编订说明",兹为补拟文题)

通行本《史记》整理前后

以现代规范与标准（标点、分段、校勘等）整理《史记》，一直是顾颉刚先生的"愿景"。一九五四年八月二十二日，顾先生奉命举家迁京；次日，中华书局编辑部姚绍华即登门拜访，约请整理《史记》三家注。顾先生"大喜过望"，因为顾先生"发愿整理《史记》已历三十年"。九月一日，到中华书局，商谈《史记》标点事宜。十月五日，拟《整理史记计划》交姚绍华。由于当时顾先生承担了《资治通鉴》的校对任务，所以顾先生就请曾经的北大学生贺次君到北图校勘《史记》的不同版本，并从中华书局预支的稿费中供给他生活费。（顾颉刚致夫人张静秋函："前年我初到北京，次君原在硝皮厂当会计，为了我来而辞掉的，现在如果断绝了他的生路，岂不是我害死了他。"）

据顾颉刚一九五五年六月二十四日日记："《史记》工作，本当自做，然今日之病如此，不得不全部交与次君为之矣。"八月十九日日记："将《史记》序统改一过，约增入二千字。……《史记》序文，予已写两万，次君约写万一千字，尚须补写万馀字，又将次君所作改写，看来还须两星期功夫方完初稿，此序直是一篇'《史记》通论'了。"

在顾先生的心目中，《史记》整理要分四个步骤："第一步出标点的'金陵本'，略加改正，并附索引；第二步出'史记及三家注校证'；第三步出'史记三家注定本'；第四步出'史记新

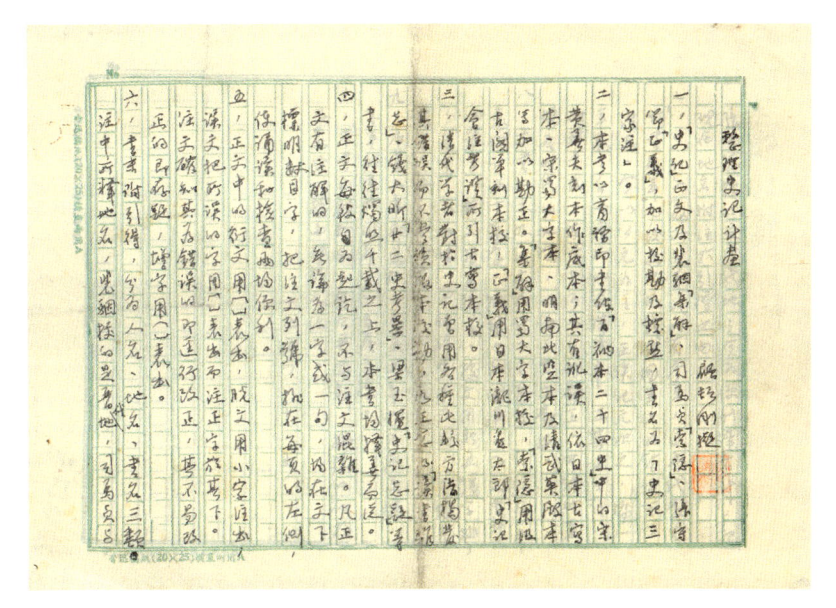

顾颉刚《整理史记计画》,稿本。中华书局藏

注'。"又由于顾先生"一因事忙,二因多病,三则过于求细",所以推延了出书计划,迟至一九五八年八月才将《标点史记凡例(稿本)》交到中华书局。九月,毛泽东指示吴晗,要求标点前四史。十三日,吴晗、范文澜、尹达、金灿然、张思俊等召开标点前四史工作会议,会议决定:除前四史之外,"其他二十史及《清史稿》的标点工作,亦即着手组织人力,由中华书局订出规划"。后将此报告送呈毛泽东,毛批示曰:"计划很好,望照此实行。"

也就是九月十三日这天,宋云彬以"待罪"之身抵京,到中华书局做编辑,第一项工作即审阅顾颉刚标点的《史记》。宋云彬二十二日日记:"余在乃乾之工作室草拟标点《二十四史》凡例。"二十三日日记:"拟标点《二十四史》分段提行说明。据金陵局本《史记》校黄善夫本及殿本之异体字,以决定将来排印时能否统一字体。"二十五日日记:"聂崇岐交回审阅的《史记》标点稿第一批。晚饭后,赴东四八条三十五号看叶圣陶,谈标点《史记》问题。"二十六日日记:"上午与金灿然谈《史记》标点问题,将顾颉刚所标点的和我所标点的式样各印样张一份,先寄聂崇岐等,然后定期开会讨论。《史记》原定年内出版,作为一九五九年新年献礼,但顾颉刚之标点问题甚多,改正需要甚长之时间,年内出版绝对不可能矣。"所谓"标点问题甚多",这在顾颉刚也有很深的认识,其后来(一九五九年二月二日)致辛树帜函里说道:"三年以来,只要得一些空就整理《史记》三家注,此将近二百万字之一部大书,幸已于去年底完工,交中华书局付印,约今年夏间可出版。《史记》中问题真多,有许多地方只得强不知以为知,不克待研究明了而施以标点也。""强不知以为知",盖亦是朋友间掏心窝子的话了。于是便有了三十日的会议,宋云彬、顾颉刚都有日记记载。

宋云彬日记:

> 开会讨论标点《史记》问题,出席者:金灿然、张北辰、顾颉刚、聂崇岐、齐思和、傅彬然、陈乃乾,章雪村、姚兆华及余。余发言甚多。

顾颉刚日记:

> 到中华书局,参加《史记》标点讨论会,自二时至六时。……标点《史记》,予极用心,自谓可告无罪。今日归

来，接中华书局来函，谓点号应简化，小标题可取消，颇觉诧异。及往开会，乃知毛主席令在两年内将廿四史点讫，如照予所作，则其事太繁，无以完成任务也。此事若在从前，予必想不通。今从集体出发，亦释然矣。

此次会议，对存在的问题大概没有商定解决方案。宋云彬日记载，之后其有拜访王伯祥、叶圣陶诸事，或是咨询点校体例、格式等问题，十月十六日日记："写成《关于标点史记及其三家注的若干问题》一文，凡七千言，并作致金灿然信，交姚兆华转去。"直至十一月六日，方才召开第二次研讨会，参加人员有金灿然、傅彬然、顾颉刚、叶圣陶、王伯祥、宋云彬、姚绍华、贺次君、聂崇岐、陈乃乾、章雪村、曾次亮，会议自下午二时开到五时半。王伯祥、宋云彬、顾颉刚都有日记记载当日情形，聂崇岐则在《史记》初版上也有题识，记述当时情况。

王伯祥日记：

往东总布胡同中华书局，应邀参加讨论标点《史记》诸问题。二时开会。……云彬提出问题至夥，其实多历来聚讼难决者，片言解纷，殆不可能。至五时半，大体得一通则而已。

宋云彬日记：

座谈标点《史记》及其三家注问题，余提问题甚多，大部分得到解决。

顾颉刚日记：

> 予所点《史记》，由宋云彬另觅一张文虎本重点，期于将段放大，将符号减少。

聂崇岐题识：

> 十一月初，中华书局召集小会，讨论改订标点体例，以作其他诸史标点时之准绳。……在讨论后，顾校者多应更改之处，于是交宋云彬负责。宋氏以就顾校原本更动，殊所不便，因另取一部，就顾校本随录随改，作完后仍由余覆校。宋氏过录时既有脱误，而所改者亦间有不妥处，致余不得不又从第一卷校起。

通过以上四人的记述，可以得出当时商定的解决方法，即：由宋云彬另觅一金陵书局本，在贺次君初点、顾颉刚复点本的基础上重新加工，完工后连同顾先生的标点本一并送聂崇岐覆校，再作为定稿发排。

由于宋云彬是以"右派"的特殊身份参加革命工作的，工作任务"主要是标点《史记》"，所以"工作劲头相当大"（宋云彬《一个月来学习工作思想情况》)。在之后的将近一年时间里，宋云彬与王伯祥的日记都分别写下了两人商量《史记》标点的记录；而在中华书局的相关档案里，也留存着宋云彬与叶圣陶等的为了标点的通信。在政治学习、报告不断、会议如海的一九五九年里，因为《史记》标点本作为国庆献礼之书，宋云彬也可得偶尔请假，专心致力于伟大的政治任务,所以说心情还是比较愉快的。

其间,宋云彬与王伯祥的过从最为频繁,王伯祥六月十九日日记:

> 夜饭后七时十分,独往王府井大街首都剧场观郭编《蔡文姬》。……在场晤东莼、从文、云彬、至善、季方、孟实、白鸿诸人。散戏时已十一时半,偕云彬联步东归,踏月谈心,不觉已至南小街小雅宝西口,遂握别,各返。

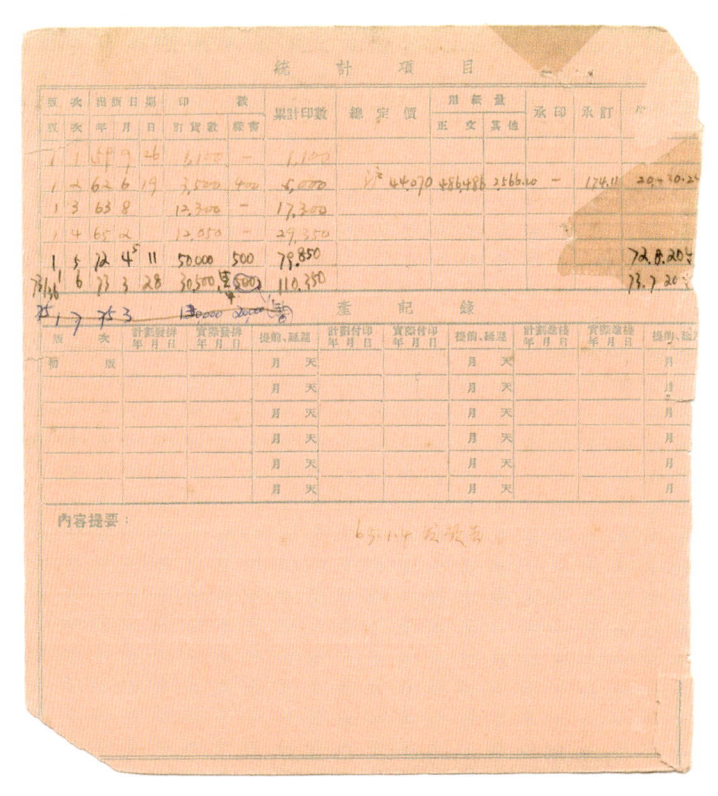

中华书局《史记》点校本出版记录卡。中华书局藏

六月三十日日记：

> 七时半，云彬电话，约在雪村所晤面，共赴国务院听报告。余匆匆早餐已，过雪村，晤云彬，谈至八时一刻，与云彬偕至禄米仓，乘十路……十一时许即散，仍循原路，与云彬偕行，至禄米仓口而别。

当时情境，跃然纸上。

凝结着顾颉刚、贺次君、宋云彬、聂崇岐四位学者辛勤劳作和智慧学识的《史记》三家注标点整理本，于一九五九年九月二十六日正式出版（送审样书时间），作为向国庆十周年献礼之最重要一书。十月二日，顾先生到中华书局访副总编辑傅彬然，"看新出版标点本《史记》三家注"，傅告之曰：

> 中华书局出版标点本《史记》三家注，国庆献礼，毛主席打三次电话索取，览后表示满意。

顾先生感慨道："斯我辈多人之积年辛勤之收获也。"十月六日，王伯祥收到《史记》，在当天的日记里写到：

> 中华书局标点本廿四史第一部《史记》已出版，今日承送到赠书，精装一部，末附云彬所撰"校点后记"，颇见功力，洵可得善本之称也。若此后各史，信然有照，后生治史匪勘矣，为之寄望颇厚。

此书也成为数十年来之最为通行之版本。

可以说,点校本《史记》是在特殊的政治背景下展开,吴晗、齐燕铭、范文澜、刘大年、金灿然等领导参与其事,顾颉刚、贺次君、宋云彬、聂崇岐等先生承担点校和编辑、审读,还涉及叶圣陶、王伯祥、邓广铭、周一良等一批学者,是一座集体智慧的丰碑。通过点校本档案及相关学者的日记所反映出来的人和事,展示了《史记》作为"二十四史"第一部现代整理本的成书过程,也真实地反映出了二十世纪五十年代中国政治和学术、出版的生态环境。

(原载《博览群书》2014第三期)

黄宗羲《留书》版本考
——中华书局藏《南雷黄子留书》及相关问题

黄宗羲的政治思想主要表现在《明夷待访录》一书中，而现在有文献证明，黄宗羲在写作《明夷待访录》之前，曾经创作了《留书》（或名《明夷留书》、《黄子留书》、《南雷黄子留书》）八篇，也就是说，《明夷待访录》是在《留书》的基础上续写发展而成的。那么《留书》是什么模样呢？有没有单独成集留传下来呢？这个问题一直困扰着研究者。

直到一九八五年骆兆平先生在天一阁发现了二老阁主人郑性、郑大节父子的校订本，人们才看到了《留书》的原貌。上有校订者跋语一条，曰："先生《留书》八篇，其《田赋》、《制科》、《将》三篇见《待访录》，兹不具载。"由此可以得知，《留书》本来有八篇文章，后来其中的三篇转入了《待访录》，留下了五篇，就是现在我们所讨论的《留书》。但在《留书》的留传过程和版本种类上，总有一些难解的迷团，比如"全祖望重定本"、"万斯选订本"和"是亦居传钞本"等等，究竟又有着什么样的关系呢？

近日，在中华书局图书馆发现了一本题为"南雷黄子留书"的钞本，通过这一钞本，联系郑性父子的校订本，再参诸其他文献，兹就以下四方面的讨论，试图来揭开《留书》在留传过程中几个重要版本之间的关系。

一、《留书》的记载

《留书》是黄宗羲创作的,但是在他本人的著述中,只说到了《待访录》,如《破邪论·题辞》:"余尝为《待访录》,思复三代之治。"① 而对于《留书》,却是只字未题。

黄宗羲之子黄百家《先遗献文孝公梨洲府君行略》只言"《待访录》一卷"②,未见《留书》记载。

邵廷采《遗献黄文孝先生传》也只录《待访录》,不著《留书》之名③。

直至黄宗羲的私淑弟子全祖望《梨洲先生神道碑文》始言"《明夷待访录》二卷,《留书》一卷"④,而其《书明夷待访录后》又谓"《明夷待访录》一卷……原本不止于此,以多嫌讳,弗尽出"⑤,"弗尽出"者,似亦指《留书》而言。又《鲒埼亭诗集》卷七《漫兴二集》有《重定黄氏留书》诗一首,诗曰:"证人一瓣遗香在,复壁残书幸出时。如此经纶遭世厄,奈何心事付天知。犹开老眼盼大壮,岂料馀生终明夷。畴昔薪传贻甬上,而今高弟亦陵

---

① 黄宗羲《破邪论·题辞》,《黄宗羲全集》第一册,浙江古籍出版社1985年版。又,《思旧录·顾炎武》条:"丙辰,寓书于余云:'……顷过蓟门,见贵门人陈、万二君,具谂起居无恙,因出大著《待访录》,读之再三,于是知天下之未尝无人。'"出处同上。
② 黄百家《先遗献文孝公梨洲府君行略》,《黄宗羲全集》第十一册附录,浙江古籍出版社1993年版。
③ 邵廷采《遗献黄文孝先生传》,《思复堂文集》卷三,康熙年间刻本。
④ 全祖望《梨洲先生神道碑文》,《全祖望集汇校集注》之《鲒埼亭集内编》卷第十一,上海古籍出版社2000年版。
⑤ 全祖望《书明夷待访录后》,《全祖望集汇校集注》之《鲒埼亭集外编》卷第三十一,上海古籍出版社2000年版。

《留书》跋,〔清〕黄宗羲撰,郑性订、郑大节校本。天一阁藏

迟。"则全祖望曾经见到过《留书》是可以确定的了(详下四"全祖望"条)。

江藩、徐鼒、李元度等皆著录为"《明夷待访录》二卷,《留书》一卷"①,大概也是沿用全祖望《梨洲先生神道碑文》之说了。

黄宗羲的七世孙黄炳垕在《黄梨洲先生年谱》里也只是说:"康熙元年壬寅,公五十三岁,著《明夷待访录》,次年冬削笔,二老阁校梓。公又著有《留书》一卷。"② 而他在《诵芬诗略》里写有"《待访》侪宏景"、"《留书》志吕伊"等句,只注"《留书》一卷"而已③,显然,黄炳垕是沿用了全祖望的记述。

谢国桢先生作《黄梨洲学谱》,也只是根据黄炳垕《诵芬诗略》而谓黄宗羲著"《留书》一卷"④。

黄氏后裔黄嗣艾在《南雷学案》卷八《全谢山先生关于南雷先生语》一节下注曰:"忆予幼时,见先大父永州公(指黄文琛)遗箧内有《明夷待访录》钞本,似较今行世者多。据闻族人在道、咸间往馀姚携出传写者,乃并《留书》为一耳。"⑤ 但在同书卷九《瓮叟公》传中却说:"公(指黄文琛)同时使门人往馀姚,访家属,兵燹后迁避者未归。由上虞某姻家,辗转得南雷公《明夷待访录》原本,始知南雷公生平王佐之略。其发抒者题曰《留书》,而

---

① 江藩《国朝汉学师承记》,中华书局1983年版。徐鼒《小腆纪传》卷五十三,中华书局1958年版。李元度《国朝先正事略》,上海中华书局《四部备要》本。
② 黄炳垕《黄梨洲先生年谱》,中华书局1993年版。
③ 黄炳垕《诵芬诗略》、《留书种阁集》,同治光绪年间馀姚刻本。
④ 谢国桢《黄梨洲学谱》,上海商务印书馆1932年版。
⑤ 黄嗣艾《南雷学案》,正中书局1936年版。

《明夷待访录》则《留书》中三分之一。"① 由此可知,黄嗣艾曾经(幼时)也是见到过《明夷待访录》与《留书》的合订本的。

综上所述,自《明夷待访录》成书后,《留书》就销声匿迹了,而因为全祖望《梨洲先生神道碑文》讲到"《留书》一卷",则《留书》又成为人们关注的对象。后人提到黄宗羲的著作,总也要加上那么一条,虽然是谁也没有看到过。直至一九八五年,骆兆平先生在天一阁整理冯贞群先生《伏跗室赠书目录》补遗一卷时,才发现了题为"后学郑性订大节校"(以下称郑性父子校订本)的《黄梨洲先生留书》。

二、冯贞群先生《伏跗室书目》留下的疑问

《留书》发现了,骆兆平先生即据以标点,并撰《关于黄梨洲的〈留书〉》一文,同时发表于《文献》一九八五年的第四期上。文中说:"冯贞群字孟颛,一字曼孺,是现代浙东著名的藏书家,在宁波市水凫桥畔有伏跗室藏书十万卷。一九一八年至一九三一年自编《伏跗室书目》,此后,藏书多有增减。一九六二年春,先生去世,全部藏书捐献给国家。可惜上述是亦居钞本《留书》一卷,已经有目无书,至今不知去向。"郑性父子校订本之《留书》后又为沈善洪主编的《黄宗羲全集》所本,收入《全集》第

---

① 黄嗣艾谓"《明夷待访录》则《留书》中三分之一",然今所传的《留书》,其文章只有五篇,可以证明黄文琛经过辗转而得到的黄宗羲的《明夷待访录》原本,后来是遗失了的,否则,黄嗣艾在《南雷学案》中不至于出现如此大的偏差,因为根据郑性父子校订本上附录跋所谓"先生《留书》八篇,其《田赋》、《制科》、《将》三篇见《待访录》,兹不具载",可以知道《留书》中收入《待访录》的其实只有三篇而已,而谓"《明夷待访录》则《留书》中三分之一",显误。

明夷待訪錄

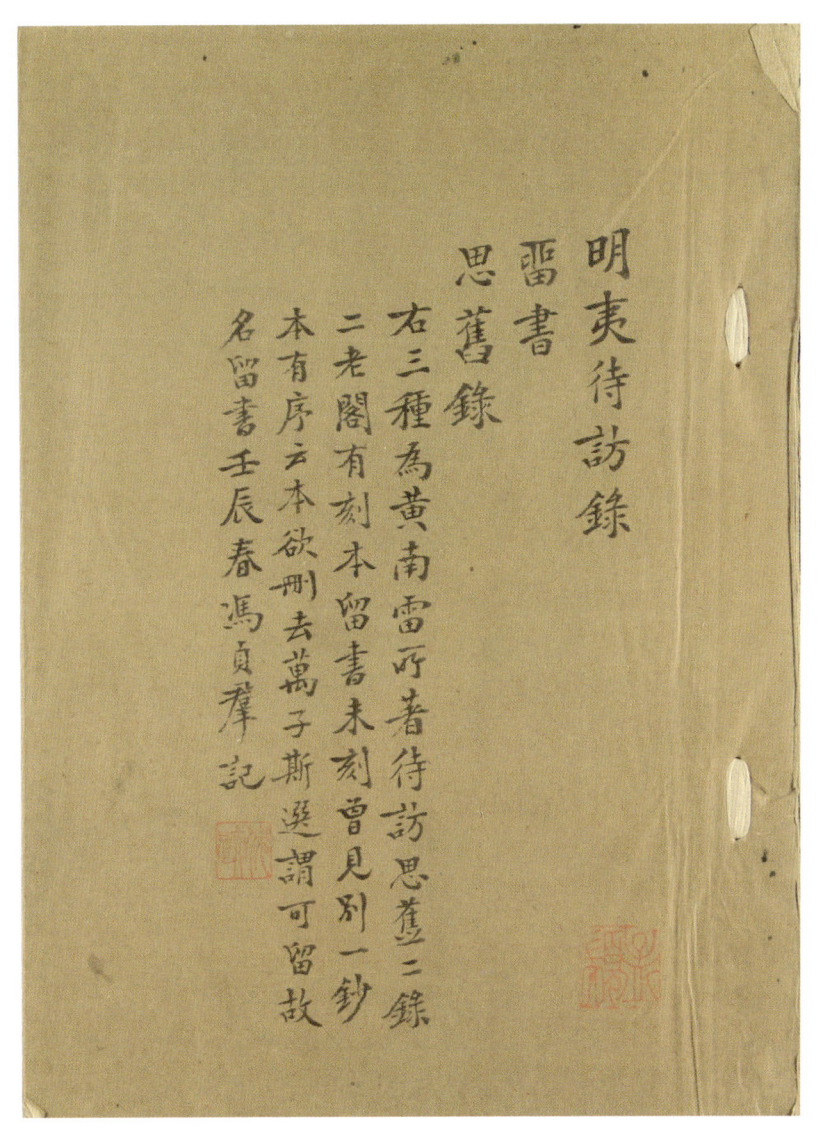

留書

思舊錄

右三種為黃南雷所著待訪思舊二錄二老閣有刻本留書未刻曾見別一鈔本有序云本欲刪去萬子斯選謂可留故名留書壬辰春馮貞羣記

《留书》书衣，〔清〕黄宗羲撰，郑性订、郑大节校本，冯贞群跋。天一阁藏

十一册(此册点校者为吴光),书后附吴光先生《黄宗羲遗著考(六)》。

以上两篇文章都指出,《留书》还有是亦居传钞的"万斯选订本",理由是在冯贞群先生编于一九一九年的《伏跗室书目》稿本子部儒家类《明夷待访录》条下有"《南雷黄子留书》一卷,黄宗羲撰。……门人万斯选订……是亦居传钞本"的记载[①];又,冯贞群先生在郑性父子校订本的《留书》(与《明夷待访录》《思旧录》合订成一本,今藏天一阁)封面上题曰:

> 《明夷待访录》《留书》《思旧录》,右三种为黄南雷所著,《待访》《思旧》二录,二老阁有刻本,《留书》未刻,曾见别一钞本,有序云本欲删去,万子斯选谓可留,故名《留书》。壬辰春冯贞群记。[②]

由此可知,冯贞群先生所谓的"别一钞本",即《伏跗室书目》里所说的是亦居传钞本的《南雷黄子留书》。这里我们需要注意两条:一、我们不能确定是亦居传钞《留书》的原本即万斯选订本,所以我们不能将是亦居传钞本和万斯选订本混为一同;二、因为我们没有找到是亦居传钞的所谓万斯选订本的《留书》,所以在没有确切的证据面前,只能将两者"暂时区分"。

另,据全祖望的《重定黄氏留书》一诗,全祖望当时不仅是

[①]《伏跗室书目·明夷待访录》条下著录:"《南雷黄子留书》一卷,黄宗羲撰。'癸巳秋为书一卷,留之箧中。后十年续有《明夷待访录》之作,则其大者多采入焉,而其馀弃之,甬上万公择谓尚有可取者,乃复附之《明夷待访录》之后,是非予之所留也,公择之所留也。癸丑秋梨洲老人题。'门人万斯选订。分《文质》《封建》《卫所》《朋党》《史》五篇,是亦居传钞本,一册。"

[②]转引自骆兆平先生《关于黄梨洲的〈留书〉》一文,《文献》1985年第四期。

看到了《留书》(或即是万斯选订本),且又为之"重定",那么重定本的《留书》是什么模样呢?有没有留传下来呢?这是个重要问题,说详下。

通过上面的述说,我们可以确定,冯贞群先生在其中是一个极为重要的人物,因为他不仅收藏了郑性父子校订的《黄梨洲先生留书》,同时也看到过是亦居传钞的题为"门人万斯选订"的《南雷黄子留书》,如果我们能够找到是亦居传钞的"万斯选订本",或许就能够揭开上述四本——即万斯选订本、是亦居传钞万斯选订本、郑性父子校订本和全祖望重定本——之间的关系,因为仅凭天一阁收藏的郑性父子校订本,其上只一篇黄宗羲本人的《题辞》——也不曾题及《留书》半字——是无法揭开铺在其上面的神秘面纱的。

所幸的是,在中华书局图书馆里,保藏了题为"南雷黄子留书"的钞本(末又附黄宗羲未刻文十四篇),通过细细比较,确定此本为是亦居传钞本的再钞本,且钞者即是冯贞群先生,其上复有与郑性父子校订本校对一遍之痕迹,异文已全部勾出。

介于是亦居传钞的万斯选订本是否真为万斯选本人订本,尚可存疑,我个人以为所谓的"门人万斯选订"之本,并非万斯选所订,所以是亦居传钞的所谓的"万斯选订本",也就不能说是万斯选订了(说详下),故将冯贞群先生所钞之本暂名为"冯贞群先生传钞本"。

今就此钞本的内容,并参照骆兆平先生《关于黄梨洲的〈留书〉》和吴光先生《黄宗羲遗著考(六)》对郑性父子校订本的介绍,就几个问题的梳理来揭开《留书》万斯选订本、是亦居传钞万斯选订本、郑性父子校订本和全祖望重定本之间的关系。先

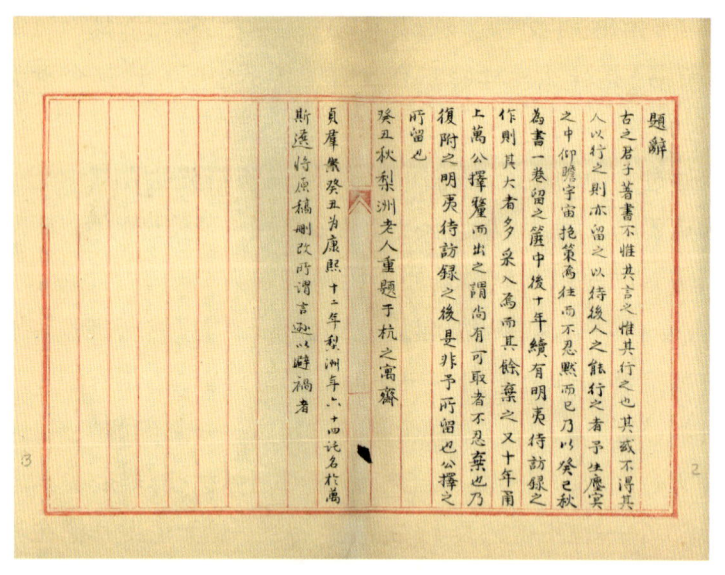

《留书》题辞,〔清〕黄宗羲撰,冯贞群钞录本。中华书局藏

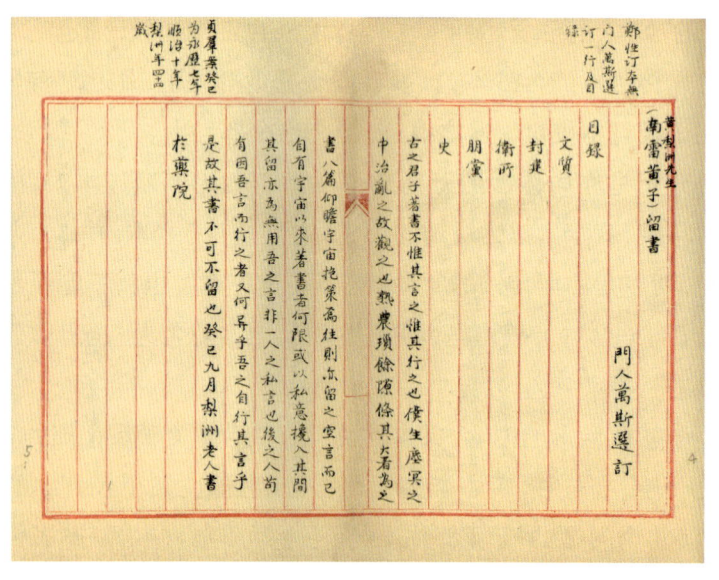

《留书》目录,〔清〕黄宗羲撰,冯贞群钞录本。中华书局藏

将冯贞群先生传钞本述之如下。

三、冯贞群先生传钞本的确定与内容

此钞本书衣题"南雷黄子留书（附未刻文）"，红格，半页十行，行二十馀字不等。

第一页录全祖望《重定黄氏留书》诗云云，而郑性父子校订本《留书》上未录此诗。

第二页录黄宗羲《题辞》：

> 古之君子著书，不惟其言之，惟其行之也；其或不得其人以行之，则亦留之以待后人之能行之者。予生尘冥之中，仰瞻宇宙，抱策焉往，而不忍默而已。乃以癸巳秋为书一卷，留之箧中。后十年续有《明夷待访录》之作，则其大者多采入焉，而其馀弃之。又十年甬上万公择釐而出之，谓尚有可取者，乃复附之《明夷待访录》之后。是非予之所留也，公择之所留也。

末署"癸丑秋梨洲老人重题于杭之寓斋"，下有冯贞群先生案曰："癸丑为康熙十二年，梨洲年六十四，托名于万斯选将原稿删改，所谓言逊以避祸者。"而郑性父子校订本《留书》上未录此文。

第三页首行上端题《南雷黄子留书》，换行下署"门人万斯选订"，空一行顶格"目录"，换行低一字为《文质》、《封建》、《卫所》、《朋党》、《史》（各占一行），眉上冯贞群先生案曰："郑性订本无'门人万斯选订'及目录。"再换行为黄宗羲《题辞》：

古之君子著书,不惟其言之,惟其行之也。仆生尘冥之中,治乱之故,观之也熟。农琐馀隙,条其大者,为书八篇。仰瞻宇宙,抱策焉往,则亦留之空言而已。自有宇宙以来,著书者何限,或以私意挽入其间,其留亦为无用。吾之言非一人之私言也,后之人苟有因吾言而行之者,又何异乎吾之自行其言乎?是故其书不可不留也。

末署"癸巳九月梨洲老人书于药园",眉上冯贞群先生案曰:"癸巳为永历七年、顺治十年,梨洲年四十四岁。"此篇《题辞》,著录在郑性父子校订本《留书》之上。

第四页开始为《留书》之正文,共十三页,冯贞群先生将其与郑性父子校订本文字有出入者校出,兹列表以见其异。

篇　名	郑性父子校订本	冯贞群先生传钞本
《文质》	夫非喜质之过乎?	夫亦自以为质而不知其失人道也。
《封建》	自三代而后,乱天下者无如夷狄矣。	自三代而后,乱天下者无如外藩矣。
	不知秦不并力于胡,即秦不以胜、广亡,而胡之所以患秦者,当不下于胜、广。	不知秦不并力于匈奴,即秦不以胜、广亡,而匈奴之所以患秦者,当不下于胜、广。
	中国为夷狄所割者四百二十八年。	中国为外藩所割者四百二十八年。
	岂夷狄怯于昔而勇于今哉?	岂彼怯于昔而勇于今哉?
	使虏一入盗边。	使外藩一入盗边。

续表

篇　名	郑性父子校订本	冯贞群先生传钞本
《封建》	岂有一战而得志于天下如此而易易乎？呜呼！	岂有一战而得志于天下如此而易易乎？高皇之封建也，燕晋秦蜀遍树立焉。虽非能复古兵民为一之旧，然其意则亦深远矣，岂如复尽夺其兵柄以至于斯乎？呜呼！
	古之有天下者，日用其精神于礼乐刑政，故能致治隆平。后之有天下者，其精神日用之疆场，故其为治出于苟且。	古之有天下者，日用其精神之疆场，故其为治出于苟且。 按：此数句当以郑性本为是。
	亦何至率禽兽而食人，为夷狄所寝覆乎！	亦何至拱手而为彼所寝覆乎！
《卫所》	东南之民奚罪焉？	东南之民非赤子欤？
《朋党》	故一时言国本者，具谓之东林。	故一时言国本者，不论其讲学与否，具谓之东林。
	于是官因郑氏者得不废。	于是凡官因郑氏者得不废。
	逆案之人乃出奇计，导虏入喜峰口，薄都城。	逆案之魁曰故相冯铨出奇计，导北兵入喜峰口，薄都城。
	收道周入狱。	而道周拜杖入狱。
	而以降贼之名斩复社周钟，捕魏学濂、陈名夏，又作《蝗蝻录》，言复社为东林之孽。	而以降贼之名斩复社周钟，捕魏学濂、陈名夏，又因周钟枉杀周镳，又作《蝗蝻录》，言复社为东林之孽。
	虏设伪朝，其相冯铨，故逆案人也，颇引用其类。乃陈名夏亡命入虏，其酋听之，而汉人之仕于虏者，以为东林云。	而北朝入中原，起冯铨而相之，颇引用其类。乃陈名夏亡命，入北亦相，而附东林之徒之失节者，亦因之，于是北中尚有此二品目。

续表

篇　名	郑性父子校订本	冯贞群先生传钞本
《朋党》	黄允称于郭泰，邢恕学于程氏，苟必曰吾党人也，则世无小人矣。	故君子亦有时与君子不甚相得，而未尝害其道之同。
	凡官因魏忠贤者，以国法断之。	凡朝士因魏忠贤者，以国法断之。
《史》	五代之君，其地狭，其祚促，与十国无以异也。守其疆土者则世家之，与于篡弑者则帝之，后之盗贼，其谁不欲与于篡弑乎？	辽之西段氏，武都之杨氏，何以应降为传使，屈于刘石，虽欲为之词而不得也。
	虏兵入寇则曰大元。	蒙古兵入寇则曰大元。
	许衡、吴澄无能改虏收母篾丧之俗。	许衡、吴澄无能改其收母篾丧之俗。
	中国之于夷狄，内外之辨也。以中国治中国，以夷狄治夷狄，犹人不可杂之于兽，兽不可杂之于人也。	中国之于四夷，内外之辨也。以中国治中国，以四夷治四夷，古先圣王之所界画，各从其类，不可杂也。
	顾乃帝之宗之以为一代乎？难者曰："若是则本朝不得正其始矣。"	顾乃帝之宗之以为一代乎？澄之言曰："近古道统，周子其元也，程、张其亨也，朱子其利也，谁为今日之贞乎？"澄之晚节如此，可以为贞否耶？难者曰："若是则本朝不得正其始矣。"
	彼方以禽兽加之人类之上，何尝以中国之民为民乎？	彼之草芥汉人一至于此，何尝以中国之民为民乎？

由表中文字可知，在冯贞群先生传钞本所据的原本（即所谓的万斯选订本）上已将"夷狄"、"胡"、"虏"、"伪朝"、"禽兽"等违碍字进行了删改，于是，显得不是很尖锐。

五篇文末,冯贞群先生跋曰:

"先生《留书》八篇,其《田赋》《制科》《将》三篇见《待访录》,兹不具载。"丁酉清明节据郑南溪性订写本校一过,寄谢刚主道兄。万氏订本为袁氏是亦居传钞者。

下一页首行顶格题"南雷未刻文",换行低一字为"目录",换行再低一字为"《复芹堂记》《寿伯美陈公六十文》《寿序》《董太夫人七十寿序》《按察使副使郑平子先生六十寿序》《王君调先生七十寿序》《家母求文节略》《送郑禹梅北上序》《乡贤呈词》《再辞修郡志书》《辅潜庵传》《陈贤母传》《奉议大夫刑部郎中深柳张公墓志铭》《振寰张府君墓志铭》"(各占一行)等十四篇的篇名。

下一页为未刻文之正文,计十四篇(共二十五页),其实黄宗羲的未刻文只有十三篇,为什么这里会多出一篇呢?

冯贞群先生曾收藏有康熙间钞本《南雷文钞》一卷(今归天一阁),存文四十六篇,甲午二月冯氏《题辞》一则于上曰:

《南雷文钞》四十六首,于宣统三年秋九月得于王斗瞻茂才奎后人所,题下注"黄太冲先生笔",且"玄"字不讳,盖其门人所手写者,中有文十三首出刻本之外。今于张延章处得其远祖振寰《墓志铭》,为补卷末,以语有讽刺,故不入集。①

---

① 转引自吴光先生《黄宗羲遗著考(六)》,《黄宗羲全集》第十一册附录,浙江古籍出版社 1993 年版。

其实冯氏所谓"十三首出刻本之外"者,吴光先生已经指出,其中《寿序》(即指《陈伯美先生七十寿序》)一文已刊入《南雷文案外卷》;而《振寰张府君墓志铭》又为冯氏所辑得者,则此钞本中《南雷木刻文》之十四篇当为冯氏钞出无疑;且此钞本字迹前后完全一致,为一人手笔,则此钞本为冯贞群先生所钞者又无疑。

综上所述,是亦居传钞的"万斯选订本"《南雷黄子留书》,冯贞群先生是看到过的,并且亲手钞录了一份,所以将之著录在了《伏跗室书目·明夷待访录》条下。待到壬辰(1952)春跋郑性父子校订本《留书》(与《明夷待访录》《思旧录》两书合订者)时,是亦居传钞本不在伏跗室了(或者已经归还),所以说"曾见别一钞本"。至甲午(1954)二月整理《南雷文钞》时,又将黄宗羲的未刻文十四篇钞在了过录的是亦居传钞本《南雷黄子留书》的后面。到了丙申(1956),或许是谢国桢先生询问起此书①——因为谢先生曾编《黄梨洲学谱》,于《著述考》中《留书》一卷"条下,只注"未见"二字——冯氏即于第二年也就是丁酉(1957)清明节据郑性父子校订本校一过,寄给了谢国桢先生,并注明"万氏订本为袁氏是亦居传钞者"②。

---

① 谢国桢《江浙访书记》七《宁波天一阁文物保存所藏书》下《管天笔记外编》条有曰:"一九五六年冬我曾到过宁波,冯孟颛先生曾惠赠给我徐柳东手校的单行本《知不足斋丛书》第一、二两集。"亦可参见谢国桢为《全祖望集汇校集注》所写之《序》。

② 是亦居,或即是亦楼。袁氏,为宁波望族,共有三支,即所谓城南袁氏、城西袁氏和南湖袁氏,据全祖望《甬上族望表》及《是亦楼记》,知是亦楼为城南袁氏先人"正献公"(名不详,南宋人)所建。又据张寿镛《四明丛书·瞻衮堂文集提要》,知直至道光年间,楼名依在,且亦刻书。陈之纲辑《四明古迹》卷四录城南袁袞《是亦楼》诗一章云:"楼纵不高心自远,先人遗泽一廛留。一身之外无他事,聊可栖迟是亦楼。"则楼中亦藏书。而传钞《留书》万斯选订本者袁氏为谁,待考。

由此可知,冯贞群先生传钞本在内容与格式上保留了是亦居传钞本的面貌,也就是说,冯贞群先生传钞本实乃是亦居传钞本的翻版,因为两者在内容与格式上的等同,所以将冯贞群先生传钞本视为是亦居传钞本是可以的(以下除特殊注明外,即以是亦居传钞本代称之)。

是亦居传钞本确定了,那么万斯选订本与全祖望重定本又如何呢? 因为找不到原书,所以只能根据现有的资料,通过反复地论证,希望能够找出其中隐约若现的关系。下面就以与《留书》相关人物彼此或有或无的交往,来窥探这四个传本之间鲜为人知的秘密。

四、与《留书》相关人物考

是亦居传钞本上录黄宗羲癸丑(康熙十二年,1673)《题辞》所谓"是非予之所留也,公择之所留也",把为什么将这几篇文章留下来的原因推到了万斯选的身上,这与其癸巳(顺治十年,1653)《题辞》所谓"其书不可不留",用意相差很大,其中或许有冯贞群先生以为"托名于万斯选将原稿删改,所谓言逊以避祸者"的目的。如此看来,万斯选或为与此书有"极大关系"之第一人。

万斯选

万斯选(1629—1694)字公择,学者称白云先生,万泰第五子(万泰共八子,时称万氏八龙),鄞县人。顺治十四年(丁酉,1657),万泰卒,黄宗羲寓札万斯年,招万氏兄弟、叔侄往馀姚受业[①]。康熙三

[①] 万言《永一府君行述》:"府君讳斯年,字祖绳……归城之后,梨洲先生寓札府君,招家叔及不孝辈往受书。"

年(甲辰,1664)六月,黄宗羲回到里门,万斯选过访,"见公诗稿零落,许写净本,公因汰其三之二,取苏文忠行记之意,曰《南雷诗历》"①,则知万斯选曾经是给黄宗羲整理过诗稿的,那么在康熙十二年将黄宗羲的《留书》"鋟而出之",亦为情理中事也。之后,书稿当藏于黄宗羲的续钞阁之内。

康熙三十三年(甲戌,1694),万斯选卒,黄宗羲为之恸哭,为作《墓志铭》,用王阳明与徐曰仁来比自己与万斯选的关系,至谓"知公择者,家人未必如余"。又曰:

> 河图洛书,先儒多有辨其非者,余以为即今之图经地理志也。……其他异同甚多,见者訾为郢书燕说,一二知己劝余藏其狂言,以俟后之君子。惟公择涣然冰释,相视莫逆,以为圣人复起,不易吾言。②

全祖望亦曰:

> 梨洲黄氏讲学甬上,弟子从之如云,其称高座者十有八人,然或讲经,或榷史,或为诗古文词,不能尽承学统也,而先生以躬行君子领袖之。③

由是而知,全祖望《重定黄氏留书》诗"畴昔薪传贻甬上,而今

---

① 黄炳垕《黄氏旧谱》,转引自徐定宝主编的《黄宗羲年谱》,华东师范大学出版社1995年版。
② 黄宗羲《万公择墓志铭》,《黄梨洲文集》,陈乃乾编,中华书局1959年版。
③ 全祖望《万布衣斯选传》,《续甬上耆旧诗》卷七十七,民国七年四明文献社刻本。

高弟亦陵迟"中所谓"高弟"者,即是指万斯选(案,诗作于乾隆十三年〔戊辰,1748〕,此时距万斯选之卒已五十馀年,故曰陵迟)。

那么,我们可以推测,全祖望所看到的《留书》,其上或有黄宗羲康熙癸丑年的《题辞》,所以全氏在为重定此书而写的一首诗里的最后一句里,提到了"甬上""高弟"。那么全祖望所看到的《留书》是否即"万斯选订"之本呢？如果是,那么他又是在何时何地看到《留书》的呢？又为何要重定《留书》呢？而经过他重定后的《留书》到底又是什么模样呢？这里涉及到一个重要人物,那就是郑性。

郑　性

郑性(1665—1743)字义门,号南溪,又号五岳游人,溱之孙,梁之子,大节之父,慈溪鹳浦人。郑性为能完成其父郑梁欲立家祠以祀黄宗羲、祖父郑溱之志,于是在居所之东筑二老阁,楼上奉祀,楼下藏书。关于二老阁藏书,郑性友全祖望曾曰：

> 太冲先生最喜收书,其搜罗大江以南诸家殆遍。所得最多者,前则澹生堂祁氏,后则传是楼徐氏,然未及编次为目也。垂老遭大水,卷轴尽坏。身后一火,失去大半。吾友郑丈南溪理而出之,其散乱者复整,其破损者复完,尚可得三万卷。……南溪登斯阁也,先生之薪火临焉,平子先生以来之手泽在焉,是虽残编断简,其尚在所珍惜也,况未见之书累累乎。[1]

---

[1] 全祖望《二老阁藏书记》,《全祖望集汇校集注》之《鲒埼亭集外编》卷第十七,上海古籍出版社2000年版。

又曰：

> 先生于黄氏之学，表章不遗馀力。南雷一水一火之后，卷籍散乱佚失，乃理而出之。故城贾氏颠倒《明儒学案》之次第，正其误而重刊之。……四方学者或访求南雷之学，不之黄氏而之鹳浦，即黄氏诸孙访求簿录，亦反以先生为大宗。①

徐嵩《二老阁记》亦曰："既而梨洲先生之家火，其藏书半失，南溪于是焉相度基址，建阁于宅之左，方如所命以为位，取黄氏遗书之存者，庋于其旁。"② 而黄宗羲遗书入藏二老阁的时间是在康熙五十六年(丁酉，1717)③。

　　从上面各家的记述可以知道，黄宗羲故后，他的藏书包括他的手稿全部为郑性获得，藏于二老阁，则《明夷待访录》之未刻稿在焉，而《留书》亦在其中矣。但是《留书》很可能与《明夷待访录》是合订成一册的，且《留书》是附录在集后，不者，黄百家所撰《先遗献文孝公梨洲府君行略》不至于将之忽略。待到郑性、郑大节父子校订刊刻《明夷待访录》时，才发现了《留书》的内容，所以又另为钞录，正如全祖望所谓"先生之文，其深藏而不出者，盖以有待，不可听其湮没也"之意④。然而郑性刻《南雷

---

① 全祖望《五岳游人穿中柱文》，《全祖望集汇校集注》之《鲒埼亭集内编》卷第二十一，上海古籍出版社2000年版。
② 徐嵩《二老阁记》，转引自郑伟璋《文献家通考》卷四"郑性"条注(中华书局1999年版)。原出《慈溪县志》卷四十四《旧迹》四《居址》下。
③ 郑性《南雷文约序》曰："康熙癸巳，先生家火，遗书仅存五分之一。丁酉，悉归余。"丁酉为康熙五十六年。
④ 全祖望《南雷黄子大全集序》，《全祖望集汇校集注》之《鲒埼亭集外编》卷第二十五，上海古籍出版社2000年版。

文约》在乾隆六年(辛酉,1741)[①],而全祖望辑校《南雷黄子大全集》时,将二老阁所藏黄宗羲之草稿、手迹全部取出,因为此时郑性已经去世[②]。且《明夷待访录》是由郑性订、其子郑大节校的,与今天一阁所藏《留书》之订、校者相同,由此可以确定,郑性父子校订之《留书》,其底本或许也应该是我们所关心的"万斯选订本"。因为郑性订且刊刻《明夷待访录》,所以他能够发现其中与《留书》相同的内容,即跋文"先生《留书》八篇,其《田赋》、《制科》、《将》三篇见《待访录》,兹不具载"的原由了,而这一跋文出自郑性父子无疑。至于全祖望所取出的黄宗羲之草稿、手迹,《留书》原稿亦当在焉。

通过以上郑性、全祖望两人生卒年的先后,结合如今发现的《留书》两个钞本在文字上的差异,我们有理由怀疑这变化后面的更深层次的故事。而欲破解其中的秘密,那么,揭示全祖望对此书的"重定",应该是关键性的所在。

全祖望

全祖望(1705—1755)字绍衣,号谢山,鄞县人。十五岁时,识郑性,二十六岁至三十二岁,居北京。乾隆二年(丁巳,1737),三十三岁,因得罪了大学士张英,散馆后,"竟列下等,左迁外

[①] 郑性《南雷文约序》曰:"丁酉,悉归余。《文约》之底本在焉。……呜呼,当先子之学于先生也,性甫三龄耳,今七十有八矣。"按,郑性生于康熙四年,七十八岁时为乾隆六年。
[②] 全祖望《南雷黄子大全集序》:"先生尝欲合诸本芟定之为《文约》,未成而卒,而竟有所谓《文约》者,慈溪郑南溪喜而雕之,然不知非先生之手裁也。……予乃从南溪家尽取先生之草稿,一一证定,皆以手迹为据。……惜乎南溪下世,不得与共讨论之。"

《留书》题辞,〔清〕黄宗羲撰,郑性订、郑大节校本。天一阁藏

补"，一气之下，于"九月出都，冬抵浙"，遂不复出[①]。从此决意收集文献，钻研学术，后主讲蕺山、端溪书院，为士林仰重。为学服膺黄宗羲，称私淑弟子。

全祖望《访南溪入鹳浦坐雨即赋南溪家园七首》之《西江书屋》曰："收拾南雷书，门墙幸有托。反疑过高妙，一切弃糟粕。我生苦謏闻，渔猎久荒落。何时得假馆，疑义相弹搏。"[②]据上引《二老阁藏书记》《五岳游人穿中柱文》中亦可知，全祖望是在郑性二老阁里得见黄宗羲众多遗著的，待郑性下世后，全祖望又为校订《南雷黄子大全集》。其《序》曰：

> 南雷先生之集，累雕而未尽，其称《南雷文案》者凡四种，而壬辰、癸巳以前所辑曰《始学庵集》，不预焉；其称《南雷文定》者又四种，而壬申以后曰《病榻集》，亦不预焉。先生尝欲合诸本芟定之为《文约》，未成而卒，而竟有所谓《文约》者，慈溪郑南溪喜而雕之，然不知非先生之手裁也。先生之文，其深藏而不出者，盖以有待，不可听其湮没也。而在雕本中，反疑多冒附之作，读者多不之审。予乃于南溪家尽取先生之草稿，一一证定，皆以手迹为据，于是义熙之文毕出，而冒附者果不出予所揣。乃补其亡，汰其伪，定为四十四卷，而庐山真面目见矣。先生之文，累有更窜，故多与旧所行世之本不同者，又皆以其晚年手迹为据。[③]

[①] 董秉纯《全谢山年谱》，《全祖望集汇校集注》之《鲒埼亭集内编》卷首，上海古籍出版社2000年版。
[②] 全祖望《句馀土音》卷上，《全祖望集汇校集注》本，上海古籍出版社2000年版。
[③] 全祖望《南雷黄子大全集》，《全祖望集汇校集注》之《鲒埼亭集外编》卷第二十五，上海古籍出版社2000年版。

由此得知，二老阁所藏黄宗羲之各种著作，全祖望都细为"证定"。

蒋学镛谓全祖望"最有功文献者"，"在《续耆旧集》一书"，因为自明季迄乾隆朝已百来年，其文献若"不亟为蒐访"，则"必尽泯灭"，于是全祖望"遍求之里中故家及诸人后嗣"，遇"閟不肯出者，至为之长跪以请"，而于其他"片纸只字，得之织筐尘壁之间者"，亦为之"编次收拾"，使"成足本"[①]，以这样的虔诚整理黄宗羲的全集，蒐罗必广，而《序》中"先生之文，其深藏而不出者，盖以有待，不可听其湮没"云云，则可以确定，所谓"深藏而不出者"，必定有其不出的原因，《留书》当是其中之一焉。其原因可能有二：一是时代环境，彼时文字狱已经发生多起，著书藏书，当存小心；二是个人问题，全祖望在翰林院时期，曾作《皇雅颂》，内有《大讨贼》一篇，嫉妒者谓其诗中有"不忘有明，虽颂昭代开国之功，实称扬思宗之德，有煽惑人民不忘故主之意"，"几获谴，幸大学士某（指李绂）为之解释，始免"[②]。这些对他都有所影响，今观《鲒埼亭集》，语多小心。而黄宗羲《留书》中"夷狄"、"胡"、"虏"、"伪朝"、"禽兽"等违碍字，全祖望应有所讳，将之进行删改，也是情理中事，所以，经过他这么删改后的《留书》，则称之为"重定"，也就符合实际了。全祖望又为"重定"本题了一首诗，附在了上面。

通过上述分析，我们基本上梳理出《留书》各个不同版本之

[①] 蒋学镛《续耆旧集题词》，《续甬上耆旧诗》卷首引，民国七年四明文献社刻本。
[②] 徐珂《清稗类钞》第三册《狱讼类》，中华书局1984年版。

黄梨洲先生

（南雷黄子）留書

後学鄭 性訂

（門人萬斯選訂）大節較

文質

蕺洞曰忠之變而入于質質之變而入于文其勢便也及夫文之變而又欲反之于忠也是猶欲移江河而行之山也人之喜文而惡質與忠也猶水之不肯避下而就高也余以為不然夫自忠而之于文者聖王救世之爭也喜質而惡文者凡人之情也逮其相襲而之于質雖聖賢亦莫如之何矣人徒見宮室棺槨輿服俎豆之制吉凶相見饋食之礼殷之時備于夏周之時備于殷遂以為自忠

《留書》卷首，〔清〕黄宗羲撰，冯贞群钞录本。中华书局藏

间的关系，但是要确定哪一订本是黄宗羲生前的原貌，那就必须得考证所谓的"万斯选订本"的有无以及黄宗羲癸丑《题辞》的真伪。

如果万斯选订本是存在的，则黄宗羲癸丑《题辞》也就是真的，那么郑性父子校订此书时为什么要将这一篇《题辞》删去而仅保存癸巳年的呢？且又不署万氏之名，是为了归功于己呢，还是另有所图？全祖望重定此书，却为什么偏要说是"门人万斯选订"呢？且所录癸丑《题辞》，也正如冯贞群先生说的"托名于万斯选将原稿删改，所谓言逊以避祸者"，作为黄宗羲本人，盖不至于用此种手段来为自己开脱！所谓"后十年续有《明夷待访录》之作"、"乃复附之《明夷待访录》之后"中之《明夷待访录》，在黄宗羲的著述及其子黄百家所撰《行略》里，都仅作《待访录》，不曾见有"明夷"两字。全祖望在《书明夷待访录后》里即谓"《明夷待访录》一卷……原本不止于此，以多嫌讳，弗尽出"，已经将《待访录》称之为《明夷待访录》了。关于这一点，吴光先生早已经指出，谓是郑性父子校订刊刻时所加[①]。且在黄宗羲的著作中，亦不曾发现其于康熙十二年（癸丑，1673）寓居杭州的佐证。由此可以断定，是亦居传钞本上所录黄宗羲的癸丑《题辞》，系后人伪托，造伪者即全祖望本人。

那么所谓的"万斯选订本"也就是伪托的了，则是亦居传钞的"万斯选订本"也就不是万斯选"订本"了，他所依据的原本

[①] 吴光先生《黄宗羲遗著考（一）》："书名中'明夷'二字，当系后人所加（写定于郑氏二老阁刻书之时），而其依据，则因宗羲在《待访录自序》中有自比箕子和'夷之初旦，明而未融'之叹，其言系从《周易·明夷卦》之象辞演化出来。郑性等人便取了来把《待访录》原名改为《明夷待访录》了。"《黄宗羲全集》第一册附录，浙江古籍出版社1985年版。

很有可能就是全祖望的重定本，原因有三：一是其上有全祖望重定题诗，二是其上录黄宗羲"癸丑《题辞》"，三是违碍字已有所删改。

《留书》能够逃过清廷二百馀年的高压文网留传至今，这不能不说是郑性父子的功劳。全祖望重定本虽然未能找见，但通过是亦居传钞本我们也可以了解其书的内容，尽管与我们所谓的原书（即郑性父子校订本）有几处差异，然而那几处文字的差异应该说还是具有一定的参考价值，因为全祖望本人确实是看到过《留书》手稿的，他的重定，即是以手稿为基础而加以删改的，所以有了今天我们所看到的模样。

也就是说，《留书》有两个系统本：其一为郑性父子校订本，未见其他传钞，仅传一本，今藏天一阁；其二为全祖望重定本，有两个传钞本，一为是亦居传钞本，一为冯贞群先生伏跗室传钞是亦居传钞本，而原本与是亦居传钞本均未见。至于所谓的"万斯选订本"，也许只不过是全祖望为保存此书而又避清廷忌讳的一个借口而已。

（原载《华学》2007第十一、十二期）

杨园文集版本知见录

三百多年来杨园先生著作之流传与编刻过程,据陈祖武先生《杨园先生全集·点校说明》介绍:

张履祥著述,生前虽以钞本不胫而走,但终因晚境清贫,多未及刊行。故世后,其挚友何汝霖曾辑有《文集》一帙,交履祥嗣子收藏。后其高第弟子姚琏合家藏诸稿,仿《朱子大全》例,以类相从,成著者《全集》稿一部。此稿曾得履祥生前好友何汝霖、凌克贞审订。康熙四十三年,海昌范鲲据姚氏钞本,增补佚文,将著者遗集选刻行世。乾隆间,祝洤、陈梓、朱芬等,续有《张考夫遗书》《张杨园先生全集》《杨园先生全集》付梓。范氏初刻,遗著未能尽收,后出诸本,或选辑,或删节,取舍任意,皆非足本。同治初,江苏按察使应宝时一意表彰前哲之学,拟重刻张履祥遗著,并聘江西兴国学者万斛泉入幕专事编校。万氏合姚钞、范刻及著者私淑陈敬璋所辑佚文,参以他书,略事增删,终成此《杨园先生全集》五十四卷,于同治十年以江苏书局署名刊行。至此,张履祥遗著克成完书。

由于江苏书局本流传极广,影响深远,遂致以前诸刻,大都湮灭不闻,流传稀少。其后,其文集稍为人所习知者,大概只有陈敬璋所辑《杨园先生未刻稿》一种而已。

其实,陈敬璋所辑《杨园先生未刻稿》十二卷之文章,在江苏书局本的《杨园先生全集》中大都已经收入了(见《全集》卷十八至二十四)。只是《杨园先生未刻稿》后经孙福清校刊,收入《檇李遗书》行世,而为世人所知,之前,还只是以钞本形式流传,能看到的很有限。

今仅就辑自目录与经眼诸本,稍作介绍,以为将来《杨园先生全集》增订再版之参考云。

杨园张先生制艺真迹

稿本。上海辞书出版社藏。(据目录)

张杨园遗集十六卷

姚琏辑,康熙年间刻本。中国国家图书馆藏。(据目录)

又,应宝时补辑,钞本。浙江图书馆藏。(据目录)

杨园先生文集二卷

佚名辑,钞本。上海图书馆藏。(据目录)

张杨园先生文集不分卷

张伯行辑,钞本。南京图书馆藏。(据目录)

按,张氏(1651—1725)字孝先,号恕斋、敬庵,河南仪封人。康熙二十四年(乙丑,1685)进士,考授内阁中书,历官山东济宁道台、江苏按察使、江苏及福建巡抚、礼部尚书。此本署正谊堂钞本,张氏于康熙四十六年(丁亥,1707)抚闽时,创鳌峰书院,院内置学舍，建正谊堂，藏书其中，此本盖亦是彼时所钞。

杨园先生文集十八卷

范鲲辑，康熙四十三年（甲申，1704）刻本。中国国家图书馆藏。（据目录）

杨园先生全集十六种

祝洤辑，乾隆二十一年（丙子，1756）刻本。南京图书馆藏。（据目录）

又，同治九年（庚午，1870）刻本。中国国家图书馆藏。（据目录）

张杨园先生全集六卷

李文耕辑，同治元年（壬戌，1862）刻本。中国国家图书馆藏。（据目录）

按，李氏字心田，号复斋，云南昆明人。嘉庆七年（壬戌，1802）进士。历官按察使。生平以徙义、集义、精义为学，服膺陆稼书、张杨园两先生。

杨园先生未刻稿十二卷

陈敬璋辑，孙福清校刊，光绪四年（戊寅，1878）孙氏望云仙馆刻《檇李遗书》本（按，卷首署"光绪四年岁在戊寅之冬孙氏望云仙馆开雕"，所谓"开雕"者，开始雕刻之谓也。又据孙福清跋末署"光绪己卯春三月，拙修居士孙福清谨识于仙城客馆"，则知其印刷当在光绪五年春矣）。

按，陈氏（1759—1813）字奉峨，号半圭、惺庵，海宁人。杨园同门陈乾初确之族玄孙。著有《尔室文钞》二卷、《补编》一卷、

《惺庵焚馀稿》一卷。孙氏字补璇,号稼亭,嘉善人。咸丰元年举人,历官大理寺评事。著有《望云仙馆诗钞》四卷、《海南纪游草》等。

陈敬璋序曰:

> 亡友钱广伯私淑杨园先生,尝录其未刻文目六十八篇示予,曰:"先生《文集》十八卷及杂著十种,已刻之而传之海内矣。然非其全集也。兹目得之陈子膚公所辑先生年谱中,馥尝广为蒐采而卒未可得,以为恨事。"庚戌岁,予客鸳湖,友人丁诚之以未刻稿三十四篇见示,因录而存之,则与广伯所钞之目仅得其半。迨己未秋,吴子宁来自澉上,出《杨园文集》一册,共读之,则先生门人吴子复本所得于先生后嗣,为手录而藏之者也。其中已刻未刻各半,其未刻者凡百馀篇,虽不尽合六十八篇之目,而其数则过矣。不禁为之狂喜,亟欲录之而未暇也。今年秋,山馆无事,爰详加校正,更以别本参补,釐为十有二卷,复为摹《考槃独寤图》于卷首。呜呼!文章之传不传,盖莫不有数焉。而载道之文,则必无不传者也。若杨园先生者,固不必以文传,而其文自足以传。由今观之,乃岌岌乎有不能必其传者,抑独何欤?已刻板本尝毁于祝融氏,而其未刻之文,复散弃零落,举吾友所欲得者,又十年而始见于今。方将与同志之士刻而传之,而广伯已不幸死矣,则真吾道之不幸也。悲夫!庚申仲秋八月,海宁后学陈敬璋谨书于卧狮山馆。

按,庚申为嘉庆五年(1800)。钱广伯(1757—1796)名馥,广伯其字,号绿窗，海宁人。布衣。年未四十而卒。著有《小学庵遗书》四卷。陈膚公（1683—1759）名梓，字膚公（或作敷公、俯恭、俯躬、頫躬）、古民（或作古铭），号一斋，馀姚人，居桐乡，以授徒为业。著作后人编为《陈一斋全集》存世。曾补订姚夏所编《张杨园先生年谱》。丁诚之，嘉兴人。吴子宁，名应和，号榕园，海盐人。

孙福清跋曰：

> 先生为蕺山刘忠端公高第弟子，著书十馀种，皆粹然一出于正，久经刊板行世。此《未刻稿》若干卷，向藏嘉兴沈廉仲司马处，福恐其久而散佚，因为详校付梓，以广其传。惟原本中别风淮雨，舛讹滋多，谬为订正一二；其文义难通者，姑阙疑焉，以竢后之君子。窃不自揆，猥以同乡后进私淑有年，一旦得先生遗稿，从而校定之，又从而刊布之，其忻幸为何如耶？刻既竣，敬缀数言以志缘起，先生有知，或不以为僭也。光绪己卯春三月，拙修居士孙福清谨识于仙城客馆。

按，沈廉仲（1822—1892）名宗济，字廉仲，一字思俭，晚号拱冀老人，嘉兴人。沈寐叟叔父。朱一新有《沈廉仲先生七袠寿序》文（载《拙盦丛稿》），可以查看。

据藏书目，是书别有传钞本，中国国家图书馆、上海图书馆、同安文化馆等有藏；又有咸丰六年（丙辰，1856）徐椿信钞本，天津师范大学图书馆藏。

杨园先生未刻稿不分卷

佚名辑,旧钞本。南京图书馆藏。

按,是书四册,不分卷,曾经缪荃孙收藏,钤"云轮阁"、"荃孙"印。缪氏(1844—1919)字炎之,号筱珊(或作小山)、艺风,江苏江阴人。光绪二年(丙子,1876)进士,官翰林院编修,后充国史馆总纂、提调。光宣之际,先后任江南图书馆、京师图书馆监督。民国四年(1915)入清史馆。著有《艺风堂文集》八卷、《续集》八卷、《外集》《漫存》《诗存》若干卷、《五代史方镇表》十卷等。为一代藏书大家。

此本收文五十四篇,题目分别为:

寿吴母　太君序	寿沈德甫
黄山先生素问发明序	邬氏议恤叙
百一吟小叙	吊吴哀仲
吊吴仁伯	吊吴木仲
自箴说并叙	姚氏复姓记
野泊记	先人画像记
堕齿记	绢褓记
爱日堂记	自题备忘笔记
勉吕无党无贰	姚以存字说
相勉记	假道学说
赁耕末议	役说
张仲修字说	义男妇
许鲁斋论一	许鲁斋论二

楊園先生未刻稿目錄

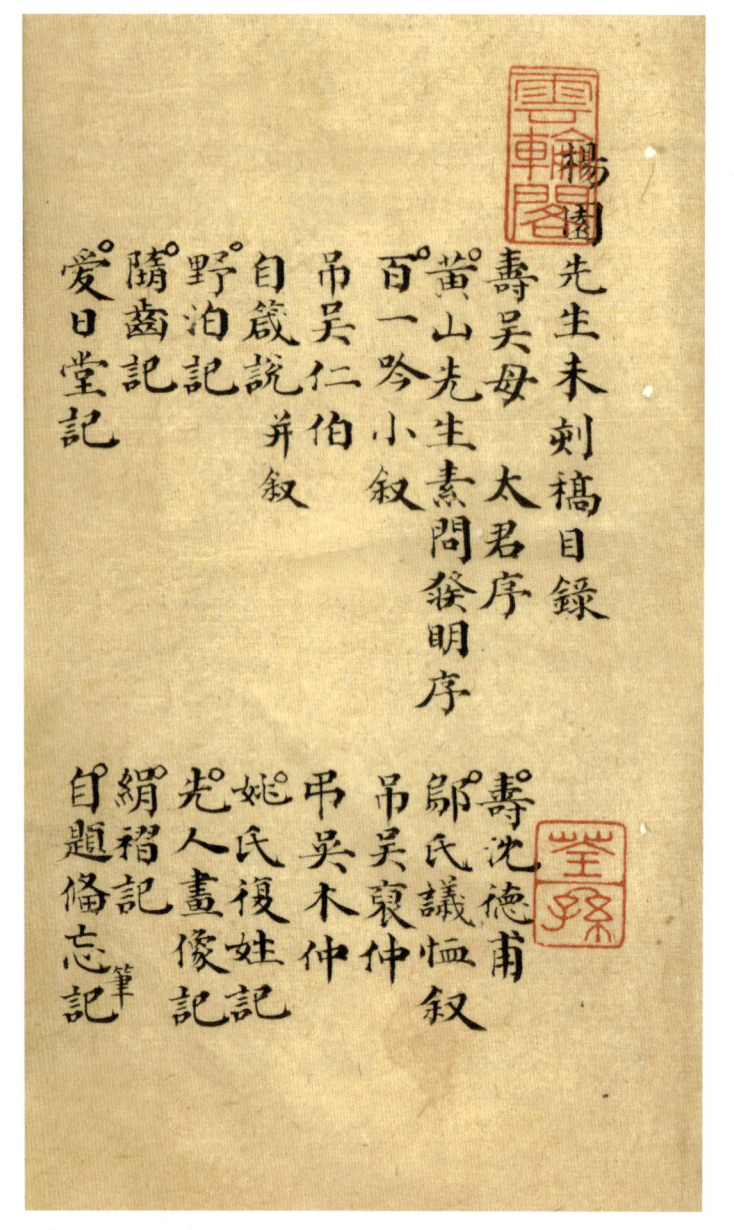

壽吳母太君序
黃山先生素問發明序
百一吟小叙
弔吳仁伯
自箴說并叙
野泊記
隨齒記
愛日堂記

壽沈德甫
鄔氏議恤叙
弔吳袠仲
弔吳木仲
姚氏復姓記
先人畫像記
絹裯記
目題備忘記

《楊園先生未刻稿》目錄，〔清〕張履祥撰，清鈔本。南京圖書館藏

书姚氏族谱	答客记言
辨惑一	辨惑二
孝友吴木仲墓志铭	吴衰仲墓志铭
太学钱先生墓志铭	二友合传
陆母倪孺人传	书宋理宗事
力行堂粘壁三条	书保甲论后
壬子仲秋许大辛过半逻候予不至留诗一章末有悯农之句述此以答之	
夏楚铭	题王介甫诗后
同学纪略	某友心意十问
甲辰孟夏有至贻安堂问业者书以赠之	
告木庵业师	书罗章豫诲子侄后
书甲士事	虰喻
私谥辩	纪交赠计需亭
跋五老同寿卷	示子三条
训子六条	丧葬杂说二十条

其中《勉吕无党无贰》《答客记言》《二友合传》《力行堂粘壁三条》《告木庵业师》五篇为诸本所无。按，其中《告木庵业师》与吴榜钞本吕晚村之《耻斋文集》内之《祭张木翁文》文字相同，唯此开篇较之多"时维癸丑仲夏庚午之朔，同姓学生履祥谨以觞酒豆肉，致奠于木翁先生而陈以辞"数语，篇末且有"子复按"曰：

先生文皆切于世道人心，片纸只字，无不从至诚恻怛中出。此作洵足为熏心容悦者戒，然其人庸鄙已甚，先生谊关

《杨园先生未刻稿》，〔清〕张履祥撰，清钞本。南京图书馆藏

师友，故不忍目击而为是言。后有刊是编者，窃谓削之可也。

此文盖非杨园先生文风，其痛彻处实与晚村仿佛。

兹钞录《勉吕无党无贰》、《力行堂粘壁三条》二篇如下：

勉吕无党无贰

天资明敏最难得，父兄师友贤更难得，少壮岁月最难

得,书籍具备更难得,诗礼世业最难得,不贫不富更难得。难得者皆已得之于天,笃志力行,可以必之于己。《宛》之篇曰:"我日斯迈,而月斯征。夙兴夜寐,无忝尔所生。"敬之哉！壬子中秋前七日书以相勖。

得天之厚,既备千人万人难得之遇,必其修己之力,能为千人之豪、万人之杰,乃为不愧于天、不怍于人,庶几念释于兹。后三日又书。

人之一生,亦如小四时:三四十以前,属元亨;三四十以后,属利贞。朱子有云:"春间不曾发生,到得夏,无缘得长,秋冬亦无可收藏。"士方少壮,何可不夙兴夜寐,日有孜孜？癸丑仲春。

力行堂粘壁 三条

学者言语行事,无大小显微,当思为法天下,可传后世,方能"得志与民由之,不得志独行其道"。一念苟且,即为自弃。

儒者立心,便以天地万物为量,工夫则自克勤小物做去。

闻知去冬与陈公甫相处,所以讲切者,如何？窃观古今人才有晚年而学益进、德益熟者,有晚年学问志气聪明俱不及前者,又有晚年所失愈甚遂至颠倒错乱者,即此可验所学之正否、工夫之疏密,静而思之,不胜戒惧。谨以献于高明,乞亦加省。有可见教处,莫靳为幸。右胡敬斋先生与张内翰书,读之,深有警于予心。录置案前,常目在之。

再者,此本文字与《杨园先生全集》做校勘,有一定之参考

《黄叶村庄诗集》卷首"和种菜诗"之一,清光绪四年刻本。中华书局藏

《黄叶村庄诗集》卷首"和种菜诗"之二,清光绪四年刻本。中华书局藏

价值处颇多，如《全集》卷二十一《太学钱先生墓志铭》，此本于"铭曰"之上，有"属某志墓，辞不克，乃志而铭之"十二字；时间上，如《跋五老同寿卷》，《全集》署"癸丑"，此本多"秋日"两字，则将来重编杨园先生年谱，类此资料，最为珍贵。按，何商隐所谓之五老，指董潜庵、计需亭、周仲华、丘维正、陈乾初，皆七十岁。其《五老同寿引》，作于是年仲春。

佚诗佚文

关于杨园先生之佚诗佚文，发现并不多。诗如张天杰兄《张履祥与清初学术·引言》中指出，朱彝尊《静志居诗话》卷二十二有《题屠处士爌村居》，吴孟举《黄叶村庄种菜唱和诗册》有《和吴孟举种菜诗八绝句》；又据天杰兄见告，杨园另有《题朱柏庐秋林养鹤图》一首。皆录如下：

题屠处士爌村居
霍原六聘山，焦先三诏洞。渔子定迷津，只莫桃花种。
题朱柏庐秋林养鹤图
远近湖光上野塘，秋林红叶动苍茫。水天一卷荆关画，满地松花听鹤鸣。
　　　　　　　　　题奉柏庐道兄玉照，桐乡张履祥。
和吴孟举种菜诗八绝句
处世无如用拙尊，闲庭读易虱初扪。五更清梦回来稳，汲水朝来咬菜根。
老圃秋容径欲斜，晚菘新韭长抽芽。经过白雪青霜候，许有西田好种瓜。

百味无如水草尊,贪嗔当下把心扪。由来古德培天厚,杂俎生生养厥根。有高僧食菜叶舍心者,云:"培养生意。"见《语录》。

周颙意思也倾斜,血味如何当草芽。蟹蛤形容全混沌,雪馋何似邵平瓜。

清瑶风范几人尊,真率斋盐有舌扪。一味留唇思借箸,雨馀最美塌颗根。先正陈雨泉方伯鎏,有老人真率会,午馔四簋,而主味用菜,今遗迹在吴趋清瑶屿。

晚步山椒落日斜,归家闲摘锦葵芽。烧来恰喜村醪熟,呼得邻翁更削瓜。

金盘玉鲙最称尊,好伴莼丝把腹扪。圃菜有滋姜芥辣,锄头消却老名根。

富贵浮云白日斜,鸢飞鱼跃亦萌芽。英雄有用归无用,造化生成八月瓜。

按,《题屠处士爋村居》见朱彝尊《明诗综》卷八十下,又见朱琰辑《明人诗钞续集》卷十三。《朱柏庐秋林养鹤图》一首,天杰兄注曰:"此诗为张履祥之佚诗,此前尚未有人提及。《朱柏庐秋林养鹤图》,手卷,设色绢本。此卷乃为《朱子家训》撰者朱柏庐先生所绘肖像。朱柏庐之《治家格言》又名《朱子家训》,清代以来流传颇广。朱用纯(1627—1698)明末清初江南昆山人,字致一,号柏庐,明诸生,入清隐居教读,治学确守程朱理学,著《治家格言》。康熙间坚辞博学鸿儒之荐,另有《愧讷集》《大学中庸讲义》。"按,《秋林养鹤图》,顾见龙绘,顾氏字云臣,号金门画史,江苏太仓人,居虎丘,康熙初与顾铭同时供奉内廷,名重京师。该画,金孝章俊明题引首,另有陈乾初确、魏冰叔禧、查伊璜继佐、余不远思复、钱饮光澄之、张考夫履祥、李湘北天馥、金孝章俊明、冯孔博溥、王贻上士禛十人题诗。

又按，《和吴孟举种菜诗八绝句》中"处世无如用拙尊"、"老圃秋容径欲斜"两首，又见《黄叶村庄诗集》卷首"和种菜诗题词补遗"。而前时北京匡时国际拍卖有限公司上拍孟举《种菜》册页，此八绝句后具款为"长洲徐晟"，题作"戏题种菜诗八绝以政孟举道翁先生"。考杨园先生卒于康熙十三年（甲寅，1674）七月，孟举《种菜诗》原唱作于十四年（乙卯，1675）七月，是知杨园先生之不得唱和也必矣，后人不察，偶误植耳。同治年间，兴国万斛泉重订《杨园先生全集》，即未收入所谓《和种菜诗原韵》者。

其馀佚文，辑得《跋何商隐显考妣改葬志》一篇，文曰：

跋何商隐显考妣改葬志

吾友商隐所撰《先府君墓志》，出以示详，尝一再读之，不禁涕泗之交颐也。人子弗幸不逮事其亲，至于声容言行，莫或睹识，以示子孙，岂非哀痛之至乎？然商隐孺慕之怀，既四十馀年如一日，整身属行，志事益光；而又推以及远，凡前世之遗言轶行，虽一楮一墨之细，莫不敬求而珍护之，为人子者可以法已。甲辰仲冬，履祥拜书。

按，此文载何商隐《紫云先生遗稿·显考妣改葬志》眉端。

杨园先生佚文，函札可能还有不少，据何商隐《跋杨园尺牍后》："手札在笥，不忍翻阅，会欲汇辑遗稿，沈子几臣勉与录出，散佚之馀，得八十八首，先生诲人精意，大约见于尺牍居多，汝霖幸亲炙，故涉笔者少，并节其散杂，而以六十七首入集。原翰墨拓为一卷，以便展玩，他日当归之贤后人耳。"（《紫云先生遗稿》，又

徐晟唱和诗原迹。载北京匡时国际拍卖有限公司2012年春拍《种菜唱和诗册》

见《杨园先生全集》卷五末附）希望此一卷尺牍原拓，犹存天壤之间。类此，则其他可以概见矣。

  按，何商隐《紫云先生遗稿》不分卷，钞本，嘉兴钱泰吉旧物，今归上海图书馆。其所存以书札为多，与张杨园三十九、恽逊庵一（附答书）、凌渝安二、沈尹同二、沈楫翁一、沈几臣八十八、沈鲁若一、沈敬夫一、沈瞻伯一、金复庵二、董载臣一、姚攻玉十、姚攻玉肆夏一、姚肆夏十四、孙尔大一、姚九铉一、某氏一、余鹤阴十二、黄某甲五、黄某乙二十、虞澜安一、黄某丙四、黄某丁八、吴采山一、何联彦一、□尚志一、某氏三、马明德一、钱文一、□一中一、何敬和一、王巽公二、徐坚石一、何子量一、何鹤庵一、□钝庵一、刘清一、陆元祺一、□子在一、朱彧宾一、黄观只一、汤公牧一、何若庵四、何公雅三、家书一、何明农三、族长一、何子奇一、何藕堂十五、何龙云四、弟某三，文章有跋杨园尺牍后、张念芝先生初学备忘引、先集承启堂稿总目书后（代作）、显考妣改墓志、述叔遗命、义冢说、又书后、二病鄙说、澂湖种树说、世次说、五老同寿引、祀思抚祖议、文学乡饮大宾一庵府君私谥议、书临江公钱何同姓考后、杨孝子墓志铭（残缺）、杂文（五节），以及诗若干首。

书札涉及杨园资料颇多，其与杨园书有论学、论礼、论践履、论博约、论赈恤诸事，可与《杨园先生全集》中"与何商隐"者相对看；与凌渝安、沈几臣、姚攻玉、姚肆夏者，亦有涉杨园文集编次事。

何氏所交之友，与吾乡张杨园、吕晚村多有关系，其书信所及，亦考察张、吕二人之珍贵史料。由于至今未见大雅君子提起该书，故附纸尾，稍作介绍，以为治学者之参考云尔。

（原载《张履祥与浙西学术》，浙江人民出版社2012年版）

重刊贻安堂诗集跋

右贻安堂诗六卷外集四卷补遗一卷，吾麻金渐皋梦蜚氏撰，其孙灿于康熙年间为刊刻。后跋谓子车先生曾钞录数百本云，自沧海桑田以来，今为求一部而不易得也。所幸雪泥鸿爪，终不湮灭，复旦南图，各存刻本。南图且有丁氏旧藏钞本二册，殆亦子车先生过录者欤？天之未丧斯文也，其此之谓乎！

震宏兄素研乡邦史籍，闻之大喜，遂共商而谋诸再版。兹以刻本为依据，校以钞本，其间异同，稍作比勘。钞本溢出者，序跋四篇，分列首尾；诗作十二章，列为补遗。庶几得窥全豹矣。搜集不易，磨对费时，力不同科，刊印实难，幸得大雅君子多方协助，终付枣梨。岁月如驰，倏忽二载，覶缕述之，聊志梗概云尔。

戊戌暮秋，仰顾山房主人识。

（原载《贻安堂诗集》，浙江大学出版社 2019 年版）

新刊冷庐诗全集跋

右桐乡陆定圃先生诗集也。先生讳以湉,字敬安,定圃其号也。生嘉庆辛酉,道光丙申进士,己亥官台郡教授,己酉转杭州。咸丰庚申,太平军陷杭,乃避难归里。后挈家赴沪,李合肥聘为忠义局董事。迨清廷复杭垣,受浙抚蒋益澧之聘,充杭州紫阳书院讲席。甫及半年而卒,时同治乙丑也。

先生学问渊雅,原本经史,所作《杂识》《医案》,见重士林。诗特其馀事耳,然不求工而自工,无愧作者。尝谓自渔洋、竹垞主持坛坫,提唱风雅以来,海内刻诗者不下数万家,而篇章之在人口者,历历可指,馀皆湮没无闻,魂消玉碎,卒与草木同腐。又谓不传者常也,或幸而传,则非其所得自主矣。遂于己作,刊落泰半,钞存者仅十之二三,其如《杭城纪难诗》,因刻入《武林掌故丛编》,流传稍广,他则罕有知者。

今于国家图书馆获睹《爇馀吟》钞本四卷,凡杭垣、乌镇被难之惨状,壹皆发为韵语,忠愤之气,溢于行间,或劝或惩,可歌可泣。作之者所以咏怀抒愤,闻之者足以考史徵实。又有《冷庐诗钞》内古今体诗一百八十六首、《集兰亭序诗》一百首、《感旧诗》一百首、《怀人诗》一百首诸集,其感旧怀人之什,皆作自注。呜呼!古所谓"惠于故旧,笃于师友"者,先生有之矣。

《爇馀吟》即《杭州纪难诗》六十首、《续杭州纪难诗》二十首、《乌镇纪难诗》四十首、《续乌镇纪难诗》四十首四集,乃丁卯初冬鄞县郭传璞恬士自吴和甫处借钞者。吴氏讳存义,泰兴人,道光戊戌进士,同治间主浙江学政,郭氏则其所取士也。

冷庐之诗,多记当时人事,足称诗史。其传与不传,固非冷庐所能自主,然百数十年后以迄于千万禩,传与不传,岂维冷庐之诗所能自主者欤?

庚子暮春,仰顾山房主人识。

(原载《冷庐诗全集》,浙江大学出版社2020年版)

带存堂诗集跋

昔年笺释晚村诗，或见叔则，或遇芥舟，盖曹氏之字号也。曹名度，初字正则，别号罍耻民、罍翁、越北退夫，浙之崇德人。早岁失怙，母慈爱甚，不事姑息，勉之为学。曹氏读书求道，议论风发，然于章句制艺，弗屑也。务以穷经博古，尽收其奇，而后出为文章，义理融通，具有本原，非桍腹空谈者比。年十七，出就试，郡守郑公见其卷，置诸第一。明年春，学使许公按部，奖许特至，为署卷曰："神情散朗，逸致横流。"一时声名腾达，老师宿儒，俱折节与交。云间夏彝仲，钦奇士也，相见如旧相识，旋命其子执弟子礼。甲申国变，慨然于身世之故，尽敛其用世有为之具，归之于澹薄窅冥。独行落落，凡一切好名之事，如讲学徵文，概不与也。昆山顾亭林、馀姚黄梨洲游语溪，皆寓其宅。评骘上下，纵横奔放；捭阖古今，意气凌厉。曾拟构堂，名曰"带存"，取《孟子》"不下带而道存"之义。呜呼！道存乎带，而存带之身，实寄于堂，即以堂为六合之弥也。然则财匮力绌，鸠工不易，庀材三十载，堂竟不成。著《带存堂诗集》若干卷、《文集》若干卷以传，集以堂名，是不成而成者矣。

忆十馀年前，闻关外某大学藏有斯集钞本，爰请该校友朋代为查验。其始也，谓有目而无书；往询之数，馆员终于箧底检获。初则珍视之，不允复制；续也保藏之，不再借观。求之愈切，而宝之愈严，拱若宋刻矣。噫！岂天壤间仅此一帙欤？遍觅神州馆藏之著录，见金陵另存一部，欣然往阅。纸本未睹，仅得翻览摄影图片尔。适雪翁沈燮元先生自身后过，问："谁氏集？"答曰："曹庾。"曰："乃汝同乡也。"是知坊间所传翁于南图之馆藏，何人何集，何书何刻，如示诸掌，诚不虚也。后翁之出演《但是还有书籍》，亦予极力荐与导演者。孜孜矻矻，风雨无阻，生平不作高蹈之语，"过好每一天"，实获我心。经前此三年而尚存者，是益知其意之深且远也。翁积一生之力汇辑之黄跋，写定在望，而翁于前月长往矣，寔可哀也。所幸书牍俱在，付梓可期，庶几无遗憾也。

是集之斠理，以南图所藏者为据，卷末钤"天盖楼珍藏"、"御儿吕留良印"。晚村长子葆中娶于曹氏，是书殆吕氏之钞本欤？原钞纸墨粲然，惟字俱行草，偶有脱讹，所阅者亦非高清之图，辨识匪易。与平水兄三更寒暑，雠校数次，虽曰尽力，难免有似是而实非者，且不得辽东之本以互勘，疑而未判与阙而未知者必夥，是所深恨焉。敬祈大雅君子不吝赐正。

　　　　　　癸卯莫春，个厂于仰顾山房。

（原载《带存堂诗集》，浙江古籍出版社 2024 年版）

高丽旧钞本吕晚村先生文集跋

自吕氏全集印行,兴趣移易,偶见信札手迹,盖亦存之而已。前数日,路伟兄检书浙图,遇吴孟举《黄叶村庄诗集》初版本,字体同《宋诗钞》,与后之再版本迥异(如国图所藏者),且吕氏序末之文字,多有不同也。路兄即代为复制,审其异以见其变化之迹。

近日得高丽旧钞《吕晚村先生文集》残本两册,存卷二至卷五。其书信题下,或具月日,或注收信人名号,与某者或疑某之为何人,此系年考订之依据也。忆二十年前,读孙殿起《贩书偶记》,有载晚村文集之"高丽人旧钞本。……卷一至四答复各书,皆注明与某姓某名号、及某年某月日所作"。当时无缘寻觅,今观此款识,殆即当年孙氏所见之本欤?

己亥仲冬朔,个厂识。

愈庐翰墨跋

  毗陵袁公春澍,执教成均,桃李天下,道德文章,海内宗仰。公幼解临池,长好读帖,于历代名家法书,无不意通神会。古人云寂然凝虑、思接千载者,其此之谓乎!公不以书名,间应友朋门生之请,便欣然挥洒。偶一纵笔,风骨遒美,飘逸高致,得之者靡不珍如球璧,榜于梁栋之间。公之为书也,但求人品格调形诸纸墨,别具意蕴,而笔法之工否不与焉。窃尝闻公之论学也,贯通横纵,浩瀚古今,守先待后,冥契精神,以为不如此不足以谙治学之真谛也。乃积数十载心力以笺陶诗,是其徵也。东篱采菊之身,南村荷锄之影,梦寐萦怀,故以法自然名斋。公童颜鹤发,光风霁月,挥麈清言,听者有如沐春风之感。然亦曾婴顽疾,历年始愈,爰有愈庐之号。

  去岁,公出历年所存墨迹,而思有以藏诸名山。相与赏观,摩挲不掷,乃谋作选缉,得百馀品,粗为之次第,以合乎春秋,曰《愈庐翰墨》。题耑者,选堂饶公也,时在丁酉芒种。

       戊戌仲秋,个厂识于仰顾山房。

(原载《愈庐翰墨》,山东人民出版社 2019 年版)

感怀三十年来事

予家麻溪之上，少时足迹，未有出乡之举。稍长，偶作远涉，或西邻之馀杭，或东接之崇德。如桐乡者，真有日近长安远之谓也。逮撤县建市之次年，求学洲泉。越岁，始赴县城半昼，梧桐、鱼行二街，一穿而过。昔人以"碗大"喻之，信不我欺也。

丁丑仲秋，负笈京师。辛巳肄业，羁留燕市，入职桐乡陆费伯鸿先生创办之中华书局，于今二十又二年矣。中华者，校订典籍，述录掌故，弘扬传统，服务学术，实乃历史之承续与文脉之守护者也。其与桐乡所倡之书香城市，风雅古镇，符契相若，声气相投，于是各著所擅，可胜欣赏也欤！

予以桐乡之人而任中华之事，居其间，遂得常相往还。江南消息，亦觑缕不绝。虽处北国，犹身在故乡。楼起何地，湖开何方，东西之途路，南北之楼宇，皆若目所履历者也。四围高速环绕，沪杭枕木鳞栉。村庄连片，城乡一体。百花灼灼，渌水盈盈。濮川渡头，望古桥之落照；车溪舟次，听桨声于灯影。今也青丝渐换，而乡音未改：活里汏浴，昂舍白相。戴笠荷锄，且作老农可矣。他日退归林下，亲水田以侣鱼虾，小朋友而老同学，倘徉诗酒，悠哉游哉。

半月以来，丹凌女史两度贻书，命叙感悟，谊不得辞。草草数语，略抒鄙诚，不尽万一，聊存其概而已。癸卯孟夏初六日，个厂于仰顾山房。

贺梧桐阅社十周年

桥上行人桥下萍,桥头落日度西亭。
吴山广幕玄天赤,越水澄江黄地青。
百代阳春皆过客,千年老树独伤形。
人生最恨梧桐叶,恰似秋风不忍听。

戊寅己卯间,与震宏兄游乌镇,俯仰之间,恍如隔世,往事不复记忆,惟存此八句,仿佛踪迹。其时桐邑未闻有举文社者,风雅阒然久矣。越若干年,闽人春锦兄娶于桐,遂家焉。未几,起梧桐阅社,徵文九州,天下响应,诗筒往还无虚日。今也十年矣。春锦兄编纪念集,远道贻书,嘱予作文,奈事务鞅掌,未克应命,谨录少作以塞责耳。雪泥鸿爪,聊剩想象;十年不易,未来可期。同人齐力,恒心有待,其如语水漕河之无崖涘也必矣。

　　　　　　　　壬寅二月下浣,个厂于仰顾山房。

傅先生的骆驼草
——在纪念傅璇琮先生九十诞辰暨《傅璇琮文集》发布会上的发言

尊敬的傅旭清、傅文青老师,彭校长,各位领导、学界前辈,同学们,媒体朋友,主持人:

大家上午好!

我们知道,清华成立于一九一一年,中华创建于一九一二年,两家兄弟单位,都有着一百一十多年的历史。在各自的历史上,提到姓,即知其所指为谁者,清华有"梅校长",中华有"傅先生"。

傅先生离开我们已经七年多了,作为学者型编辑的杰出代表,他的著作的整理与出版,既是中华的"规划",也是清华的"计划"。

二〇二一年十月二十一日,刘石先生把傅先生学生梳理的傅先生的著作目录发与徐俊先生;二十五日,徐俊先生将与刘石先生关于傅先生《文集》编纂方案探讨的往还微信,合并转发给我,并留言说:"你先研究一下,没有形成最后意见和方案。"次日,即与刘石先生商议,关于《文集》收入的标准,以及相关的体例,做了长时间的深入的沟通。二十七日,与傅旭清老师联系,徵询意见。傅老师的回复是:"《文集》出版过程中,需要我们做什么,请尽管告知。"二十八日,中华草拟了协议,与清华交换了意见,基本达成一致。《文集》的收集、录入、排版、校对、编辑工作,就此展开。

  收入《文集》的《唐代诗人丛考》、《唐代科举与文学》、《唐翰林学士传论》、《李德裕年谱》、《李德裕文集校笺》、《河岳英灵集研究》六种,是此前单独出版过的。单篇文章,包括学术论文、杂文、随笔,以及所作序跋、书评、前言、说明等等,经过收罗,除了收在上述六种专书里的前言、后记之外,共计三百六十馀篇。这一论集的定名,与刘石先生商量了许久,颇费斟酌,因为傅先生没有斋、阁、楼、堂等名号。经刘石先生提议,并经与傅文青老师商议,定作《驼草集》。即请文青老师写一篇"弁言",冠诸卷首,算是命名缘起。这篇文字,今天中午前后,将在上海澎湃刊发。

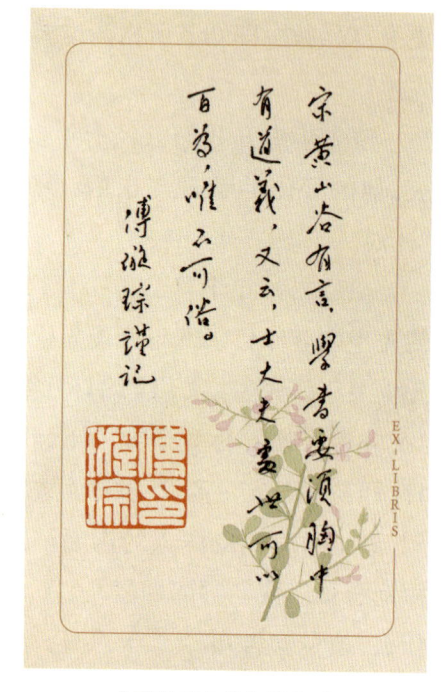

  《驼草集》的篇目,曾送请陈尚君先生、刘石先生审阅。其中唯一一篇据手稿收入的是第七册(P1898)《跋〈续古宫词〉》,也得到二位的认可。因为这篇题跋,我个人觉得,很可以看出傅先生的治学精神、为人品格与内心世界。所以,当刘石先生提议做一枚藏书票的时候,我就想到用这篇跋文内傅先生节录的黄山谷的语句,印在上面;又请我们的编辑,绘制了一株骆驼草。当然,更重要的是,傅文青

《傅璇琮文集》藏书票

老师找出来傅先生自用印九枚,我选了黄永年先生篆刻的满白汉印,钤盖在合适位置。诸位面前的那一枚藏书票上的印,都是我钤盖的。

《文集》的编辑出版工作,虽说主体是在特殊的二〇二二年进行的;好在傅先生著作的出版与再版,中华近二十年来的四任总编辑,李岩先生、徐俊先生、顾青先生、周绚隆先生,都非常支持,且积极推动。大会开幕式主持人刘石先生,是傅先生担任总编辑时入职中华的;后调至清华,并聘请傅先生在清华讲学,传授中华文化。可以说,清华是傅先生晚年的中华!

今天,傅先生的《文集》由中华出版,在清华召开纪念傅先生九十诞辰暨《文集》的出版发布会,具有多重值得纪念的意义。

诚然,由于出版时间紧张,整体篇幅巨大,体例格式多异,篇目或有失收,刊载或有不全,底本容有未善,编校容有错讹。清华与中华共同向与会学者赠送了一套《文集》,大家在使用过程中,发现任何问题,请告诉我们,以便将来重印时得以增订。

感谢傅先生留下了这么多学术遗产,感谢清华的鼎力支持,感谢编辑部的全力以赴,感谢傅旭清、傅文青老师的高度信任,感谢今天在座的傅先生的生前学友与门生弟子。

由于会议只有一天的时间,所以还有很多与傅先生关系密切的学者、朋友,没能邀请,如果后面有问起,也请大家代为转达中华与清华我们"双华"的歉意!

谢谢!

2023 年 4 月 15 日

一流的学者的一生的事业

——在浙江大学古籍所建所四十周年所庆会上的发言

尊敬的龚延明先生、李铭霞院长、王云路所长、卢伟先生,老师们、同学们、朋友们:

大家上午好!

今天是癸卯年三月初三。一千六百七十年前的癸丑年,永和九年的今天,"在浙之滨"的南侧,有一次雅集;而今天我们"在浙之滨"的北侧,隆重举行浙江大学古籍研究所建所四十周年庆典典礼。草长莺飞,少长咸集,最美人间天堂杭州四月天!

"议程"里将这一环节称作"大会发言",我与文学院院长、古籍所老所长、现任所长、教师代表、学生代表编成一组,为什么这么分组?且还是第一个登台。我其实有点惶恐。不过我想,既然这样安排,肯定是有特别深的蕴意,那就是把我编入了自己人的队伍。这是我个人的荣幸!为什么是自己人呢?我想把珍藏于我心中一个二十六年的小秘密,汇报给在座的诸位。

在我这个年龄以及之前的一代浙江籍高中学生的心目中,高考报考中文系,除了北大中文系之外,只知道杭大中文系了。我当年填报的第一志愿是杭大中文系,第二志愿才是北大中文系;但很有意思,录取我的是北师大中文系。

读书的时候,其实并不知道中文系、古籍所之间的关系与区别。直到二〇〇一年工作以后,从事古籍整理图书的编辑,才逐渐明白其中的奥妙。中华书局的出版宗旨是"弘扬传统,服务学术",出版方向是古籍整理与传统文史领域的学术著作,我个人对小学、敦煌学以及浙江本土重要学者的著作较为关注,且中华书局"出版的方向",与咱们古籍所所形成的"鲜明的研究特色和非常稳定的五个研究的方向",可以说是高度一致,且完美重合。

记得刚工作的时候,国内互联网兴起未久,各单位也都陆续在互联网上推出本单位的"门户网站"。我曾经访问过全国重点高校中文系、历史系、古籍所的网页,了解他们的历史,有哪些老师,什么著作,进行着什么课题研究,以及哪些书是中华书局出版的,等等。

我第一次到访浙大古籍所,是二〇〇六年,那时还是在西溪校区;为了推动《孙诒让全集》的进展,找了王云路老师。后经与诸方协调,确定以浙大古籍所为主,承担《全集》的整理任务,最终于二〇一六年八月全部完成。而从二〇一〇年起,与方一新老师为"汉语史研究丛书"的出版,也是往还多年。

今天是我第一次来到紫金港校区。来之前,我梳理了自一九五八年以来,古籍所老师在中华书局出版古籍整理与学术著作的情况,有七十馀种;又统计了古籍所老师在《文史》杂志上刊发的学术文章,有六十馀篇。特别是《文史》一九八二年第三辑,同时刊发沈文倬先生(《略论礼典的实行和〈仪礼〉书本的撰作》)、刘操南先生(《〈周髀算经〉读记》)、郭在贻先生(《释"大顿势"》)三篇文章,是否可以说是为一九八三年古籍所的创建张本呢!

在七十馀种著作中,有姜亮夫先生两种(《历代人物年里碑传综表》《楚辞书目五种》)、沈文倬先生一种(《苏舜钦集》),共三种,出版于一九八三年之前,其馀的都是古籍所建所之后出版的;六十馀篇学术文章中,沈文倬先生两篇(《略论礼典的实行和〈仪礼〉书本的撰作》上、下)、刘操南先生一篇(《〈周髀算经〉读记》)、郭在贻先生三篇(《楚辞解诂》、《楚辞解诂(续)》、《释"大顿势"》)、方建新先生一篇(《"杯酒释兵权"说献疑》),共七篇,刊发于建所之前,其馀都是一九八三年之后的。换言之,四十年来,古籍所交付给中华书局出版、刊发的学术成果,数量是非常丰富的。这些著作,已出版的如《敦煌变文校注》、《汉语俗字丛考》、《敦煌经部文献合集》等获得国家级出版奖项,如《训诂学》、《宋代官制辞典》等,成为经典的教材与工具书,质量更是非常权威的。

同时,古籍所培养的学生,从事教学研究者有之,从事编辑出版者有之,给浙江古籍出版社、齐鲁书社、上海古籍出版社、中华书局等出版社输送古籍编辑人才,特别是中华书局徐真真,不仅是,她编辑的图书有两种获得政府奖,其中《敦煌经部文献合集》获得第二届宋云彬古籍整理奖·图书奖;她本人还荣获第三届宋云彬古籍整理奖·编辑奖。这是中华书局的荣幸!

因为从事编辑出版工作,所以与古籍所老师在编校过程中多有联系与沟通,我们都能深切地感受得到,古籍校订与古籍编辑之艰辛、不易与相互支持之重要。现在国家重视古籍整理工作,于是就有很多学者开始加入到古籍整理的行列中来,这是很好的现象。当然,也有人以为古籍整理就是逗号、句号而已,那就大谬不然也。我们知道,两千馀年以来,从事典籍整理的,自孔子、刘向、刘歆暨李善、孔颖达、洪兴祖、朱熹、胡三省以迄乾嘉时期,全都是一流的学者的一生的事业。

我个人有一个很深刻的理解与体会:古籍整理,就是通过对古籍文本的校订,——哪怕仅是一个字的考辨,一个句读的更正，——去发现书写者与被书写者之间的关系，从而感受历史尽可能的真实与温情。可以说，古籍整理，实际是对历史的再一次书写。——因为读者要根据你校订的文本认识历史、理解历史、诠释历史。我们知道，有的人文研究，"神思可在云天外"；而古籍整理者的著作与文章，必然是"落笔不放一字空"的。套用张之洞所说的"由小学入经学者，其经学可信"的句式、句意，也可以说"由古籍整理入中国传统学术研究者，其学术可信"。

最后，我谨代表中华书局，对浙江大学古籍研究所建所四十周年，致以热烈的祝贺；对古籍研究所历任所长和老师们数十年来对中华书局的鼎力支持，表示衷心的感谢；在中办、国办印发《关于推进新时代古籍工作的意见》的指导之下，中华书局愿与浙江大学古籍研究所，协同合作，共同努力，将国家古籍整理事业推向新的高度。

谢谢！

2023 年 4 月 22 日

熔古铸今　旧邦新命
——在《传统文化研究》创刊号出版座谈会上的发言

尊敬的各位领导,各位专家,老师们,朋友们:

大家上午好!

受袁先生、四龙先生的嘱咐,命我谈谈关于《传统文化研究》办刊的一点心得和体会。因为去年刊号获批之后,袁先生、四龙先生与我有过一些交流。

我们知道,传统文化在百馀年前,曾遭受过被全盘否定、彻底"打倒"之境遇,引起当时社会的极大的讨论。

也恰在其时,一九二一年十一月,北京大学研究所国学门成立。

一九二三年(也即一百年前)的一月,《北京大学国学季刊》创刊,《发刊宣言》说到:"中国的一切过去的文化、历史,都是我们的'国故';研究这一切过去的历史、文化的学问,就是'国故学',省称为'国学'。"并为国学研究者们提出了三点研究的路径:一是用历史的眼光来扩大国学研究的范围,二是用系统的整理来部勒国学研究的资料,三是用比较的研究来帮助国学的材料的整理与解释。

同一年的五月六日,《读书杂志》发表顾颉刚先生《与钱玄同先生论古史书》,提出了"层累地造成的中国古史"这一影响深远的学术命题。

可以说,《国学季刊发刊宣言》指示的是研究的宗旨与方法,

"层累地造成的中国古史说"倡导的是研究的理论与实践。

我们回顾一百年前之事,为的是说明——对于国学的研究,北京大学是有着深厚且深远的学术传统的。

就近而言,从三十年前的传统文化研究中心到国学研究院,从《国学研究》集刊到《传统文化研究》季刊,这其中也都是有着重要的历史背景,以及这历史背景之后隐含的历史发展的逻辑。

贞下起元,往而有复。十八大以来,党中央特别强调中华优秀传统文化的传承和发展,习总书记提出的"双创"方针("创造性转化、创新性发展")、两"结合"理论(把马克思主义基本原理同中国具体实际、同中华优秀传统文化相结合),要求"让中华优秀传统文化成为现代的",这是"对中华文明发展规律的深刻把握",同时也是新时代、新征程建设中华民族现代文明的根本遵循。

在这个时间点上,北京大学《传统文化研究》创刊号的正式出版,既是对本校学术传统的继承和弘扬,又是送给国学研究院创建三十周年最厚重的礼物与最高规格的肯定,更是对中华优秀传统文化的学术的研究与社会的服务,注入了新的生机。

顾颉刚先生说:"学术者,非钻研故纸、墨守陈言之谓,要在观往知来,闻一知十,察天人而处顺变,故圣人常在忧患者,为其学术深致也。"其为《北京大学研究所国学门周刊》所撰"一九二六年始刊词",对于承载传统文化之材料,"用了新的眼光去看,真不知道可以开辟出多少新天地来,真不知道我们有多少新的工作可做。"可以说,新无常新,旧无恒旧,旧学商量,以新精神。

换言之,当年的"整理国故",实际就是对传统文化的一次清理,弃其糟粕,取其精华,迎接新的世运,再造新的文明。

袁先生于十年前组织并规划的《新编新注十三经》，以及去年两办发布的《关于推进新时代古籍工作的意见》，目的都是为了"赓续中华文脉，弘扬民族精神"。熔古铸今，只在知行合一；旧邦新命，无非允执厥中。

所以，学术研究的价值，学术刊物之使命，其必为时代的记录，而具有社会之功能，并为当下以服务。

中华优秀传统文化之复兴，需要方向，需要引领，需要有《传统文化研究》这样的杂志，予以学术的探讨与现实的指导。"创刊号"收入的文章，其所涉及研究的范围与领域，以及其所体现出来的扎实的文风与严谨的刊风，可预见的必将一以贯之，从而形成《传统文化研究》独特的风格，成为学界之宗尚、吾辈之楷模。

今天是"日长之至"的夏至日，我们在"月光厅"举行《传统文化研究》创刊号的出版座谈会，谨奉呈八个字：日月合璧，无往不利！

谢谢！

2023 年 6 月 21 日

为史学界开一新径
——在纪念顾颉刚先生诞辰一百三十周年座谈会上的发言

尊敬的李院长、卜所长,各位前辈,朋友们:

大家上午好!非常荣幸代表中华书局参加顾颉刚先生诞辰一百三十周年纪念会。

顾先生一九五四年八月二十二日从上海到北京,任中国科学院历史研究所第一所研究员。次日,中华书局编辑部姚绍华即登门拜访,商谈《史记》点校事宜。从此,顾先生人生三分之一的时间,即六十二岁至八十八岁的二十六年,其在业务上的每一件事,都与中华书局休戚与共。

一

我本人二〇〇一年七月到中华书局工作,二〇〇二年即转入顾青总当时担任主任的古籍一部,从事古籍整理、学术著作图书的编辑。当年交给我一部著名的书稿,——陈梦家先生的《西周铜器断代》,该书稿卷首有两张插页,其中有一张为一九五五年六月陈梦家与顾颉刚、于省吾、唐兰、金毓黻诸先生的合影。大概从那个时候起,算是有某种关系似的认识了顾先生。

二〇〇三年、二〇〇四年,我负责钱海岳《南明史》、孟森

《明元清系通纪》、吴燕绍《清代蒙藏回部典汇》三部大书的编辑任务，也都是顾先生身前大力倡议，并在《整理国史计划书》里特别提及、希望出版的。

当然，最重要的是，二〇〇五年一月，《顾颉刚全集》正式进入中华书局的编辑校对流程。由我主持，经过六年奋战，二〇一〇年十二月二十五日，在顾先生逝世三十周年之际正式出版，召开了新书发布会与学术研讨会。

上述这些图书的出版：我做编辑时，顾总是主任；我做主任时，顾总是主管领导。

可以说，我个人编辑业务的能力和规范，是顾总传授的；学术视野的确立与评判，是做着顾先生的著作逐步成长的。

二

我曾经在社科院，查阅过"顾颉刚文库"的藏书。当我看到几柜子的洋装本，还未经整理，于是就将每一本书的封面、内封、封底以及有签名、题跋等的页面，全部进行了拍摄。发现很多是顾先生师友的签赠本，就编了一部《顾颉刚旧藏签名本图录》，在顾先生诞辰一百二十周年时出版。也就是十年前，在历史所召开了纪念会。

自从《顾颉刚全集》出版之后，我与顾潮老师，又陆续收集顾先生著作的散篇佚简。我关注各种拍卖会图录，凡有看到，确定是真迹的，就将图片发给顾潮老师。本想在二〇二〇年年底顾先生逝世四十周年时推出，因为疫情的原因，直到二〇二一年上半年才完成。

今年是顾先生诞辰一百三十周年,同时也是"层累地造成的中国古史说"发表一百周年。

我们重印了《顾颉刚全集》。同时,顾潮老师整理的《顾颉刚殷履安抗战家书》,五月七日在山东大学进行了新书发布。非常遗憾的是,顾潮老师于三月二十七日不幸辞世,未能看到本书的出版。

为了纪念"层累说"发表一百周年,我受顾先生孟姜女研究之启发,将思考了十馀年的一篇文字写了出来,题为《寻找祝英台》。五月六日,在上海澎湃新闻发布。

三

因编辑书稿,我曾经仔细阅读过顾先生的日记、书信、笔记、文存,因为这些都是个人情感非常浓厚的,信息量极大,也能引起阅读的兴趣。

当我后来重新校订梁任公撰写于一九二〇年的《清代学术概论》时,看到梁任公手稿中有很多增删修订的地方。梁任公在该书《自序》里说过,修订意见来自蒋百里、林志钧、胡适三人。梁任公曾写信给胡适,"钞一副本"寄去,希望得到胡适"一长函,为之批评"。结果,胡适确实给提了好多意见,梁任公所谓的"采其说,增加三节,改正数十处",就是这个意思。

胡适一九二一年五月二日日记写道:"《清代学术概论》的原稿,我先见过,当时曾把我的意见写给任公,后来任公略有所补正。……另加'惠栋'一章,'戴氏后学'一章,'章炳麟'一章,皆原稿所无,……是我的意见。"与梁任公所说"采其说,增加

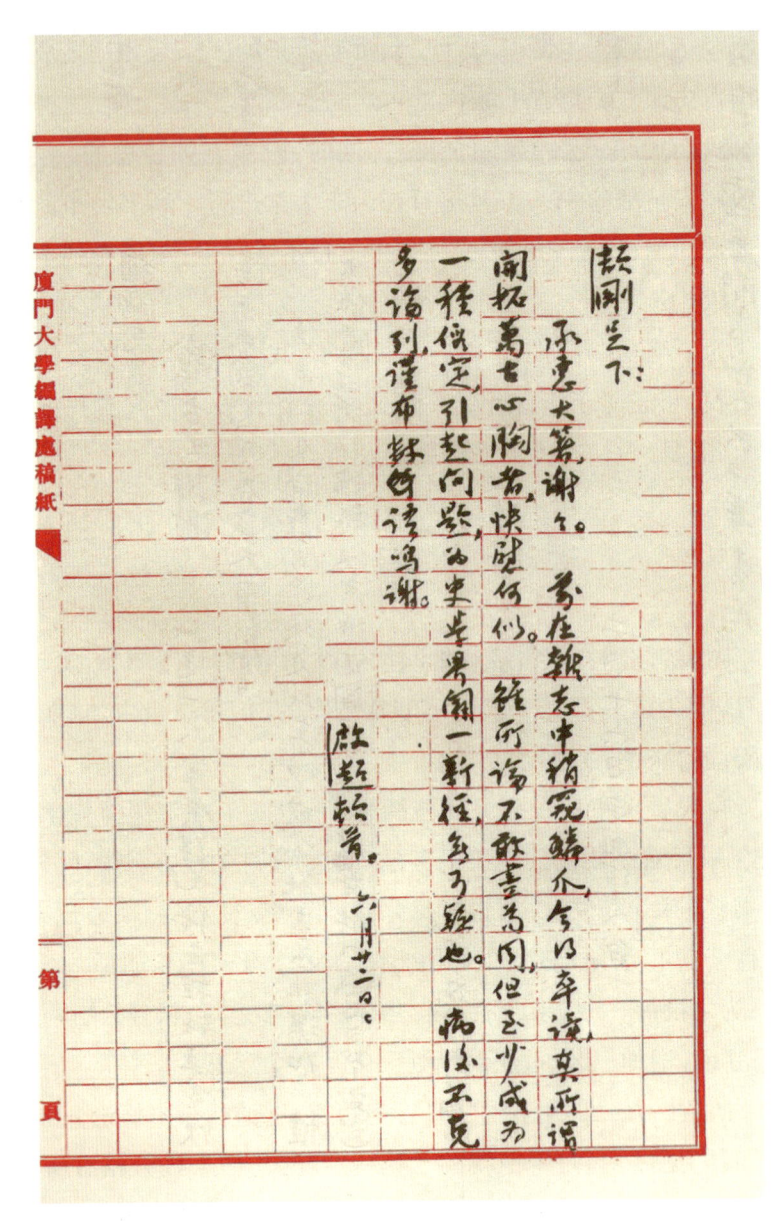

颉刚足下：承惠大箸，谢々。弟在报志中摘冤端介，今日卒读真所谓南极万古心胸者，快慰何似。纸所论不敢尽为同意，必成为一种假定引起问题，为史学界开一新径，无可疑也。病床不克多论，到谨布谢悃，谨鸣谢

启超顿首　六月廿二日

梁任公致顾颉刚函，顾颉刚钞录，附《古史辨第一册自序》稿本末。
顾潮供图。载《古史辨自序》

三节",两相对看,若合符契。

但胡适给梁任公提的意见,是胡适自己的么？我们若翻检一九二〇年十月至十二月间顾先生与胡适的往还通信,我们会惊奇的发现,这些意见其实都是来自于顾先生的！

就是说,一九二〇年十月,梁任公将《清代学术概论》"钞一副本",寄给胡适,请胡适给予批评。胡适直接将书稿交与顾颉刚,让顾先生先提意见。顾先生把意见写好,交给胡适。胡适又把顾颉刚提出的问题转写成自己对《清代学术概论》的意见,寄给了梁任公。——当然,梁任公是不知道顾颉刚存在的。

换言之,顾先生代胡适对梁任公《清代学术概论》所提的修改意见,推动了新一代学术大师与旧一代学术大师之间的学术的深入的交流,在近代学术史上具有重大的意义。

从一九二〇年秋至一九二六年间,顾先生开始伪书材料与郑樵、姚际恒著作的收集,作《伪书疑书目》、《伪史考》等,点校《诸子辨》、《四部正讹》、《古今伪书考》、《崔东壁遗书》等,并在杂志上与胡适、钱玄同、柳诒徵等讨论古书、古史。而梁任公此一时段内,有《中国历史研究法》(一九二一年秋)、《国学入门书目及其读法》(一九二三年)、《要集解题及其读法》(一九二三年)、《汉书艺文志诸子略考释》与《汉书诸子略各书存佚真伪表》(一九二六年)等,也都有涉及古书真与伪的判断。

一九二六年六月,《古史辨》第一册出版,顾先生寄给梁任公一册,梁任公收到后回复一信,说:"前在杂志中稍窥麟爪,今得卒读,真所谓开拓万古心胸者,快慰何似。虽所论不敢尽苟同,但至少成为一种假定,引起问题,为史学界开一新径,无可疑也。"及至一九二七年初,梁任公作《古书之真伪及其年代》,说最近的疑古、辨伪，"用科学的方法和精神，提出无人怀疑的许多问题，虽然不能完全同情，最少认为有力的假定，经过了长期的研究，许有一天可以证实的。……我们不必完全赞成他们辨伪的结论，但这种精神，总是可贵的。……我们如努力求真，这种辨伪学的发达，是大有希望的。"（第三章《辨伪学的发达》）

可以说，梁任公在二十年代实际也是参与到了古书辨伪和古史考辩这场学术大讨论之中。诚然，考古史之真伪是以考古书之真伪为前提的。换言之，论古书之真伪，即论古史之真伪也。

论古书之真伪，则需要回到文献，回到文本，回到历史的情境之中。顾先生自二十年代初起，即从事"国故整理"，今日称之为"古籍整理"者。一九二三年，顾先生曾指出："要知道过去的生活状况，与现在各种境界的由来，所以要有整理国故的要求。"因之而有后来一九五四年进京，承担《资治通鉴》、《尚书校释》、"二十四史"暨《清史稿》的整理总其成的任务。

四

章学诚《文史通义》里说："高明者多独断之学，沉潜者尚考索之功。"顾先生早年的古书古史考辨、孟姜女故事演变研究等，可以归之为"高明独断之学"；晚年的尚书大诰译证、周公东征史事考证等，则可以称之有"沉潜考索之功"。

顾先生一生写作，以及主持的古籍整理图书，都是交付中华书局出版的。中华书局作为顾先生学术的传播者、弘扬者，作为中国传统文史著作的专业出版者，我们纪念顾先生，既是纪念他对学术之贡献，对中华之信任，更是要纪念顾先生的学术理念与追求、治学情怀与胸襟。

学术研究，正如顾先生所强调的，需要"求真的精神，客观的态度，丰富的史料，博洽的论辩"。其中最为重要的，即是秉持客观的态度，以求得历史之真实。

期与大家共勉！谢谢！

2023 年 7 月 25 日

我观宋人所注集　颇多神明相护持
——在宋代文学学会第十二届年会开幕式上的发言

尊敬的陶公、莫会长，各位前辈，学界同仁们：

大家上午好！

中国古代的文学学会，唐与宋，双峰并峙。本次会议，集四年来研究之大成，就现场所观览，有三个感受：一是参会人员之规模，空前；二是会议文章之质量，空前；三是与会学者精神之状态，更是空前。旧雨新朋，相逢便是缘份；盏茶杯酒，历落尽显情真。诗文乃文化之载体，文化实文明之内核。今日躬逢盛会，与有荣焉。

受会议主办方的嘱咐，命我代表出版机构，致一贺辞。谈三点个人简短的体会：

一、宋代文学、史学、文化研究之成为热点，从清初开始，《宋诗钞》《宋儒学案》肇其端，其时隐含有民族之深意。二十世纪三十年代，因为外族之入侵，宋史、晚明史成为学者的嚆矢所向，政治之升降，制度之沿革，民族之盛衰，学术之转移，亦具有浓厚的时代特色。近二十馀年来，从我们的角度来看，宋代即是一个研究的热门，更是一个出版的热门。文学与史学，宏观与微观，地域与家族，内忧与外患，个体与整体，都有可能成为热点。

二、宋代文学学会成立于二〇〇〇年，虽说是年轻的学会，但年会已经举行第十二届了。这得力于三个有利的条件：

①文献基础扎实而丰富，《全宋词》《全宋诗》《全宋文》、

《全宋笔记》《宋画全集》、史学著作、理学著作、方志、文书档案、域外珍本，等等，基础文献、资料，陆续出版；

②学术标准规范而谨严，进入二十一世纪以来，古代文学学科的发展，硕博士的培养，研究范式的确立，以及基于文献利用的便捷，使得很多探讨，得以向更深、更广的方向开拓；

③学术队伍齐备而完整，就本次参会人员的年龄构成，老中青三代，人才济济，金字塔形的梯队建设非常齐整，且从提交的论文的门类、内容以及方向、主题，更可以看到当下宋代文学研究的热点与重点。

三、我所工作的中华书局，一直致力于宋代文献整理、宋代文学研究著作的出版。我本人曾校订过清初学者吕留良的《全集》，涉及到《宋诗钞》的编纂。今年年初，为撰写《寻找祝英台》文章，查阅了很多宋代、明代的文献，考索祝英台故事发生、演变之轨迹，从而探索《祝英台近》词牌名创制之大体时间，顺便对苏东坡《祝英台近》提出了一点怀疑。上个月，读东坡题跋、《志林》，也稍有疑惑，翻检了部分宋人的著作，包括宋刻本、元明递修本、明刻本等的版刻情况，准备勾勒《东坡志林》十二卷本、五卷本的成书背景。从中发现一点端倪：

①宋人著作，或宋代就有刻本，甚至不止一种，元明递修，或增补，或翻刻，我们需要区别初刻初印本，还是初刻后印本？有无修版、补版、改版？现在来看，对某一实物的图书，比如《稗海》，只说"明万历间商氏半野堂刻本"是不全面的；

②注重不同版刻之间文献来源的依据，近来读了关于王安

石文集、《类说》等版本源流考证的文章，既可以梳理版本翻刻之关系，也可以比对文本讹误之因循，更可能会发现他人文字的阑入；

③需要关注明中前期的著录、题跋、日记等的记载，他们读过的一些版本，现在可能失传了，而我们看到的，很多是明嘉靖以后的翻刻本、重编本、汇编本。换言之，版刻次数越多，就越得小心谨慎，不宜拿来就用。

总之，文本的细读与深挖，史料的贯通与运用，应该是我们一以贯之的理念和方法。从文献出发，宋代重要作家别集的校订本、笺注本，还有较大的可以提升的领域和空间，希望有更多的学者参与其中。作为出版者，我们就是为学术界服务的，促进宋代文学文献整理与学术研究成果出版的繁荣和发展，做力所能及的工作。

清人有诗曰："我观宋人所注集，颇多神明相护持。"（姚颐《观大兴师所藏宋椠施注苏诗本敬题其后》）宋代文学研究，需要我们大家一起"护持"，共同推进。

感谢主办方的盛情邀请，感谢会务组的精心安排，谨代表出版界，预祝本次年会取得圆满成功。

谢谢！

2023 年 8 月 21 日

编后记

数年前,集旧文如干篇,成《仰顾山房文稿》乙册,后在金陵刊印。今者,复蒐迩来所作,并为一帙,都二十五首,"首章标其目",以篇名而冠书名者也。曾制试读本百册,流传友朋间,遂得从容校订。并承国家图书馆、上海图书馆、南京图书馆、湖南图书馆、中国中医科学院图书馆、上海师范大学图书馆、天一阁、中华书局图书馆,以及王世民、吴锡祺、樊存常、郑泰、周东旭诸先生之助,提供书影与图片,颇致增色;亦有郑克晟、顾潮二先生多年前所惠示者,惜二人鹤化长往,不及见之,是所深恨焉尔矣。兹稍叙颠末,用志弗忘云。

甲辰谷雨,个厂识于仰顾山房。